GAME OF THRONES DÉCODÉ

Du même auteur

Woody Allen, Profession : cynique, éditions de l'Archipel, 2015.

Cheforama, éditions Nourriturfu, 2017.

Ava Cahen

GAME OF THRONES DÉCODÉ

éditions du
ROCHER

Pour les blasons des familles, aux pages 85-95, 96, 99, 102, 105, 110, 112, illustrations d'Hélène Crochemore.

Éditions du Rocher
28, rue Comte-Félix-Gastaldi – BP 521 – 98015 Monaco

www.editionsdurocher.fr

ISBN : 978-2-268-09657-5
EAN Epub : 9782268101743

TUER LE *GAME*
JUSTE UNE MISE AU POINT

À l'heure où sont écrites ces quelques lignes, la série n'a pas encore connu son apothéose, prévue pour avril 2019 en France – diffusion en exclusivité sur OCS. La saison finale est attendue comme le messie par les plus fervents spectateurs tandis que HBO, le diffuseur américain, bâtit tout autour un périmètre de sécurité pour ne rien gâcher du suspense. On le suspecte même de tourner plusieurs fins pour noyer le poisson… Il faut dire que la pression est énorme. Des millions de groupies du *show* ont d'ores et déjà leur idée du dénouement tandis que certains bookmakers prennent les paris. Facebook, Twitter, forums de discussion en ligne, *fan pages*: les réseaux sociaux s'échauffent avant la surchauffe et HBO jubile. Grâce aux internautes, la popularité de la série n'a fait que croître depuis sa diffusion en 2011: records d'audience, succès critique, gains et profits faramineux, récompenses en cascades… Le diffuseur voit la vie en rose avec son programme qui fait rugir et réagir la terre entière, même lorsque le plafond des téléchargements illégaux explose. Jeff Bewkes, le P.-D.G. de Time Warner (maison mère de HBO), aurait tenu ce langage en 2013 : « C'est plus gratifiant qu'un Emmy Awards. » De quoi surprendre son monde.

Des millions d'abonnés à la chaîne suivent avec assiduité la série phare de la maison, mais ce sont d'autres millions encore qui la regardent clandestinement, en *torrent* ou *streaming*. Au lieu de condamner ces méthodes de visionnage illégales, HBO les admet en son royaume, bon joueur, bon flic. Impossible de prendre le risque de se mettre à dos ceux qui ont activement participé au triomphe et à la prospérité de la série. Le *bad buzz* serait fatal. Car le phénomène *Game of Thrones* n'est pas seulement structurel, lié à la forme et au modèle de la série : il est aussi conjoncturel. Et cette conjoncture favorable entretient évidemment un lien étroit avec la poétique de la connectivité, la viralité du web. Comment ne pas prendre en considération l'époque, ses mœurs, ses us et coutumes de consommation ? Comment ne pas prendre en considération la force de frappe du web, faiseur de rois ?

Ce n'est pas un hasard si HBO a abattu dès les premières saisons la carte de la stratégie digitale (pour une captation constante de nouveaux spectateurs), se servant des outils web et média à la mode pour rendre virale une série qui, sur le papier, pouvait flancher. La saga littéraire de George R.R. Martin dont elle est l'adaptation est certes un *best-seller*[1], mais le programme n'a pas le profil de la série familiale et rassembleuse. Ni tout public, ni produit de consommation rapide. Le *show* est exigeant avec ses spectateurs, sournois aussi, ample, inattendu, ambitieux, nerveux, opaque, problématique. David Benioff et Daniel B. Weiss, les créateurs de *Game of Thrones*, déterminent une réalité capitale dès les premiers épisodes : TOUT PEUT ARRIVER. Le jeu se relance en permanence et la machine infernale pensée par G.R.R. Martin broie du destin sans relâche. Cette manière de redistribuer les cartes alimente de fait les fantasmes des spectateurs dont les attentes sont mises à mal. Les effets recherchés ? La stupeur, et les tremblements.

1. Acquisition des droits par HBO du roman de G.R.R. Martin dont la série est adaptée en 2007. Plus de 15 millions d'exemplaires de cette saga littéraire ont été vendus à travers le monde.

Et ça marche à tous les coups. Ce qui rend *Game of Thrones* aussi flamboyant aux yeux de tous, c'est bien la combinaison du classique (les légendes arthuriennes, la mythologie de Tolkien, les thèmes shakespeariens, les préceptes de Machiavel et Sun Tzu[2]) et du moderne (le système de création et de production, la tactique médiatique et promotionnelle).

Des milliers et des milliers d'internautes sur Facebook ont troqué leur photo de profil contre celle d'un des personnages de la série ; pas une semaine ne se passe sans que *Game of Thrones* n'apparaisse dans le top 10 des sujets débattus dans les *social media*, même hors période de diffusion. Il ne faut jamais mollir pour préserver l'engouement du public, entretenir le désir, comme au sein d'un couple ; il faut occuper l'espace, être sur tous les fronts : *teaser*, vidéos parodiques, bandes-annonces, conférences, promotion de produits dérivés, visites guidées organisées sur les lieux de tournage, etc.[3] Depuis la rentrée 2017, Kit Harington (Jon Snow) est devenu égérie Dolce & Gabbana. Emilia Clarke est aussi passée par là. Kristian Nairin (Hodor) a prêté sa voix à une campagne de pub Sodastream tandis que la marque allemande Adidas lance en série limitée un modèle de baskets *Game of Thrones*. Enfin, la ville de Paris a mis les petits plats dans les grands, organisant tout l'été 2018 une *Touring Exhibition* de la série, une exposition installée à la porte de Versailles pour plonger dans l'univers du *show* HBO, admirer ses costumes, ses accessoires, et humer son parfum de cuir et de sueur. Quatre exemples – parmi des centaines – des différentes formes de l'occupation médiatique par *Game of Thrones*. Même les journaux les plus sérieux n'y résistent pas, à l'image du *Monde* qui a osé la double page avec cartographie et explications des enjeux géopolitiques qui sous-tendent l'intrigue. L'alpha (le *show*), l'oméga (le public) et le méta (tout ce qui est annexe à la série mais alimente sa mythologie), la trinité 2.0 selon HBO.

---

2. Auteur de *L'Art de la guerre*.

3. Comme *Star Wars Rebels* (2014) et *Doctor Who* (2005), *Game of Thrones* (2011) est devenu l'un des *shows* télévisés les plus commentés de l'histoire sur YouTube, chaque fan de la série partageant ses théories sur les épisodes, les personnages et la manière dont l'intrigue peut évoluer.

C'est au cœur d'un univers imaginaire et impitoyable où la société est féodale et où la magie, blanche ou noire, effraie autant qu'elle fascine, que le spectateur est projeté sans bagage. Un univers imaginaire pourtant si proche de la réalité : des rois qui se partagent les bouts d'un monde en déclin, des peuples réduits à l'esclavage, les dégâts du népotisme, du fanatisme. « L'horreur » comme disait Kurtz dans *Au Cœur des Ténèbres*. Tout est sérieux dans *Game of Thrones*, tout est grave. Sophocle écrivait : « Ne pas naître, voilà qui vaut mieux que tout. » C'est sûr, quand on comprend ce qu'il advient des personnages dans la série… Qu'ils soient bien ou mal nés, leur sort est tragique. En outre, les principales critiques adressées à la série s'attaquent à sa noirceur, son extrême violence (sévices, viols, meurtres) et même à sa misogynie. Pourtant, selon l'universitaire Albert Chow, point de gratuité ou d'apologie, la violence physique et psychologique de *Game of Thrones* n'est que le miroir fictionnel de notre société barbare :

« La violence a été portée dans la saison 5 au-delà du nécessaire. Mais je dis à mes élèves que cela est peut-être indispensable pour concurrencer les atrocités auxquelles on s'est habitué, qui sont les conséquences de l'intervention américaine au Moyen-Orient. […] Nous n'avons pas de dragons qui volent à travers nos villes mais des avions qui peuvent pénétrer dans un gratte-ciel et tuer 3 000 personnes. […] *Game of Thrones* joue sur l'idée que l'existence humaine est pervertie par une violence primitive et absurde. Peut-être sommes-nous heureux de croire que c'est à Westeros que ça se passe, plutôt qu'en Syrie. »

Avant le grand frisson, une remise à niveau s'impose. Sept saisons sont passées et nous attendons la dernière hécatombe. Les Marcheurs Blancs ont détruit et franchi le Mur. Où en sommes-nous ? Qui est *in* et qui est *out* ? Quel espoir reste-t-il ? La guerre va-t-elle réellement prendre fin ? Va-t-il seulement y avoir un vainqueur ? Sur l'échiquier, les pions se redisposent et les têtes tombent comme toujours. Arrêtons-nous un instant sur chacun des chapitres de cette série nourrie aux rebondissements et catastrophes pour mieux appréhender son grand final. Profil des personnages incontournables, le rôle qu'ils tiennent dans cette grande aventure guerrière, leur généalogie, leur parcours à travers le royaume des Sept Couronnes, du nord au sud, de l'est à l'ouest, leurs atouts, leurs faiblesses. Les alliances résistantes, les trahisons, les batailles phares, les canons et les dragons, les histoires d'amour, les histoires de morts-vivants et de fantômes. Un sacré bordel qui a pu décourager plus d'un spectateur – nombreux sont ceux qui ont décroché après quelques épisodes, lassés par les imbroglios. Le démêlage est alors essentiel pour repartir du bon pied avec la série ou simplement se tenir prêt pour son final.

Rassembler le maximum d'informations utiles (ou pas) sur la série *Game of Thrones* avant qu'elle ne s'achève et ne donne naissance à de douteux *spin-off*, tel est l'objectif titanesque de ce livre qui ne prétend cependant ni à l'exhaustivité ni à l'érudition, mais tente bien sûr de tirer chacun des fils que la série tend et tisse. L'approche ici est plurielle, à l'image de la diversité des informations, des enjeux, des réactions et des questionnements que *Game of Thrones* concentre. Pour s'attaquer au morceau que représente cette série, il vaut mieux prendre le temps de le désosser pièce par pièce (ici des chapitres ordonnés). Le contenu est tout aussi important que le contenant, et la série, comme objet métatextuel à part entière, réussit tour à tour à faire parler les journalistes – presse généraliste ou spécialisée –, les philosophes, les universitaires, les professeurs de sciences politiques ou encore d'histoire. D'objet télévisuel, elle se mue en sujet d'études. Car le matériau dont elle est composée est aussi riche que les machinations de l'histoire qu'elle conte. Tous les prismes sont donc permis pour aborder ce monde très ritualisé qu'expose la série.

Il s'agit ici de comprendre à la fois le phénomène que la série constitue, les raisons des passions qu'elle déchaîne, les échos qu'elle fait à l'actualité ou à certains sujets de société sensibles et contemporains, regarder à la loupe qui travaille à son couronnement, analyser ses séquences phares et chocs, mais aussi pénétrer le cœur de sa fiction, des maisons qui s'y illustrent aux intrigues dans lesquelles sont engagés les personnages, saisir la personnalité de ces derniers, résumer l'histoire d'un récit qui les multiplie. Le décor et son envers, des anecdotes de tournage, des secrets de fabrication, quelques notions de base des langues parlées dans la série, et un abécédaire exclusif. Pour tous les goûts, sur tous les tons. Ceci est une invitation à battre le rappel avant la fin du monde et faire ainsi le bilan original et subjectif d'une série phénomène qui donne vertiges et sueurs froides.

FICHE TECHNIQUE

Titre original : *Game of Thrones*
Création : David Benioff et D.B. Weiss
Adapté de : *Le Trône de Fer* de G.R.R. Martin
Production : Mark Huffam et Frank Doelger
Musique : Ramin Djawadi
Genre : Fantasy médiévale
Nationalité : Américaine
Diffuseur US : HBO
Diffuseur France : Canal + et OCS
Nombre de saisons : 8
Nombre d'épisodes : 67 actuellement / 73 à la fin de la série
Format : couleur – 1,78 : 1 – son Dolby Digital
Éditions DVD/Blu Ray : Warner Home Video

LE MONDE DE GAME OF THRONES

PREMIÈRE PARTIE

LA PRODUCTION

Impossible de parler de la série *Game of Thrones* sans s'arrêter sur ceux et celles qui apportent saison après saison leur pierre à cet édifice monstre. Si l'on connaît par cœur les noms des *showrunners*[1], il existe quantité de talents plus célèbres qu'eux encore au générique des épisodes. Des superstars des effets spéciaux, du maquillage et de la coiffure, des as des costumes, des réalisateurs qui ont tout de pointures, des chefs opérateurs habitués à travailler sur des séries à succès comme des longs-métrages populaires, bref, des demi-dieux dans leurs domaines. HBO a donné à *Game of Thrones* des moyens à la taille de l'ambition de ses créateurs, flairant le coup du siècle. Porter à l'écran l'œuvre de G.R.R. Martin, il fallait en avoir les capacités, à tous les degrés, il fallait connecter tous les fils entre eux. La production d'une série de ce genre nécessite examen. Elle mobilise l'attention de centaines et de centaines d'hommes et de femmes qui s'impliquent dans sa création et sa fabrication. D'où viennent-ils ? Quels sont leurs profils ? Nous vous présenterons les principaux acteurs de ce spectacle de tous les instants.

1. Le *showrunner* est, littéralement, « celui qui dirige le *show* ». Son rôle est à la fois celui d'un scénariste, garant de la valeur artistique de la série, mais aussi celui de producteur.

Pourquoi commencer par la production ? Parce qu'elle dispense les premières cartes du succès de la série. Sa mise en œuvre impressionne autant que les ouvrages de G.R.R. Martin. Pas de place pour le hasard, pas de place pour l'approximation. De l'adaptation à la création du générique en passant par l'orchestration musicale à la scénographie ou encore l'invention de langues romanesques, ce premier acte revient sur la forme, le travail, l'équilibre et les dispositions géographiques de cette série pas comme les autres.

1

DE L'ÉCRIT À L'ÉCRAN
LES ENJEUX D'UNE ADAPTATION

« La série télévisée est la série télévisée,
les livres sont les livres, ce sont deux façons différentes
de raconter une même histoire[2]. »

G.R.R. Martin

2. Propos recueillis dans l'article « Les fans de *Game of Thrones* protestent, G.R.R. Martin répond » paru sur liberation.fr le 19 mai 2015.

LE BÂTISSEUR DE L'UNIVERS

Beaucoup le comparent à Tolkien, version moderne et américaine, mais George R.R. Martin se sentirait, à dire vrai, plus proche de Maurice Druon, écrivain français à qui l'on doit *Les Rois maudits*, célèbre suite historico-romanesque : « Il y a tout dans *Les Rois maudits*. Rois de fer et reines étranglées, batailles et trahisons, mensonges et luxure, rivalités entre familles, malédiction des Templiers, bébés échangés à la naissance, péchés, épées, ruine d'une grande dynastie[3] », explique Martin, fasciné depuis toujours par les têtes couronnées, malmenées ou encore décapitées. De ce tropisme féodal naît une autre passion pour l'Angleterre médiévale, plus précisément pour la guerre des Deux-Roses. Les spectateurs experts n'ont d'ailleurs eu aucun mal à saisir les clins d'œil de l'auteur, comme pour les noms des deux principales familles de *GOT*, les Stark et les Lannister, qui sonnent comme ceux des York et des Lancastre, maisons qui se sont affrontées pour le trône anglais.

En plus d'être féru d'histoire, le fan de Maurice Druon se passionne pour les transpositions littéraires de ces récits épiques et historiques. Martin dévore les livres et devient un assidu lecteur de Shakespeare dont il a lu les deux tétralogies, incluses les pièces *Henry VI* et *Richard III*. « De la même façon qu'il puise son univers dans les écrits de grands romanciers, Martin forge sa vision de la conquête politique à la fois dans la pensée antique – celle de la fortune des grands hommes, de César à Alexandre III, pour qui la victoire ne pouvait s'accomplir que par leur propre volonté – et dans celle du *Prince* de Machiavel », écrit Cécilia Delporte sur le site web des *Échos*[4]. Une quête irraisonnée du pouvoir dans un royaume à géographie et sociologie complexes. La menace à ce pouvoir absolu,

3. Propos recueillis dans l'article « *Game of Thrones*, pourquoi ça fonctionne encore » paru dans *Les Échos* le 13 juillet 2017.
4. Article paru le 13 juillet 2017.

c'est bien sûr l'essor de la religion et des cultes obscurs qui visent à déstabiliser les plus hautes sphères de la royauté : « Des temps troubles, empreints de radicalité, où les hommes comme les dieux qui les gouvernent sont forcément coupables », conclut Cécilia Delporte.

Nombreuses sont les différences entre les romans de G.R.R. Martin (un tome, cinq volumes édités en France, deux de plus en cours d'écriture) et l'adaptation télévisuelle : biographie, caractéristiques et parcours des personnages[5], chronologie des événements, déploiement des intrigues, cartographie… Le marché de départ était clair : accorder aux créateurs la liberté d'adapter les romans sans en suivre le découpage *stricto sensu* – l'inverse aurait été se faire *hara-kiri*. S'affranchir de la saga tout en conservant son ADN était tout dans l'intérêt de la série. Pour contenter les fans de la première heure de Martin, il fallait cependant respecter la modernité du style de l'auteur. Un style direct, intelligible, sans préciosité mais plein d'élan lyrique. Une condition nécessaire aussi pour ne pas perdre les novices qui doivent déjà se débattre avec les noms des personnages, leur fonction, leur rang, leur localisation, leurs missions et dispositions, comprendre les stratagèmes, dénouer les intrigues principales des intrigues périphériques. Vrai casse-tête chinois. Lorsque, en 2007, HBO acquiert les droits de la saga du *Trône de Fer*, les réactions du *fandom* sur la toile sont déjà là, bien vives. Comment adapter pour la télé ce monstre de saga littéraire où violence et érotisme se découvrent sans limite ? Quel découpage adopter ? Comment restituer visuellement cet univers médiéval où coexistent chevalerie et surnaturel ? Et les points de vue narratifs internes, vont-ils être respectés ? Que permettra l'écran ? Proposer ?

5. Exemple : tous les enfants de la famille Stark ont été vieillis pour les besoins de l'adaptation télévisuelle. Dans les romans de G.R.R. Martin, Robb Stark et Jon Snow, les aînés, sont âgés de 14 ans, Sansa a 11 ans, Arya 9 ans, Bran 7 ans et Rickon, le petit dernier, seulement 3 ans. Au début de la série, Robb et Jon ont environ 17 ans, Sansa 13 ans, Arya 11 ans, Bran 10 ans et Rickon 6 ans. Seuls les acteurs Isaac Hempstead-Wright (Bran) et Sophie Turner (Sansa) avaient au moment du tournage du pilote le même âge que leur personnage. Tous les autres acteurs étaient, quant à eux, plus âgés d'environ un an par rapport à leur personnage.

« Les livres de Martin ont cette lenteur, ce ronronnement qui berce le lecteur chapitre après chapitre dans un récit polyphonique où l'essentiel est autant l'histoire que le point de vue, l'aventure autant que la manière d'observer des événements intemporels et universels. *A Song of Ice and Fire* est une saga installée dans un univers "médiévalisant" mais plus encore elle est une fresque psychologique dans laquelle l'humanité se regarde, se juge et tente d'anticiper son avenir. »

Pierre Sérisier[6]

En bonne intelligence avec G.R.R. Martin, David Benioff et D.B. Weiss ont joué les apprentis sorciers et trouvé les formules dramaturgiques magiques, se faisant vite pardonner leurs écarts vis-à-vis des romans, le morcellement des intrigues et même l'ajout de personnages créés de toutes pièces[7]. Les inspirations de l'auteur restent palpables au sein de l'adaptation (*Les Rois maudits*, *Le Seigneur des anneaux*, *Iliade* et *Odyssée*) et les grands thèmes de son œuvre sont honorés : politique, tactique militaire, guerre (celle de Cent Ans ayant beaucoup inspiré Martin), sexe, famille, héritage, foi. Il aura fallu deux ans pour aboutir au scénario de la première saison (simplification massive des intrigues et du contexte, moins de détails, mais l'essentiel est là), et c'est fin 2009 que le pilote est tourné. En avril 2011, la série fait son *show* sur la chaîne HBO. Une grande première qui saisit le monde entier, satisfaisant les amateurs de *fantasy* et ceux de fictions politiques et militaires. La fièvre monte. Le pari fou de HBO est gagné.

6. Auteur de l'article « Game of Thrones, l'hiver est là » publié sur le blog série du *Monde* le 29 août 2017.

7. Durant une conférence à la Northwestern University, G.R.R. Martin a confié qu'il n'aurait jamais imaginé que la série rattraperait ses romans aussi vite : « Jamais je n'aurais pensé que ça allait arriver. J'avais tellement d'avance. La vérité, c'est que je suis un écrivain très lent. »

LES CERVEAUX DU *SHOW*

« GOT, ce sont les Soprano de la Terre du milieu. »
David Benioff

Ils sont aussi célèbres que les Rolling Stones et peignent saison après saison un monde de plus en plus noir. David Benioff et D.B. Weiss, *showrunners* de *Game of Thrones*, ont désormais de quoi voir venir plusieurs hivers, sans compter que leur collaboration avec HBO ne s'achève pas avec le final tant attendu de la série qui les a sacrés.

David Benioff, cocréateur de la série

David Benioff a 46 ans et le même nom qu'un célèbre sismologue américain, Hugo Benioff. Il commence sa carrière de scénariste au cinéma en 2002 avec *La 25e Heure* de Spike Lee. Mais c'est en signant le script de *Troie* de Wolfgang Peterson que démarre vraiment sa *success-story* (2005). Polyvalent, Benioff travaille sur des productions à gros et moins gros budgets comme *Stay*, *Les Cerfs-Volants de Kaboul* ou encore *X-Men Origins : Wolverine*. Ce n'est donc pas un bleu que HBO approche. En 2011, on lui offre de co piloter le plus grand *show* télévisé de tous les temps. Une entreprise d'écriture pharaonique dont il assure le service avec D.B. Weiss et G.R.R. Martin. En 2013, il passe derrière la caméra pour réaliser l'épisode 3 de la saison 3. Il est aujourd'hui millionnaire.

> « En tant que *showrunners*, nous devons être les architectes de la série. Tout doit être construit et planifié en amont. Pour autant, on est incapable de dire : "On va s'arrêter là" ni même de tout prévoir sur plusieurs saisons. Ce que l'on sait, c'est que l'on doit livrer une saison par an. Ensuite, on avait conscience que l'on fonçait vers la fin car, depuis le début, on savait que la série durerait sept ou huit ans. »

> « Notre budget est devenu de plus en plus important au fil des années. Lors de la première saison, nous n'avions pas le temps de tourner certaines scènes correctement. Nous n'avions pas non plus assez d'argent pour les effets spéciaux. Il y a tant de choses que nous ne pouvions pas faire comme nous le faisons aujourd'hui. En revoyant les images, on se dit : "Oh mon Dieu, si seulement on pouvait le refaire !" Aujourd'hui, quand les choses sont bien faites, on s'en rend compte immédiatement, parce qu'une grosse partie de l'apprentissage consiste à voir ce qui fonctionne. Mais, à l'époque, on n'avait pas vraiment de vision cohérente[1]. »

Daniel B. Weiss, co créateur de la série

Diplômé d'une maîtrise en philosophie et littérature irlandaise, Weiss est fan de science-fiction, nouvelliste à ses heures, et travaille sur des adaptations de jeux vidéo. Appelé par le studio HBO pour participer à la réécriture pour la télévision de la série *Game of Thrones*, il entre dans la cour des grands, n'ayant jamais imaginé terrain de jeu aussi vaste que cette machine financée par HBO. Son profil est plus atypique que celui de Benioff. Weiss est également plus discret. Complémentarité heureuse.

> « Quand on a commencé *GOT*, on s'est rapidement rendu compte que nos vieilles habitudes de travail étaient incompatibles avec le calendrier de la série et que cela risquait de détruire le *show*. Alors on s'est mis à travailler n'importe où, à n'importe quel moment. »
> « On a toujours cette sensation d'être des enfants dans une boutique de bonbons. On regarde les armures, les robes incroyables que Michele Clapton fabrique, puis on jette un œil aux épées, aux *story-boards* des scènes, on donne notre avis sur les choix à opérer. Toutes ces choses nous fascinaient quand on était enfants[2]. »

1. Propos recueillis dans le *Time* du 11 juillet 2017.
2. Propos recueillis dans le *Time* du 11 juillet 2017.

LA SUITE DE LEURS AVENTURES EN DUO

Ce n'est un secret pour personne, Benioff et Weiss préparent déjà l'après-*GOT*, ensemble qui plus est. D'abord une série, toujours sous la bannière HBO. Pas folle la chaîne. Le programme est annoncé sous le titre *Confederate*, une série d'aventure qui suivra les destinées de plusieurs personnages pendant la guerre civile américaine, des combattants de la liberté, des chasseurs d'esclaves ou encore des conglomérats esclavagistes. « Nous avons discuté de *Confederate* pendant des années comme d'un projet de long-métrage. Mais notre expérience sur *Game of Thrones* nous a convaincus que personne d'autre ne pouvait nous donner d'aussi gros et grands moyens d'expression que HBO », ont déclaré les créateurs qui ne seront pas mêlés aux *spin-off* de *GOT*. Habitués à la controverse, Benioff et Weiss essuient déjà les critiques visant leur future série : « Avons-nous vraiment besoin d'une nouvelle série sur la souffrance des Noirs écrite par des hommes blancs ? », peut-on lire sur Twitter. Un débat qui rappelle celui lancé au cinéma par *Detroit* de Kathryn Bigelow à la fin de l'été 2017. C'est d'ailleurs sur grand écran que nous devrions retrouver également le duo, aux commandes prochainement d'une série de films indépendants Star Wars. *Solo, A Star Wars Story* de Ron Howard, sorti en mai 2018, a pourtant fait un flop monstre au *box-office* mondial…

AUX CÔTÉS DE BENIOFF ET WEISS DANS « LA CHAMBRE DES AUTEURS »

Si G.R.R. Martin ne fait pas officiellement partie de la « chambre des auteurs », il est le plus fidèle consultant de ce club ultra fermé dont Benioff et Weiss distribuent les clés. Martin lit chaque script, souligne ce qui lui semble bon de rependre, commente le travail qui lui est soumis avec sérieux et bienveillance.

Trois des plumes venues en renfort au fil des saisons

Bryan Cogman, scénariste et producteur TV

C'est la 20th Century Fox qui le repère d'abord. Quelques années plus tard, il supervise l'édition de la trame scénaristique de la série la plus populaire de tous les temps. Il est également l'auteur de 10 épisodes et le futur auteur de l'épisode 2 de la saison finale.

Vanessa Taylor, scénariste et productrice TV

J.-J. Abrams avait loué ses services pour la série *Alias*, la voilà en 2013 coproductrice exécutive de *GOT*. Elle a écrit trois épisodes à ce jour.

Dave Hill, scénariste, script

Il rejoint la bande à partir de la saison 5. Auparavant, il était l'assistant de Benioff et Weiss (sur près de 30 épisodes). Dave Hill est auteur de trois épisodes et c'est à lui qu'a été confiée l'écriture du premier épisode de la saison 8. Mission précieuse.

À noter

Parité non respectée au sein de l'équipe de création artistique de la série. Mauvais point pour HBO[3].

DESSINE-MOI MA SCÈNE PRÉFÉRÉE

Le tournage de la saison finale s'est achevé en juillet 2018. Un soulagement autant qu'un choc émotionnel pour les comédiens. Car dire adieu à un personnage qu'on a campé pendant près d'une

3. Cf. chapitre « Genre(s), sexualité(s) et diversité ».

décennie est forcément un crève-cœur, surtout quand l'aventure du tournage a si souvent été décrite comme familiale par les équipes artistiques et techniques. L'actrice Sophie Turner, interprète de Sansa Stark, a confié lors d'une interview au site anglais Digital Spy avoir été gâtée avec ses camarades après le clap de fin. Chaque acteur de la série a en effet reçu des mains de Benioff et Weiss le story-board de sa scène préférée avec son personnage dedans. Un cadeau unique et personnalisé.

2

LES (VRAIS) MAÎTRES SORCIERS DE LA SÉRIE

VIDÉO, BRICO, DÉCO, TRICOT

« Le meilleur compliment que l'on puisse faire à nos effets spéciaux, c'est d'être invisibles. »

Joe Bauer et Steve Kullback

Sans eux, ni dragons, ni Mur, ni Marcheurs Blancs, ni géants, ni « Waouh ! » lâchés devant le petit écran. Pas de Braavos non plus, d'armées, de navires à faire pâlir ceux de *Pirates des Caraïbes*, de combats titanesques, de feu grégeois, d'effusion de sang... Pour sûr, *Game of Thrones* aurait eu nettement moins d'allure en carton-pâte et papier mâché. Alors HBO loue les services de plusieurs magiciens, pro des effets spéciaux, chefs décorateurs de renom, maîtres costumiers, accessoiristes et coiffeurs, pour donner à la série l'éclat et la dimension qu'elle impose. Sans la coordination de toutes les unités artistiques, cela aurait été peine perdue. Chacune communique et œuvre dans le sens du *show* aux normes et à l'économie HBO. Un travail d'équipe spectaculaire.

EFFETS SPÉCIAUX : ET C'EST PARTI POUR LE *SHOW*

Joe BAUER, visual effect supervisor

Il partage le nom de famille d'un des plus célèbres héros de la télé américaine (Jack Bauer dans *24 heures chrono*) et a collaboré avec Craig Gillepsie en 2011 à *Fright Night*, remake du film de 1985 *Vampire, vous avez dit vampire*[1] ? qui, contrairement à son petit frère du XXIe siècle, était fait avec trois bouts de ficelles. Évidemment, trois bouts de ficelles n'auraient pas suffi à rendre *Game of Thrones* exceptionnel…

Steve KULLBACK, VFX producer

Rien à signaler sur son patronyme. En revanche, Steve Kullback s'est fait un nom dans le petit monde des effets spéciaux. Ses faits d'armes ? La série *NCIS* (CBS) en 2003 et les *blockbusters Pirates des Caraïbes, Jusqu'au bout du monde* en 2007 ou encore *Wanted : Choisis ton destin* en 2008. Pas des chefs-d'œuvre, cependant son travail vaut de l'or à Hollywood, et HBO sait pêcher les talents là où il faut.

Paul INGLIS, directeur artistique, chef décorateur

CV : *Les Fils de l'homme* (2006), *Victoria, les jeunes années d'une reine* (2009), *Skyfall* (2011), *Prometheus* (2012), *Mission : Impossible — Rogue Nation* (2015).

Thomas BROWN, directeur artistique

CV : *Good Morning England* (2009), *Anna Karenine* (2012), *Avengers : L'ère d'Ultron* (2015).

1. Réalisé par Tom Holland (II), avec Chris Sarandon, Amanda Bears et William Ragsdale.

Ashleigh JEFFERS, chef décoratrice
CV : *La Cité de l'ombre* (2008), *Les Chroniques de Frankenstein* (2015-2016).

Tom McCULLAGH, production designer
CV : *Hunger* (2008), *Les poings contre les murs* (2013), *The Fall* (2013-2014).

Steve SUMMERSGILL, directeur artistique
CV : *Hellboy* (2004), *Inglourious Basterds* (2009), *The Grand Budapest Hotel* (2014).

COULISSES ET FOND VERT

En 2016, pendant la diffusion de la saison 6, la chaîne YouTube de HBO met en ligne une impressionnante vidéo sur les effets spéciaux du *show*. Plus besoin d'attendre l'édition Blu-ray pour s'offrir quelques bonus. On apprend qu'il a fallu créer et déployer une toile verte de 9 mètres de haut sur 120 mètres de large pour la scène de l'attaque du Mur dans la saison 4 ou encore construire de toutes pièces une lance de 15 mètres qui crache du feu.

En 2017, HBO diffuse le *making of* de l'épisode 6 de la saison 7. On y découvre par exemple Emilia Clarke, dans le costume de Daenerys, qui chevauche des nappes vertes représentant son dragon, ou encore les coulisses, avec capteurs et fonds verts, de l'épique bataille qui oppose Snow et sa bande aux Marcheurs Blancs.

Secret de tournage
Les loups géants des enfants Stark, animaux de compagnie superintelligents, ont été incarnés par quatre jeunes chiens de la race inuit du Nord au début de la série avant d'être recréées par ordinateur : un loup géant adulte est aussi grand qu'un poulain.

DERRIÈRE LA CAMÉRA : AU PREMIER PLAN

LES RÉALISATEURS

Ils tournent, ils tournent, les réalisateurs du *show*. La masse de travail est si importante, le calendrier de tournage si ramassé, qu'il était nécessaire de jouer l'alternance. HBO engage 17 réalisateurs ayant déjà un pied dans l'univers de la fiction télévisée, comme Timothy Van Patten[2], vu au générique des *Soprano* et de *Sur Écoute*, Alan Taylor, réalisateur de quelques épisodes de *À la Maison Blanche*, *Six Feet Under*, *Rome* et *Mad Men*, ou bien encore Miguel Sapochnik (*Dr House*, *Fringe*). Une femme seulement parmi les hommes : Michelle MacLaren, réalisatrice et productrice, qui compte dans sa filmographie des hits comme *X-Files*, *Breaking Bad* et *The Walking Dead*.

La réalisation des épisodes de *Game of Thrones*, louée tant par la presse que par les spectateurs, est aux mains des vainqueurs – des réalisateurs déjà plébiscités et primés, et par la suite plusieurs fois récompensés pour leur travail sur la série. Un épisode de *Game of Thrones*, ce sont des millions de dollars de budget, des centaines et des centaines de figurants, plusieurs localisations, plusieurs personnages, plusieurs intrigues, intimes ou politiques, principales et secondaires, et souvent des combats, collectifs ou individuels. Des changements de focales, un montage qui écrit les variations de l'histoire, des plans rapprochés, des plans panoramiques qui ouvrent sur tous les dangers. Chaque épisode est pensé comme un moyen-métrage qui répond à un certain cahier des charges, celui

2. Timothy Van Patten a aussi été acteur. Une carrière courte. Son rôle le plus marquant : celui de Peter Stegman dans *Class 1984* de Mark L. Lester, comédie canadienne sortie en 1982.

qu'imposent le format et le genre de la série. Elle doit garder une unité de ton et une cohérence stylistique même si la caméra change de mains. Les réalisateurs travaillent donc collectivement[3] à la construction de cette immense fresque au maillage régulier.

« Il ne s'agit pas d'imposer son style, mais de trouver un point de vue original. Je suis très attaché aux détails, même dans les grosses productions. Je suis strict, pointilleux aussi bien dans la direction des comédiens que dans les choix de cadres, et jusqu'au montage. Je n'improvise jamais. Tout est millimétré, réfléchi, cohérent dans ma mise en scène. Pour chaque scène, je cherche un angle inattendu, précis, qui puisse donner plus de sens à ce qui s'y dit. Je n'aime pas me contenter de "faire le job". »

Jeremy Podeswa[4]

La liste des chefs d'orchestre

Alan Taylor	7 épisodes, 2011-2017
David Nutter	6 épisodes, 2012-2015
Alex Graves	6 épisodes, 2013-2014
Mark Mylod	6 épisodes, 2015-2017
Jeremy Podeswa	6 épisodes, 2015-2017
Daniel Minahan	5 épisodes, 2011-2013
Alik Sakharov	4 épisodes, 2012-2014
Michelle MacLaren	4 épisodes, 2013-2014
Miguel Sapochnik	4 épisodes, 2015-2016
Brian Kirk	3 épisodes, 2011
Timothy Van Patten	2 épisodes, 2011
Neil Marshall	2 épisodes, 2012-2014
David Petrarca	2 épisodes, 2012
Michael Slovis	2 épisodes, 2015
Jack Bender	2 épisodes, 2016
Daniel Sackheim	2 épisodes, 2016
Matt Shakman	2 épisodes, 2017

3. Réaliser un épisode de *GOT*, c'est diriger une troupe d'environ 900 personnes.
4. Propos recueillis dans *Télérama*, le 30 avril 2018.

Les réalisateurs de l'ultime saison

Miguel Sapochnik a déjà œuvré derrière la caméra pour l'épisode « La Bataille des Bâtards » (S. 6, Ép. 9) et pour « Les Vents de l'hiver » (S. 6, Ép. 10). Il fait son retour aux commandes de la fiction.

David Nutter avait traumatisé les téléspectateurs avec les Noces Pourpres dans l'épisode « Les Pluies de Castamere » (S. 3, Ép. 9). Il avait également réalisé le final de la saison 5, « La Miséricorde de la Mère ». Il revient aussi dans la partie.

Enfin, surprise (ou pas), David Benioff et D.B. Weiss réaliseront eux-mêmes l'épisode final de la série.

Budget de l'ultime saison

Seulement six épisodes, mais un budget colossal de 90 millions de dollars, soit 15 millions de dollars par épisode. C'est le montant alloué par HBO pour clore la saga *Game of Thrones*. Rappelons que chaque épisode sera tourné comme un long-métrage et en adoptera la durée standard (1 h 30 environ).

DIEUX DE LA LUMIÈRE

Comme les réalisateurs, les chefs opérateurs valsent. Portrait de trois d'entre eux.

Marco Pontecorvo

Il est romain et, avant *Game of Thrones*, il travaillait déjà sur la série *Rome* (2005-2007). Marco Pontecorvo a également réalisé plusieurs longs-métrages qui n'ont pas connu de succès ailleurs qu'en Italie, comme *Tempo instabile con probabili schiarite* avec John Turturro.

Robert McLachlan

Il est canadien et touche-à-tout : documentaire, télévision, série (*MacGyver, Cobra*), cinéma (*Destination finale* de James Wong, *Cursed* de Wes Craven). Son nom apparaît au générique de *GOT* pour la première fois en 2013.

Kramer Morgenthau

Il est américain et c'est un poulain de l'écurie. On retrouve son nom au générique de *Boardwalk Empire*, autre succès de HBO. Il intègre l'équipe de *Game of Thrones* en 2012.

LES COSTUMES : DE LA MAIN DES FÉES

« On est loin d'un Disneyland du Moyen Âge, où il y a des princes et des princesses, des chevaliers en armure. »
George R.R. Martin

Trois mille, c'est le nombre de costumes recensés dans la série jusqu'à la saison 5, avec 4000 accessoires en plus. Tous ont été confectionnés spécialement – et à la main – sous l'égide de la costumière Michele Clapton, puis d'April Ferry. En tout, le département dédié aux costumes emploie 100 personnes par saison, toutes dirigées par une brodeuse, une spécialiste des armures et un responsable coiffure, non négligeable si on prend en compte les 7000 dollars moyens nécessaires à la fabrication de chaque perruque. À noter : le design des costumes ne s'inspire pas tout à fait de la description qu'en font les livres de G.R.R. Martin. On remarque notamment que le choix des couleurs et des coupes des vêtements de nos héros chéris s'accorde souvent à leurs humeurs, leur fonction ou leurs positions (géographique, morale, stratégique, etc.). Plusieurs costumes ont marqué les esprits des spectateurs, tels l'armure dorée de Jaime Lannister, les vestes chics à col mao et manches en cuir de son frère, Tyrion Lannister, les toilettes de Sansa Stark, de moins en moins clinquantes à mesure des saisons, la tenue militaire austère qu'endosse Jon Snow lorsqu'il intègre la Garde de Nuit ou même le nouveau look de Cersei Lannister. Fini le bordeaux et l'or, couleurs de la bannière de sa maison, finies les robes corsetées, bonjour les surmanteaux gothiques moulants et sombres. Chaque costume compte, chaque détail aussi.

Michele Clapton, chef costumière n° 1

Elle est britannique, et déjà multirécompensée au moment où HBO l'approche. Son travail minutieux pour la série (des milliers de pièces créées) lui permet de remporter un Emmy en 2012, puis deux autres en 2014 et 2016. Elle pense chaque royaume en termes de collections (automne-hiver, printemps-été). Chaque vêtement cache une particularité et renseigne soit sur le caractère du personnage qui le porte, soit sur son pedigree. Il reflète aussi la diversité culturelle et les climats changeants du royaume des Sept Couronnes. Pour Margaery Tyrell, interprétée par Natalie Dormer, Michele Clapton imagine une robe inspirée d'une des créations d'Alexander McQueen pour Björk. Des mois et des mois de travail, comme pour Michele Carragher, chef de fils, brodeuse spécialisée dans la restauration de vêtements pour des musées ou collectionneurs privés recrutée par HBO. Elle travaille sur les saisons 1 à 5, puis saison 7, soit 57 épisodes entre 2011 et 2017.

Michele Clapton fait état dans ses interviews de plusieurs motifs et sources d'inspiration, comme la mode médiévale japonaise, les armures persiennes, les toilettes des Bédouins, mais aussi les robes de la noblesse élisabéthaine.

> « J'ai longtemps travaillé dans le monde de la mode. Je suis heureuse de faire autre chose maintenant mais, bien entendu, cela m'influence encore car j'y vois de l'art. »

April Ferry, chef costumière n° 2

La première fois qu'elle est nommée aux Oscars, c'est en 1994 pour *Maverick* de Richard Donner. Quelques années plus tard, elle empoche un Emmy Awards pour son travail sur la série *Rome*. Elle est créditée au générique de plus de 45 œuvres (cinéma, télévision) et est à l'origine de la production des costumes de la saison 6, soit huit épisodes, en 2016.

C'est quoi ce manteau de fourrure ?

C'est Daenerys Targaryen – qu'on a connue moins vêtue – qui le porte avec majesté dans l'épisode 6 de la saison 7. Un long manteau en épaisse fourrure blanche, ajusté à la taille. Une pièce rare. Suffisamment pour que la fan zone réagisse et s'interroge.

Selon Michele Clapton, ce manteau de fourrure cache plusieurs significations. Il s'agissait de montrer, à travers les vêtements du personnage, le changement dans sa relation avec Jon Snow et son attitude à l'égard du roi du Nord. « Je voulais vraiment qu'il y ait un changement définitif dans son look, alors qu'elle accepte d'aider l'équipe de Jon, coincée au nord du Mur », a-t-elle expliqué au site américain In Style. « Je voulais aussi créer une sensation de grande beauté et de drame. Daenerys élève son look de reine guerrière, avec la chaîne en argent magnifique de la Mère des Dragons à travers sa poitrine, sans un style militaire, qui complète le look. » Vous voilà prévenus.

HAIR DESIGN : RIEN QUE POUR VOS CHEVEUX

Pour parfaire le look des héros, déterminant dans la manière dont le spectateur les appréhende, HBO fait appel aux doigts de fée de Kevin Alexander, superviseur de la division « coiffure » du *show*. L'époque est médiévale, les femmes de hauts rangs sont apprêtées, coiffées de mille façons, certains princes ont les cheveux mi-longs, lisses ou bouclés. Tout est étudié dans les moindres détails, certains d'entre eux sont fournis par les livres de Martin, les autres imaginés pour le *show*. À travers les coiffures ou coupes de cheveux des personnages, l'histoire s'écrit aussi, à l'image de celle de Cersei Lannister. Au début de la série, sa chevelure est longue, soyeuse, signe de la vitalité de sa maison. Plus le temps file, plus les drames s'abattent sur les Lannister, plus les cheveux de Cersei raccourcissent. Elle les porte désormais à la garçonne, façon Jeanne d'Arc, signe d'une nouvelle ère guerrière.

Kevin Alexander, *hair stylist* en chef

Il a toujours rêvé de travailler sur les plateaux de cinéma et créer des œuvres d'art sur tête. Son rêve prend vie alors qu'il a moins de 30 ans, Hollywood louant ses services sur des superproductions comme *Les Chroniques de Narnia* et *Casino Royale*. HBO le repère et bingo, le voilà hair stylist de *Game of Thrones*. Les nattes rousses de Sansa Stark, les cheveux lâchés blond cendré de Cersei Lannister, les chignons stylisés de Daenerys Targaryen, ses mèches ondulées, c'est lui. Kevin Alexander a imaginé des centaines de coiffures devenues modèles de référence et a précisément choisi les couleurs de cheveux des personnages, étudiant chaque nuance. Certaines actrices passent par la case teinture, comme Sophie Turner qui interprète Sansa Stark. Blonde, elle devient auburn. Pour Emilia Clarke, naturellement brune, *exit* la teinture qui aurait abîmé sa chevelure, bonjour les perruques[5]. Kevin Alexander explique : « Emilia a les cheveux très bruns, presque noirs. On est obligé de les tresser très fermement et de les cacher sous un faux crâne que l'on recouvre d'une perruque blond platine. Cette simple opération nous prend presque deux heures. »

Mais Kevin Alexander ne s'occupe pas seulement des cheveux des dames. Il est aussi à l'origine des boucles brunes, rebelles et sexy de Jon Snow, dont il tire sa force tel Samson : « Il a de la chance ! Il a les cheveux bouclés. Il adore ça, et avouons-le, il les porte bien ! Il les remonte en un petit chignon. On a assombri ses cheveux de quelques teintes. On avait tellement de références, issues du livre, au début de la saison 1. *Idem* pour les personnages de Sansa et Catelyn[6]. »

MAKE UP : PARCE QU'ILS LE VALENT BIEN

Il nous vient directement d'Angleterre : Paul Engelen est un artiste. À l'aide de crayons, pinceaux, poudres, crèmes, cire ou latex, il transforme les acteurs et actrices en créatures sublimes, étranges, célestes ou démoniaques. C'est donc un superprofessionnel du maquillage et des prothèses qu'engage HBO. Dans sa filmographie : *Batman*, le vrai, celui de 1989, *Star Wars, la menace fantôme*, *Gladiator*, *Tomb Raider*, *Casino Royale*, etc. Il travaille sur le *show* avec Melissa Lackersteen, Conor O'Sullivan et Rob Trenton jusqu'à la saison 3. Dès la saison 4, Jane Walker et son équipe composée d'Ann McEwan et Barrie et Sarah Gower reprennent les commandes de l'unité *make up design*.

5. À noter : la comédienne Emilia Clarke s'est, depuis, teinte en blonde. Une nouvelle couleur de cheveux qu'elle a adoptée en 2017.
6. Propos recueillis dans le *Time*, 2017.

3

LES YEUX, LES OREILLES ET LES LANGUES
INTRO, MUSIQUE ET PAROLES

« Nous voulions que le générique d'ouverture soit enraciné dans le monde que propose la série. »

Angus Wall[1]

1. Propos recueillis par Ian Albinson pour le site Art of the Title en 2011.

Le générique de *Game of Thrones* a nécessité pas moins de six mois de travail et le concours de plus d'une vingtaine de professionnels, techniciens image, infographistes, directeurs artistiques, etc. Des designers ont travaillé à la conception de la fameuse carte qui s'y expose et présente l'espace géographique dans lequel s'insère le récit. Point de personnages à l'écran, mais des territoires, des bras de mers, des noms de régions aux sonorités nouvelles et exotiques. Le début d'un voyage qui se réclame immédiatement fantastique, gouverné par un thème original qui choisit comme instrument principal le violoncelle. Mais il n'y a pas que la musique qui chatouille les oreilles dans *Game of Thrones*. La pluralité des langues et des accents dans la série participe aussi à l'harmonie générale. Le spectacle doit être total et inédit, du neuf pour les yeux comme pour les oreilles.

GÉNÉRIQUE VIRTUOSE[2] : 1 MINUTE ET 42 SECONDES

C'est un des moments forts, un de ceux qui créent l'attachement affectif du spectateur pour le *show*. Le directeur de création Angus Wall[3] et ses collaborateurs ont reçu un Emmy Award en 2011 pour leur travail sur cette séquence d'introduction qui a pour vocation d'exposer les enjeux narratifs « géographiquement » parlant. Présenter la galerie de personnages qui composent la série aurait été un exercice trop laborieux, alors Wall et son équipe ont penché pour la projection cartographique en trois dimensions du royaume des Sept Couronnes, terrain de jeu des protagonistes. Ce générique s'inscrit dans la pure tradition de la *fantasy* médiévale, épousant son langage codifié. Il évolue à chaque saison, rendant compte des endroits où les événements des épisodes ont lieu. Des mécanismes d'horlogerie complexes rappelant les dessins de Léonard de Vinci permettent à des bâtiments et à d'autres structures d'émerger de la carte pour se déployer, et symbolisent aussi les rouages du destin des héros. Entre classicisme et modernité, comme le thème musical qui l'accompagne avec maestria.

LA CARTE DU MILIEU

C'est donc une carte définissant un ensemble de territoires qui devient ainsi la vedette du générique d'ouverture de *Game of Thrones*. Une carte complexe de laquelle émerge tout l'univers de la fiction. Le choix de cette entrée en matière n'est pas innocent. D'une part, le générique joue avec tout un tas de codes esthétiques qui mobilisent l'attention du spectateur et convoquent des

2. Créé par le studio de production Elastic pour HBO.
3. Créateur du générique des séries *Rome* et *Carnival*.

éléments majeurs de la mythologie dans laquelle s'inscrit la série, d'autre part, il transpose la géographie du monde imaginé par G.R.R. Martin dans ses romans, affirmant ainsi la complicité entre l'écrit et l'écran, chère aux lecteurs de Martin. Ce que réussit ce générique par conséquent, c'est à dramatiser l'espace, à lui donner une dimension décisive. Lorsque la caméra survole la carte, les traits sont clairs. Si le monde exposé est imaginaire, ses contours, eux, nous paraissent familiers. Des plaines, des littoraux, plusieurs royaumes figurés par des plages de couleurs qui les singularisent, des villes, dont les limites sont nettement cerclées. Des tours s'élèvent, des palissades aussi. Le monde qui s'actionne est bien un monde en guerre...

Cette carte en relief surgit d'une sphère de feu et de fer enveloppée de bandes de métal. À trois reprises dans le générique, un gros plan est effectué sur cet astrolabe qui éclaire la carte. Y sont gravées des illustrations relatives à l'histoire de Westeros, des évènements antérieurs aux faits de la série :

- une ville détruite par un volcan, sous les yeux d'un dragon, entouré d'une armée fuyant en bateau : illustration du Fléau de Valyria, soit la destruction de la ville de Valyria et l'exode de la famille Targaryen (dont le symbole est un dragon) vers Westeros ;
- un dragon attaqué par un cerf, un lion et un loup : illustration de la guerre de l'Usurpateur, c'est-à-dire la rébellion menée par les familles Baratheon (le cerf), Lannister (le lion) et Stark (le loup) contre les Targaryen.
- Un cerf rayonnant autour duquel s'inclinent un lion et un loup : illustration du règne de Robert Baratheon après sa victoire.

C'est par Port-Réal, capitale politique et économique, que le circuit commence tandis que le nom des comédiens s'inscrit sur l'écran, et à côté le blason de la maison à laquelle leur personnage appartient. La caméra se déplace au-dessus de la carte, survolant les principaux décors de la série. À noter que la géographie du générique évolue en fonction des déplacements des personnages d'une saison à l'autre, ce qui aide le spectateur à se repérer s'il a l'œil vif. Cette carte donne également un aperçu des conditions atmosphériques, là où le climat semble tropical, là où il est tempéré, là où il est polaire. Le voyage est finement orchestré et se dessinent en filigrane sur la carte les lignes d'un quadrillage strict, comme sur une mappemonde ou sur les cartes militaires. À la fin du générique, un écran noir sur lequel s'inscrivent le nom du réalisateur de l'épisode et le titre de celui-ci. Terriblement efficace.

À noter

Changement important dans le générique de la saison 7 : à l'est du Mur coulait auparavant un bras de mer. Aujourd'hui, il est gelé. Une véritable autoroute de glace pour l'armée des Morts qui se rapproche dangereusement des frontières du royaume. Un indice conséquent.

Les principaux lieux aperçus dans le générique[4]

Fléau de Valyria / Port-Réal / Winterfell / Le Mur
Vaes Dothrak / Harrendhal / Qarth / Pyk / Les Eyriés
Les Jumeaux / Pentos / Peyredragon / Astapor / Yunkaï
Winterfell encore, mais détruite / Vivesaigues / Fort-Terreur
Meereen / Dorne / Moat Cailin / Braavos

4. Cf. chapitre « Tour operator ».

UN THÈME MUSICAL HOMÉRIQUE

C'est à Ramin Djawadi, compositeur d'origine germano-iranienne, qu'on doit ce morceau de culture populaire. Assistant d'Hans Zimmer, pointure hollywoodienne, Ramin Djawadi signe les bandes originales de *Prison Break*, *Person of Interest*, *Iron Man* ou encore *Pacific Rim*. -vingt-trois longs-métrages à son actif, neuf séries, cinq jeux vidéo et une dizaine de musiques additionnelles jouées aux côtés de ses pairs (Zimmer, Klaus Badetlt, Steve Jablonsky). Lorsqu'il est approché par les *showrunners* de *Game of Thrones*, Ramin Djawadi sait le poids de la mission qu'on lui propose. Comme ce générique qu'il a fallu créer de toutes pièces, la musique se devait d'être composée de la main d'un maître, originale donc, impliquant de la personnalité, du caractère. Le marché ne s'arrêtait pas à la simple création d'un thème pour le générique d'ouverture, mais engageait Ramin Djawadi à composer l'ensemble de la musique de la série, à suivre le rythme des saisons et des intrigues pour lui donner la couleur adéquate. Comment dire non ? Le thème principal de la série – celui qu'on entend au générique – est fredonné par tous les fans malgré sa complexité. Des cuivres, des cordes, des percussions, des instruments à vent et des chœurs. Un concentré d'épique et de merveilleux, des notes graves et des notes poignantes. De la douceur, de l'ardeur, des frissons. Mais le reste du travail de Djawadi pour la série est tout aussi foudroyant, la preuve en quelques titres : *Light of the Seven* (grand final de la saison 6), *Dance of Dragons* (S. 5, Ép. 9) ou *I am Hers, She is Mine*, pour le côté ballade aux accents celtiques (S. 2, union de Robb et Talisa Stark).

Méthode de travail

« Quand j'écris, j'ai toujours l'image qui défile derrière moi. Du coup, quand je fais mes arrangements, je passe mon temps à revenir en arrière. Par ailleurs, je joue chacun des instruments sur mes maquettes, donc c'est extrêmement chronophage. Pendant tout ce processus, je visionne et visionne à nouveau les scènes sans cesse. C'est alors que d'autres idées émergent, que je m'attache aux scènes et qu'il me faut les regarder à nouveau[5]. »

En collaboration avec Benioff et Weiss

« J'adore notre collaboration ainsi que leur vision du *show*. Parfois, on décide de mettre de la musique sur une scène et ils me disent : "Ça arrive un peu trop tôt. Pourquoi est-ce qu'on n'attendrait pas que Cersei dise ça ?" Alors, je réadapte le morceau pour le raccourcir d'une dizaine de secondes. Et parfois, c'est l'inverse. On écoute un morceau et on comprend qu'il faudrait que la musique commence 30 secondes plus tôt. Alors je réécris le début du morceau et on l'écoute à nouveau, jusqu'à ce que l'on soit totalement satisfait[6]. »

Interlude anachronique : instant karaoké

Snow est preux, Daenerys, visionnaire, Jaime, fleur bleue, Cersei, amère, Tyrion, sombre, Theon, embarrassé, Baelish, éliminé, Arya, déterminée, Sansa, combative, et le Roi de la Nuit, froid. Voici quelques morceaux contemporains qui leur collent bien à la peau. On imaginerait bien les héros les chanter, avinés, dans un vieux resto/karaoké de Belleville ou d'ailleurs. À vos casques ou vos micros. Musique, maestro !

5. Den of Geek, 14 juillet 2017.
6. Den of Geek, op. cit.

Répertoire de Jon Snow

« *Sound of Silence* » Simon & Garfunkel
« *Bring me to life* » Evanescence
« *Boys don't Cry* » The Cure
« *Do I Wanna Know ?* » Arctic Monkeys

Répertoire de Daenerys Targaryen

« *Girl on Fire* » Alicia Keys
« *Fly Away* » Lenny Kravitz
« *Ashes to Ashes* » David Bowie
« *Mad World* » Gary Jules

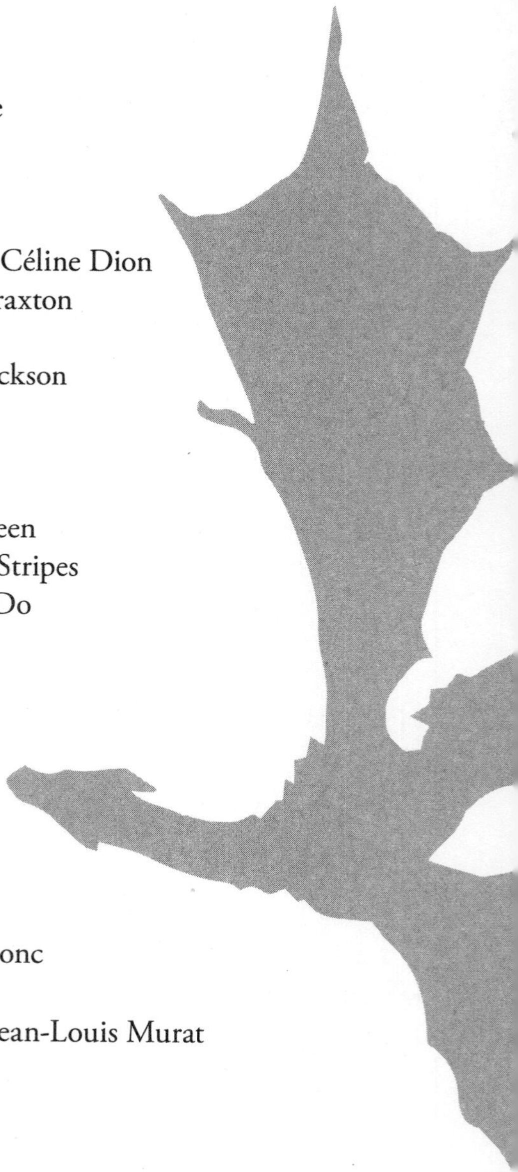

Répertoire de Jaime Lannister

« *Pour que tu m'aimes encore* » Céline Dion
« *Un-Break my heart* » Toni Braxton
« *Heavy Cross* » Gossip
« *Scream* » Michael et Janet Jackson

Répertoire de Cersei Lannister

« *Heart of glass* » Blondie
« *The Show Must Go On* » Queen
« *Seven Nation Army* » White Stripes
« *Keep Your Lips Sealed* » The Do

Répertoire de Tyrion Lannister

« *Alabama Song* » The Doors
« *Disorder* » Joy Division
« *The Passenger* » Iggy Pop
« *Where is my mind* » Pixies

Répertoire de Theon Greyjoy

« *L'opportuniste* » Jacques Dutronc
« *Trahison* » Vitalic
« *Regrets* » Mylène Farmer & Jean-Louis Murat
« *Little Sister* » Elvis Presley

Répertoire d'Arya Stark

« *Run The World (Girls)* » Beyoncé
« *I'm The Best* » Nicki Minaj
« *Girl You'll Be a Woman Soon* » Urge Overkill
« *Man Down* » Rihanna

Répertoire de lord Baelish

« *Poker Face* » Lady Gaga
« *Let Me Blow Ya Mind* » Eve feat. Gwen Stefani
« *Sympathy For The Devil* » The Rolling Stones
« *Pardonne-moi si je t'aime* » Claude Barzotti

Répertoire de Sansa Stark

« *I Need a Hero* » Bonnie Tyler
« *Dead Inside* » Muse
« *L'aigle noir* » Barbara
« *Stronger* » Kanye West

Répertoire du Roi de la Nuit

« *Zombie* » The Cranberries
« *Le Paradis Blanc* » Michel Berger
« *Frozen* » Madonna
« *Walking In The Air* » Aled Jones

À la musique se joignent parfois des chants dans des langues inédites. Si, en version originale, c'est en anglais que parlent les personnages la plupart du temps, la série rend bien compte d'une multitude d'autres dialectes, produits de la dynamique territoriale, mais surtout produits de l'imaginaire sans limites des linguistes chevronnés.

LES LANGUES DES PAYS IMAGINAIRES

Parole d'experts, près de 12 000 langues auraient été parlées à un moment ou à un autre sur la planète. Pas suffisant pour certains qui alors en inventent encore. Plusieurs alphabets complets ont été créés aux XXe et XXIe siècles. De la littérature à la télévision, les créations linguistiques sont souvent prodigieuses, et le maître en la matière est bien Tolkien qui, en plus d'avoir imaginé plusieurs langages pour des peuples fictifs, les a fait correspondre entre eux. Dans l'univers de la science-fiction, *Star Trek* a rendu le klingon ultra-populaire. Aujourd'hui[7], on parle le dothraki ou le haut valyrien grâce à *Game of Thrones*, et il se trouve même des passionnés pour en apprendre les fondements. Quelques tuyaux par ici.

LE HAUT VALYRIEN

Langue ancienne parlée dans l'Empire valyrien (dont les Targaryen sont les descendants), elle est enseignée à la noblesse d'Essos et Westeros dans la série – et son écriture est composée de glyphes. Comme toutes les langues imaginaires du *show*, elle est créée par David J. Peterson et compte environ 700 mots. Elle s'inspire des langues indo-européennes comme le latin et le grec et sa conjugaison se décline en trois modes : l'indicatif, le subjonctif et l'impératif. L'application Duolingo a récemment intégré dans son catalogue un programme d'apprentissage des bases du valyrien. Courage avec les déclinaisons…

7. La Language Creation Society milite pour que le klingon soit aujourd'hui reconnu comme une langue à part entière.

Quelques mots et expressions en haut valyrien pour briller en société

Vala/Vali/Valar = Un homme/Des hommes/Tous les hommes
Valar dohaerys = Tout homme doit servir
Dracarys = Feu, dragon
Rytsas = Bonjour
Raqiros = Ami
Kelitis ! = Halte !
Avy Jorraelan = Je t'aime

LE DOTHRAKI

C'est la langue officielle du peuple dothraki – cavaliers barbares et nomades aux cheveux tressés – sortie tout droit de l'imagination féconde de David J. Peterson, fan de toujours de *Star Wars*, principale source de son inspiration. mille sept cents mots créés pour le tournage de la série, inspirés du turc, du russe, de l'estonien, du swahili et l'inuktitut. Selon Jorah Mormont, « il n'y a pas de mot pour dire merci en dothraki ». Prenez-en votre parti.

Quelques mots et expressions en dothraki pour briller en société

M'athchomaroon = Salutations
Sek/Vos = Oui/Non
Asshekhqoyi vezhvena = Joyeux anniversaire
Hajas ! = Santé !
Anha Efichisak Haz Yeroon = Je ne suis pas d'accord
Anha Zhilak Year = Je vous aime

LE SKROTH

C'est le langage obscur des Marcheurs Blancs, les grands méchants de la série, des milliers de morts-vivants aux yeux bleus perçants. Elle est décrite dans les livres de Martin comme « le son grinçant de la glace qui se rompt en morceaux ». Dans la série, elle est remplacée par des effets sonores inspirés du bruit de la glace qui se fend. À ne surtout pas reproduire chez soi, vous risqueriez de briser verres et tympans.

L'ANCIENNE LANGUE DES PREMIERS HOMMES

C'est la langue la plus largement répandue au-delà du Mur et son alphabet emprunte à celui des langues germaniques. Dans la série, les Géants en parlent une version simplifiée appelée le mag nuk.

LE HODOR

C'est LA langue de Hodor, un géant simple d'esprit, garçon d'écurie de la maison Stark interprété par Kristian Nairn. Le hodor ne comporte qu'un seul mot : « Hodor », une contraction de l'anglais « *Hold the door*[8] », que le personnage répète en boucle, telle une prémonition.

8. Cette phrase est la clé de l'épisode 5 de la saison 6 (« *The door* ») où est expliquée la signification du mot « *Hodor* », un spasme linguistique qui n'a de sens qu'en version originale : la torsion phonétique ne fonctionne effectivement pas en français.

4

TOUR OPERATOR
AIRE DE JEU

« Le chaos est une échelle. »

Lord Baelish

Le Val d'Arryn, c'est par où ? Et Dorne, c'est loin de Winterfell ? Vous avez parfois du mal à vous y retrouver, et c'est normal : le royaume des Sept Couronnes est vaste. Deux continents fictifs se distinguent sur la carte imaginée par G.R.R. Martin : Westeros et Essos, deux empires séparés par les eaux, structurés en plusieurs régions, cités, îles ou châteaux, théâtres de toutes les intrigues et de tous les chaos. Si la carte est fictive, le monde sert évidemment de décor aux principaux sites de la série. Des localités choisies pour leur climat, leur physionomie, leur confidentialité géographique ou encore leur politique en matière de tournage. Les dessous des cartes, de la fiction à la réalité.

LE CONTINENT DE WESTEROS (OUEST)

Il ferait à peu près la taille de l'Amérique du Sud selon G.R.R. Martin et compterait 20 millions d'habitants à la louche. Westeros est divisé en neuf régions principales où se déroule la majeure partie de l'action de la série. Si l'on devait jouer au jeu des ressemblances, le climat et la cartographie de ce continent fictif pourraient s'apparenter à ceux de la Grande-Bretagne et de l'Irlande réunies.

LE NORD

Domaine de la maison Stark qui s'étend du Neck jusqu'au Mur. Les conditions météo y sont rudes – prévoir polaire et chapka. Les paysages, eux, en revanche, sont à couper le souffle : des forêts de pins, des collines, des montagnes enneigées. La mer du Coucher de soleil et la mer du Frisson entourent le territoire qui est aussi traversé par le fleuve du Couteau blanc par lequel s'effectuent les échanges fluviaux entre Winterfell et le port de White Harbor. Le Nord s'organise autour des quatre pôles suivants :

Châteaunoir

Immense château, il est la propriété de la Garde de Nuit. La forteresse est composée de plusieurs tours de pierre et de bois ainsi que d'une série de passages souterrains qui relient tous les bâtiments entre eux. Ces tunnels sont rarement utilisés pendant l'été, mais en hiver, c'est le seul moyen de voyager dans les différentes parties du château.

Le Mur

C'est une gigantesque muraille de glace, de pierre et de magie qui sépare le royaume des Sept Couronnes des terres glacées et sauvages situées au-delà. Le Mur est un personnage à part entière de la série. Il mesure près de 700 pieds de haut et 100 lieues de long, d'est en ouest. L'extrémité est du mur (Fort-Levant) est, depuis la fin de la saison 7, détruite par le Roi de la Nuit, permettant ainsi à l'armée des Morts de passer au-delà du mur. Le retour de la Longue Nuit sur le continent ?

Le Neck

C'est une région marécageuse située dans la partie la plus méridionale du Nord. Les dirigeants sont membres de la maison Reed, vassaux de la maison Stark. Le siège de la maison Reed est basé à Fort-Griseaux, poste stratégique puisqu'il permet le contrôle, de l'intérieur, des marécages. Le Neck est bordé au sud par les parties du nord du Conflans gouvernées par la maison Frey des Jumeaux. Un voisinage qui a engagé une querelle de longue date entre les Reed et les Frey.

Winterfell

Château et lieu de résidence de la maison Stark, niché au centre de la région nord. Après la mort de Ned Stark, Robb, alors héritier, demande à Theon Greyjoy de veiller sur Winterfell pendant qu'il cherche des alliés au nord. Le château de son enfance va tomber dans de bien mauvaises mains, notamment celles des Bolton, vilains colons. Ils seront chassés de Winterfell par la coalition Arryn-Stark, menée par Jon Snow et Sansa Stark, suite à la seconde bataille de Winterfell. Cette bataille voit le rétablissement de la domination de la maison Stark sur le Nord (S. 7).

LE CONFLANS

Surnommé aussi le Trident, le Conflans est la région centrale de Westeros, une terre plate mais fertile, composée de plusieurs villages. Le Conflans est traversé par trois fleuves : la Verfurque, la Bleufurque et la Ruffurque. Les suzerains de cette région ont été les Tully et les Frey. La capitale, nommée Les Jumeaux, est tristement célèbre : c'est en ses murs que Catelyn Stark, Robb Stark et Talisa Stark sont morts assassinés[1].

LE VAL D'ARRYN

Région montagneuse à l'ouest des terres de la Couronne. Les familles suzeraines du Val d'Arryn ont été les Arryn (on s'en doute…), puis les Baelish (nouveaux régents). Le siège de la maison Arryn est aux Eyriés, situé sur les montagnes de la Lune : une forteresse de plusieurs milliers de pieds qui frôle les nuages. La seule route menant au Val est un sentier semé d'embûches qui grouille d'animaux sauvages comme les lynx-de-fumée. Attention, danger.

LES ÎLES DE FER

« Les îles de Fer sont une région très dure, et elles l'ont toujours été. Elles sont froides et humides. Il paraît que les régions dures engendrent des hommes durs, et les hommes durs gouvernent le monde. »

Theon Greyjoy

Archipel situé sur la côte occidentale de Westeros, les îles de Fer se composent de sept îles : Pyk (la plus grande ville), Noirmarées, Grand Wyk, Vieux Wyk, Salfalaise, Orkmont et Harloi. Elles sont dirigées par la maison Greyjoy et sont indépendantes des autres

1. Cf. chapitre « Si l'histoire m'était contée ».

royaumes. Les Fer-nés, leurs habitants, vivent principalement du pillage, de la pêche, de l'élevage de moutons ainsi que de l'extraction de fer des mines, utile à la fabrication d'armes.

LES TERRES DE LA COURONNE

Région administrative qui dépend directement de Port-Réal, c'est-à-dire du roi des Sept Couronnes. Les terres de la Couronne regroupent un ensemble de terres bordées, au nord-ouest, par le Conflans, et, au sud-ouest, par le Bief. On y trouve la plus grande agglomération portuaire de Port-Réal. La baie de la Néra et du Détroit dans laquelle les terres flottent participe à son activité commerciale florissante.

Quelques chiffres

Port-Réal compte 500 000 habitants environ. Donjon Rouge est le siège de la famille royale, le centre politique, névralgique.

LES TERRES DE L'OUEST

Les terres de l'Ouest sont bordées au nord et à l'est par la mer du Crépuscule, à l'ouest, par le Conflans et au sud, par le Bief. Le paysage est fait de collines desquelles deux fleuves coulent, la Culbute et la Ruffurque. La capitale de la région est célèbre : Castral Roc, gouvernée par la famille Lannister. On compte également dans la région Port-Lannis, l'un des ports les plus importants du royaume, une grande ville qui a connu un raid des Greyjoy pendant la guerre des Cinq Rois, et leur débâcle.

LES TERRES DE L'ORAGE

Leur nom de baptême fait référence aux nombreuses tempêtes qui y éclatent tout au long de l'année. C'est l'une des plus petites régions de Westeros, une terre montagnarde difficilement praticable, des rivages rocailleux et des forêts verdoyantes. Le climat est chaud et humide, ce qui en fait une région fertile. Les terres de l'Orage sont sous la régence de la reine en poste, Cersei Lannister.

LE BIEF

C'est la partie la plus fertile et la plus peuplée de Westeros. Son climat est tropical. Les principales agglomérations de la région, reliées par la route de la Rose qui s'étend jusqu'à Port-Réal, sont Villevieille, ville côtière qui abrite la citadelle des Mestres et qui est le plus grand port de la région, et Hautjardin, puissante forteresse où siège la maison Tyrell qui gouverne. Hautjardin est située sur les bords de la Mander. La route du Front de mer la relie à Castral Roc.

DORNE

Située tout au sud de Westeros, Dorne est la région la plus chaude du continent et par conséquent la moins peuplée. Sa capitale est Lancehélion, siège de la maison Martell. Les eaux intérieures sont presque aussi précieuses que l'or, et ses puits sont jalousement gardés.

Des météorologues inspirés

L'info date de 2017. Une étude sérieuse a été menée par des chercheurs britanniques pour déterminer le modèle climatique de Westeros. Elle se fonde sur les informations données par G.R.R. Martin dans ses romans. Des données croisées à celles des modèles climatiques sur Terre. On y apprend par exemple que l'inclinaison de Westeros n'est pas la même que celle de la Terre et qu'un seul de ses hémisphères est au soleil. Le climat du Mur ressemblerait selon l'étude à celui de la Laponie. À Castral Roc, il se rapprocherait davantage de celui de la ville de Houston au Texas.

LE CONTINENT D'ESSOS (EST)

Pour se rendre à Essos, il faut aller tout à l'est du continent de Westeros, sur la côte, et prendre le large. C'est le détroit, un bras de mer étroit séparant Essos de Westeros, qui permet d'y arriver. La baie des Dragons, divisée en trois puissantes cités-États indépendantes, est située sur la côte sud d'Essos. À l'ouest du continent s'illustrent les cités libres, au nombre de neuf. Essos commerce activement avec les Sept Couronnes et nombreuses sont les villes et cités qui tirent de cette activité de juteux bénéfices. Chaque cité libre a développé ses propres us et coutumes. Chacune a son mode de vie, très éloigné de celui des Sept Couronnes régi, lui, par la féodalité. Dans ces cités dites libres, les divisions sociales règnent, des hommes en possèdent d'autres. Il y a les maîtres, en toge et bijoux, et les esclaves, qu'on peut acheter sur des marchés. À Essos, lutte des classes rime par conséquent avec Daenerys Targaryen. C'est elle qui brise les chaînes des opprimés et abolit l'esclavage sur tout le continent.

LES CITÉS LIBRES

Braavos

C'est la plus riche et influente des cités libres. À l'entrée de la ville trône une impressionnante statue, peu accueillante de surcroît, nommée le Titan de Braavos. Parmi les Braaviens notables, on compte Syrio Forel, maître d'armes d'Arya Stark, ou encore Jaqen H'ghar, membre des Sans-Visage.

Lorath

C'est la moins puissante des cités libres, située sur un archipel de la mer Grelotte, à l'est de Braavos et au nord de la baie de Lorath. Ses habitants, les Lorathis, n'ont pas pour habitude de s'aventurer hors de leurs plates-bandes. Ils survivent grâce au commerce des produits de la mer.

Myr

Cité des artisans – on y travaille le verre et la dentelle –, elle est cependant dirigée par des magistrats qui y accueillent fièrement les *khals* de passage.

Lys

Cité de la débauche, Lys invite à tous les plaisirs et ses prostituées sont réputées pour être les plus compétentes. Ses conflits avec Myr sont nombreux.

Norvos

Cité réputée pour la qualité de ses haches, une production qu'elle exporte avec succès à Westeros. Son paysage est fait de collines. Quant à son régime, il est théocratique, sous la domination du culte des prêtres à barbe, groupe religieux qui forme des gardes d'élite.

Pentos

C'est dans cette cité au sud de Braavos, faite de maisons aux toits en tuile, que Viserys et Daenerys Targaryen ont passé leurs jeunes années, élevés par Illyrio Mopatis, un seigneur du coin. Pentos est une ancienne colonie marchande valyrienne qui tient sa prospérité du commerce, encore actif, avec Westeros.

Qohor

Cité nichée à l'intérieur des terres, réputée pour le talent de ses forgerons, capables de travailler l'acier valyrien. Elle tire sa richesse de la forêt qui l'entoure, vendant ses trésors à des marchands en tout genre. La divinité qu'elle vénère se nomme la Chèvre Noire. Un culte à la mauvaise réputation…

Tyrosh

Cité riche et snob, passionnée de beaux tissus et de bijoux. Les mercenaires aiment y traîner la patte : les bordels y sont populaires. Les habitants de Tyrosh se distinguent par leurs barbes et leurs moustaches teintes de couleurs vives.

Volantis

Grande cité portuaire (carrefour commercial), fameuse pour son marché aux esclaves, Volantis est la plus ancienne des neuf cités libres. Les habitants les plus riches s'y déplacent en carrioles tirées par des esclaves ou des éléphants : marcher est considéré comme un acte dégradant. Les marchands tiennent la cité, ayant repris la main aux guerriers, et leurs lois sont strictes. Il est par exemple interdit d'aider un esclave à s'enfuir sous peine de perdre la vie.

LA BAIE DES DRAGONS

Elle est située sur la côte sud d'Essos, libérée des esclavagistes par Daenerys Targaryen. La région est composée de trois cités-États.

Meereen

Meereen est l'une des plus vieilles villes d'Essos, située au nord de Yunkaï et Astapor. Elle se démarque par son architecture toute en pierre grise et ses constructions pyramidales. Ses habitants sont appelés les Meereeniens. Depuis la saison 4, Daenerys Targaryen est reine de Meereen, et elle a balayé d'un revers de robe et de dragon les esclavagistes qui s'y étaient confortablement installés.

Astapor

Ville portuaire, entourée d'une muraille en briques, Astapor est une cité prospère. C'est ici que sont formés les Immaculés, eunuques guerriers d'élite habillés en cuir. Astapor a longtemps été aux mains des oligarchies et fait de l'esclavage sa principale activité commerciale.

Yunkaï

Au sud de Meereen, au nord d'Astapor, Yunkaï est située sur une colline où trônent deux imposantes pyramides. « Antique et glorieuse » est sa devise. Avant le putsch de Daenerys Targaryen, le régime politique était terrible là encore, aux mains des marchands d'esclaves.

Info pratique

Il existe une carte interactive et spéculative, validée par G.R.R. Martin.

Le site quartermaester.info a intégré cette carte à Google Maps, ajoutant au passage une fonctionnalité qui va changer la vie des fans de la série : en cochant le nom d'un personnage, on le voit apparaître sur la carte.

LES DESSOUS DES CARTES

« Peu importe à quel point les effets spéciaux sont réussis ou votre équipe artistique douée : il n'y a rien qui peut égaler un décor réel, si vous pouvez le trouver. L'Islande existe et c'est réaliste, il y fait terriblement froid, c'est beau, il n'y a rien de mieux. »

D.B. Weiss

Les chiffres sont impressionnants, comme toujours. La série se tourne dans près d'une trentaine de localités différentes, loin des États-Unis, et il arrive bien souvent que les équipes artistiques et techniques se séparent pour tourner simultanément des séquences d'un même épisode, en Espagne, en Irlande, au Maroc ou encore en Croatie. Le travail de repérage – effectué en amont – a été conséquent, minutieux. Il s'agissait alors pour la production de trouver pays, régions et villes qui possédaient des points communs avec l'environnement dans lequel évoluent les héros et les intrigues, mais aussi trouver des zones géographiques accessibles et attractives économiquement parlant (les conditions de tournage dans les zones ciblées sont moins chères qu'ailleurs). Voici un échantillon des principales destinations qui font la physionomie de la série.

IRLANDE DU NORD : WINTERFELL

- Le parc de Castle Ward, 300 hectares de terrain à l'est de Belfast, sert de décor au château de Winterfell, fief des Stark, mais aussi à la forêt hantée où patrouille régulièrement la Garde de Nuit ;
- Le village de Carnoulgh, situé sur la route côtière à une heure de Belfast, sert de décor à Braavos où échoue Arya dans la saison 5 ;
- Ballintoy, pittoresque petit village de pêcheurs, sert de décor aux îles de Fer, fief des Greyjoy ;

- Les Dark Hedges de Balloney ont servi de décor à la Route Royale ;
- La carrière de Magheramorne a été utilisée pour recréer Châteaunoir. Un autre emplacement, près du lac, a servi de lieu de tournage aux scènes qui se passent à Durlieu dans la saison 5.

MALTE : WESTEROS

- La Valette, capitale de la République de Malte, regorge de splendeurs architecturales. Y a été créée Port-Réal, capitale luxueuse de Westeros ;
- Les connaisseurs reconnaîtront certaines portes de la ville de Port-Réal à Mdina, ancienne cité médiévale perchée sur son promontoire ;
- La plage de l'île de Gozo sert de décor à la cérémonie du mariage de Khal Drogo et Daenerys dans la saison 1.

CROATIE : QARTH, MEEREEN, BRAAVOS

- Pour les saisons 2 à 5, Port-Réal a déménagé en Croatie, plus précisément à Dubrovnik. Situées dans le sud de la Croatie, les célèbres murailles de Ston ont été présentées comme étant les murailles de Port-Réal ;
- Stradun, et la rue principale entre la cathédrale de Dubrovnik et le palais Sponza, ont fourni les décors de l'une des séquences les plus mémorables de la saison 5 : la marche de pénitence de Cersei. Cette longue rue médiévale était remplie de plus de 500 figurants pour l'occasion ;
- La mer Adriatique a été le décor de l'épique bataille de la Néra, tandis que le fort Lovrijenac est devenu le nouveau Donjon Rouge de Port-Réal. À l'entrée du fort se trouve une inscription ancienne qui comporte un message qui pourrait se traduire par « La liberté ne peut pas être vendue pour tout l'or du monde ». Les Lannister devraient en prendre de la graine… ;

- La tour Minčeta représente l'extérieur de la maison des Nonmourants. Les autres parties de Qarth ont été filmées sur l'île voisine de Lokrum, y compris les jardins botaniques, utilisés pour bon nombre de scènes extérieures ;
- Le centre médiéval de Sibenik (côté vieille ville) peut être aperçu au cours de la cinquième saison sous les traits de Braavos, l'une des cités libres située sur la côte donnant sur la mer Étroite ;
- Meereen et Braavos ont aussi été filmées à Šibenik, Klis et Split, mais la majeure partie des tournages de Port-Réal a déménagé en Espagne pour la saison 6.

ISLANDE : AU-DELÀ DU MUR

- Ses paysages glacés et mystérieux sont des lieux de tournage parfaits pour l'autre côté du Mur. Le producteur Chris Newman a d'ailleurs déclaré qu'il voulait avoir des décors aussi naturels que possible, privilégiant l'authenticité : « Nous n'avons ajouté au montage, ni montagne ni neige, ni autre chose » ;
- Grjótagjá est une petite grotte volcanique située près du lac Mývatn, dans le nord-est du pays. Quand les températures extérieures deviennent négatives, les sources chaudes à l'intérieur de la grotte peuvent atteindre 50 °C – ce qui explique pourquoi Jon et Ygrid sont si chauds. C'est en effet le lieu de leurs ébats.

MAROC : LES CITÉS LIBRES

- Y ont été tournées de nombreuses scènes du voyage de Daenerys dans la saison 3 ;
- La ville historique d'Aït Benhaddou, inscrite au patrimoine mondial de l'Unesco, a servi de décor à Yunkaï, ville jaune traversée (et pillée) par la Mère des Dragons ;
- Essaouira est le décor d'Astapor. Sa muraille fortifiée est l'un des principaux monuments de la ville, ce qui rend la ville fictive d'Astapor si mémorable sur petit écran.

ESPAGNE : DORNE, HAUTJARDIN

- Situées sur la côte sud de l'Espagne, dans la région de Malaga (mais avec une tout autre atmosphère), les couleurs dorées de la province d'Almeria ont été utilisées intensivement dans le tournage de la saison 6 de la série. Dorne est le fief des Tyrell ;
- Le château de Santa Florentina près de Barcelone sert, selon les rumeurs, de décor à Corcolline, la demeure familiale de Sam ;
- Braavos aurait aussi été filmée pour la saison 6 à Gérone, tandis que Besalú est le lieu de tournage idéal pour Hautjardin, demeure de la maison Tyrell ;
- Dans la série, l'Alcázar de Séville se transforme en un palais résidentiel privé de Martell et est situé dans la capitale Lanza del Sol, un nom approprié compte tenu du fort ensoleillement de la ville andalouse.

Si le royaume des Sept Couronnes était l'Europe : jeu de rôles

En 2013, les fans de la rédaction d'Euronews se sont livrés à un petit jeu : faire comme si les territoires de Westeros et Essos étaient des pays ou villes européens. Résultat de leur analyse :
Au-delà du Mur : Scandinavie du Nord.
Dragonstone (ancien siège de la maison Targaryen) : îles Féroé.
Le Nord : Angleterre du Nord.
Les îles de Fer : Islande.
Pentos (sur le continent d'Essos) : Athènes.
La cité de Qarth (ville portuaire située sur la côte sud du continent d'Essos) : Istanbul.
Provinces du Val d'Arryn : Autriche et Suisse.
Les terres des Dothraki : Hongrie.
Le Bief (région ensoleillée et fertile) : Italie.
Dorne : Espagne ou Portugal.
Port-Réal (cité portuaire) : Naples.

LE BOOM DES CIRCUITS TOURISTIQUES

En mai 2016, le Point Pop diffusait une carte témoignant de l'impact de la série sur les chiffres du tourisme en Europe. En effet, les sites de tournage sont devenus La Mecque des fans. On se souvient que la Nouvelle-Zélande avait connu un boom touristique après le succès du *Seigneur des anneaux*, mais jamais aucune série n'avait auparavant accompli ce petit miracle.

La petite île de Skellig Michael, au sud-ouest de l'Irlande, par exemple, a explosé ses records de fréquentation – elle qui était déjà célèbre pour avoir servi de décor au dernier épisode de la saga *Star Wars*. Le phénomène est baptisé *set-jetting*. Le but du jeu? Organiser ses vacances sur les lieux de tournage de ses films ou séries favoris. Un filon rentable que des sites comme TripAdvisor ont habilement exploité.

Selon le *Time*, le district d'Antrim et Newtownabbey a vu sa fréquentation croître de plus de 300 % entre 2011 et 2014, « une des plus fortes augmentations enregistrées dans l'ensemble du Royaume-Uni ». Des dizaines de tours sont organisées chaque jour, alliant découverte des sites de tournage et activités inspirées par la série : apprendre à tirer à l'arc au château de Ward comme le jeune Bran Stark à Winterfell, ou marcher sur les traces de Theon Greyjoy à Ballintoy Harbour. L'Irlande du Nord estime que la série lui a rapporté 111 millions d'euros en retombées touristiques depuis le début du tournage, générant au passage la création de 1 000 emplois.

En Islande, TripAdvisor a enregistré une explosion de 531 % des recherches pour l'île, principalement de la part des Américains (+684 %) et des Britanniques (+379 %) depuis le début de la série en 2011. En Andalousie, la petite ville d'Osuna (18 000 habitants) a vu débarquer 86 000 personnes venues de toute l'Espagne pour tenter de figurer dans la série. « La série a insufflé un nouveau dynamisme à cette région touchée de plein fouet par la crise de 2008 et où le taux de chômage culmine à 35 %. Depuis, on peut y déguster des tapas Jon Snow (poulet au curry) ou Arya (salade de jeunes pousses sur une crème de carottes au beurre, accompagnée de pruneaux et de fruits secs) », écrit le journaliste Tony Hauck.

La Croatie peut aussi remercier la série. Après des années de perturbations liées à la guerre civile yougoslave, un renouveau se profile. Le maire de Dubrovnik a confié que près de la moitié des 10 % de croissance annuelle du secteur du tourisme était liée à la série. La fréquentation touristique de la région de Dubrovnik-Neretva a bondi de presque 42 % entre 2010 et 2014. Enfin, la ville catalane de Gérone commence elle aussi à récolter les fruits du tournage de la série américaine. La cité accueille depuis le début de l'année des milliers de visiteurs venus du monde entier : « C'est une véritable chance pour la ville. Nous recevons des fans de partout, de toute l'Europe, mais aussi des États-Unis et du Canada », a déclaré Rosa Duran, responsable de l'association des guides de Gérone.

Fun fact

Les offices et les agences de tourisme ne sont pas les seuls à exploiter le filon : les *wedding planners* s'y mettent aussi, proposant à leurs clients d'organiser leur mariage sur le thème de la série, voire carrément de le célébrer dans un de ses fameux lieux de tournage. Une folie que seuls les porte-monnaie les plus fournis peuvent se permettre. À noter que le coût d'un mariage royal dans *Game of Thrones* est estimé à des millions de dollars d'après Sarah Haywood, *wedding planner* américaine qui s'est amusée à dresser la facture de plusieurs d'entre eux, aussi salée que celle du mariage de Meghan Markle et du prince Harry pour donner une fourchette[2].

2. Cf. article signé Maggie Lange, paru sur le site The Cut le 16 juin 2016.

DEUXIÈME PARTIE

LE RÉCAP'

Après la forme et certains de ses secrets de beauté, le fond, l'odyssée narrée. La série développe une multitude d'intrigues, toutes liées par une même lame, celle que plante le pouvoir. Dans *Game of Thrones*, le cœur des hommes et des femmes est souvent pourri par leurs ambitions souveraines. De la saison 1 à la saison 7, les protagonistes de la série n'ont de cesse de se disputer, leur ascendance est rediscutée en permanence, leur manière de gouverner aussi. Tous les profils sont réunis dans la partie sanglante, les plus féroces, les plus raisonnables, les plus pervers, les plus chastes. Ces profils figurent un ensemble de caractères mais aussi de thématiques, celles que le récit excite, comme la famille, la politique, le militaire, le religieux et l'occulte. Ce deuxième acte s'attaque donc au nerf de la guerre : l'histoire, ses meneurs, les positions qu'ils tiennent, les discours qu'ils portent, la place qu'ils occupent dans cette grande aventure, les liens qui les unissent, les conflits qui les opposent. Portraits des personnages principaux et secondaires, résumé des événements, et focus sur plusieurs des séquences emblématiques de chaque saison, des plus statiques aux plus tactiques, des plus fougueuses aux plus sérieuses. Objectif : mise à jour des connaissances.

1

SEPT MAISONS ET UN SEUL TRÔNE
LA GUERRE EST DÉCLARÉE

« Entre maintenant et jamais, tout peut arriver. »

Lord Baelish

Après sept saisons, certaines maisons sont tombées, d'autres tiennent encore. Sept d'entre elles ont marqué cette série qui fait rimer dynastie avec conflit. Au total, douze sont en guerre. Nous voilà entre *Dallas* et *Les Rois maudits*. Tous nos héros se battent pour le Trône de Fer, symbole autrefois du pouvoir et de l'union d'Essos et Westeros, terrain de jeu aussi vaste qu'une mappemonde. L'univers de *Game of Thrones* est bien impitoyable.

LES SEPT MAISONS PRINCIPALES

Comme dans toute dynastie, chaque maison a ici ses secrets et son histoire. C'est souvent à la lumière des événements antérieurs à la série que les principales intrigues se déchiffrent. La série nous donne quelques renseignements obligatoires sur le passé des maisons les plus célèbres et la place qu'elles occupent dans le jeu des Trônes.

LA MAISON TARGARYEN

Emblème : Dragon
Devise : « Feu et sang »
Bastion : Peyredragon

Vieille famille au règne aussi long que les cheveux de ses membres, ses armoiries présentent un dragon à trois têtes, synonyme de la puissance et de l'instinct de préservation des Targaryen. Leurs dragons font leur réputation, et l'art de les apprivoiser se transmet de génération en génération. Côté lignage, point d'unions extra-familiales. La consanguinité est de rigueur chez les Targaryen, tous blonds aux yeux bleus ou verts – il y a d'ailleurs le mot « aryen » dans Targaryen, cette ignoble croyance en la supériorité de la race aryenne, blanche, cheveux et yeux clairs, concept largement repris par les nazis. Ainsi, celui qu'on appelle le Roi Fou, Aerys II Targaryen[1], a épousé sa sœur, Rhaella Targaryen, et lui a fait trois enfants : deux garçons, Rhaegar et Viserys, et une fille, Daenerys. La chute du Roi Fou et de sa famille a été précipitée par son fils aîné, Rhaegar, coupable d'avoir rompu ses fiançailles pour convoler avec la promise de Robert Baratheon et ainsi d'avoir déclenché un conflit d'ordre unanime et universel. Mise en cendres, la maison Targaryen ne peut plus compter que sur deux de ses membres au début de la série : Viserys et Daenerys. À la fin de la saison 7, seule Daenerys est encore dans la partie, et l'héritière veut sa revanche contre le reste du monde.

1. Dans les romans de G.R.R. Martin, son surnom est le Roi Dément. La série l'a rebaptisé le Roi Fou. Encore un exemple des enjeux de l'adaptation télévisuelle et des libertés prises par celle-ci vis-à-vis de l'ouvrage de référence.

LA MAISON BARATHEON

Emblème : Cerf
Devise : « Nôtre est la fureur »
Bastion : Westeros

Il aura fallu trois siècles à cette maison pour accéder au Trône de Fer. Après la rébellion ardemment menée par Robert Baratheon, fils aîné de lord Steffon Baratheon et de lady Cassana Estremont, le pouvoir change de main. Robert Baratheon, aîné de sa fratrie, monte sur le Trône de Fer et épouse Cersei Lannister, fille de Tywin et Joanna Lannister. Trois enfants voient le jour à la suite de cette union plus politique que romantique : Joffrey, Myrcella et Tommen Baratheon. C'est là que ça se corse. Blessé lors d'une partie de chasse, Robert succombe à ses blessures. Le roi est mort, vive le roi. C'est donc Joffrey Baratheon, son fils aîné et dérangé, qui reprend les commandes du royaume. Cependant la rumeur enfle : les enfants Baratheon ne seraient pas des Baratheon mais le fruit de l'amour incestueux de Jaime et Cersei Lannister, frère et sœur jumeaux. De quoi ficher en l'air les plans de successions des Lannister et attiser la convoitise des frères de Robert Baratheon, Renly et Stannis. À la fin de la saison 7, Cersei Lannister a perdu tous ses enfants mais a conservé la main sur le Trône de Fer. La lignée Baratheon, quant à elle, s'est éteinte. Tragédie de l'exercice du pouvoir.

LA MAISON LANNISTER

Emblème : Lion
Devise : « Je rugis »
Bastion : Castral Roc[2]

C'est la plus riche des maisons du royaume. Les Lannister ont une règle d'or : ils paient toujours leurs dettes. Ennemis jurés des Targaryen, ils ont profité de la querelle entre ces derniers et Robert Baratheon pour poser leurs cartes les unes après les autres et bâtir leur stratégie. Tywin Lannister, le patriarche, est aussi valeureux guerrier qu'habile politicien. Il sait où sont les intérêts de sa famille, du côté des plus puissants, toujours : « Les lions ne se soucient guère de ce que pensent les moutons », dit-il. Père de trois enfants, Cersei, Jaime et Tyrion, il est veuf depuis la naissance de son dernier enfant : Joanna Lannister, son épouse, meurt des suites de son accouchement. Tywin va alors blâmer son petit dernier, Tyrion, qui, contrairement à son frère et sa sœur, beaux, grands, forts, naît petit, fragile et moins joli. C'est, en apparence, la bête noire de cette famille à l'allure parfaite mais au cœur sec. Accusé à tort du meurtre de son neveu Joffrey, Tyrion tue son père et s'enfuit loin de cette famille de fous, de l'autre côté du continent, jusqu'à Daenerys Targaryen, la seule qui, selon lui, peut stopper sa sœur aînée. À la fin de la saison 7, les Lannister sont donc divisés et vulnérables.

2. Cf. chapitre « Tour operator ».

LA MAISON STARK

Emblème : Loup-garou
Devise : « L'hiver vient »
Bastion : Winterfell

La famille Stark est l'une des plus anciennes de Westeros, continent sur lequel se déroule la majeure partie de l'intrigue de la série. Le patriarche est Eddard Stark, Ned pour les intimes, gouverneur du Nord, seigneur de Winterfell, fils du défunt Rickard Stark et frère du défunt Brandon Stark, tous deux tués par Aerys II Targaryen. Ami de longue date de Robert Baratheon, il est l'un de ses plus fidèles conseillers et l'accompagne dans la guerre passionnelle qui l'oppose aux Targaryen. Avec son épouse Catelyn Stark, Ned élève cinq enfants : deux filles, Sansa et Arya, et trois garçons, Robb, Bran et Rickon. Mais ce n'est pas tout ! Un autre enfant fait partie de la fratrie, un bâtard nommé Jon Snow. Si Ned revendique la paternité de l'enfant, elle n'est en réalité qu'une couverture. Un mensonge pour couvrir les bêtises qu'a faites Lyanna Stark, sa sœur, avec Rhaegar Targaryen. Un secret bien gardé, qui n'a pourtant pas échappé aux visions de Bran Stark, l'extralucide de la famille. Ned Stark est exécuté par les Lannister à la mort de Robert Baratheon, et sa famille, brisée, s'est juré de prendre sa revanche. La guerre est de nouveau déclarée.

LA MAISON TYRELL

Emblème : Rose
Devise : « Plus haut, plus fort »
Bastion : Hautjardin[3]

Soutien de la couronne, la maison Tyrell, comme la plupart des familles de cette série, cultive ses avantages et un certain adage : rester proche de ses ennemis. Elle règne sur une partie de Westeros, connaît la prospérité et peut se targuer d'avoir une grosse armée : près de 100 000 hommes quand celle des Lannister, à ses beaux jours, en comptait 60 000. À la mort de Robert Baratheon, lady Olenna, veuve de Luthor Tyrell, décide de conclure un accord avec Renly Baratheon qui réclame la propriété du Trône de Fer. Le deal : il épouse sa petite-fille, Margaery Tyrell, et peut s'amuser en cachette avec son petit-fils, Loras Tyrell. Pas de chance, Renly est tué par son frère, Stannis Baratheon – Abel et Caïn, le retour. Les plans de lady Olenna vont alors radicalement changer. Exit Renly, bonjour Joffrey, roi proclamé. Margaery Tyrell épouse donc le jeune régent psychopathe, devenant ainsi reine du royaume des Sept Couronnes. Les Tyrell semblent être parvenus à leurs fins. Coup de théâtre alors : Joffrey meurt le jour de ses noces. C'est donc au tour de Tommen, à peine sorti de l'œuf, d'épouser Margaery. Elle lui fera perdre la tête et désobéir à sa mère avant d'être faite prisonnière par le Grand Moineau, gourou d'une secte de religieux extrémistes. À la fin de la saison 7, la maison Tyrell est définitivement éliminée de la partie.

---

3. Cf. chapitre « Tour operator ».

LA MAISON GREYJOY

Emblème : Kraken
Devise : « Nous ne semons pas »
Bastion : les îles de Fer

Grande maison de Westeros, elle est formée de marins, explorateurs et conquérants qui honorent les traditions des Fer-nés. Les Greyjoy règnent sur les îles de Fer et survivent en pillant leurs voisins. Lord Balon Greyjoy, roi des îles de Fer, est assassiné par son frère, Euron Greyjoy, qui voulait prendre sa place, même si celle-ci revient de droit à l'héritière de Balon, Yara. Autrefois alliés à la maison Baratheon, les Greyjoy, sous l'influence de Yara, font allégeance à Daenerys Targaryen. Theon, frère de Yara, n'a connu, lui, que des revers et ses erreurs lui ont fait perdre sa dignité et ses attributs virils. Sauvé par sa sœur, il laisse plus tard celle-ci se faire capturer avant de reprendre du poil de la bête et partir à sa recherche pour la sauver des griffes de leur oncle Euron.

LA MAISON BOLTON

Emblème : Un homme écorché, la tête à l'envers, sur une croix blanche en forme de X
Devise : « Nos lames sont acérées »
Bastion : Fort-Terreur

Depuis la bataille des Bâtards[4], cette grande maison a disparu de la surface du royaume. Elle demeure tristement célèbre pour sa trahison envers la maison Stark à laquelle elle était pourtant alliée. À la mort de Robb Stark, héritier de Ned Stark, Roose Bolton, le patriarche, récupère la gouvernance du Nord avant d'être assassiné par son fils illégitime, Ramsay Bolton, un autre psychopathe de la série, plus dangereux encore que ne l'était Joffrey. Ramsay finira, quant à lui, dévoré par ses propres chiens, sous les yeux de Sansa Stark, son ex-femme, victime de ses violences, vengeant ainsi les meurtres de Robb, Catelyn et Rickon, tué par Ramsay lui-même sous les yeux de Jon Snow.

4. Cf. chapitre « Passage à l'offensive, croisades et bagarres ».

QUELQUES MAISONS VASSALES ET SECONDAIRES

LA MAISON FREY

Emblème : Deux tours grises plantées dans les flots
Devise : « Toujours Unis »
Bastion : Les Jumeaux

Maison noble du Conflans, elle est dirigée par l'immonde Walder Frey, surnommé le Tardif. Il aurait fait près d'une centaine d'enfants légitimes et illégitimes à des dizaines et des dizaines de femmes, surtout celles de sa lignée. Il signe un pacte avec Robb Stark, roi du Nord, avant que celui-ci ne le rompe et en paie les conséquences. Walder Frey offre aux Lannister la tête de Robb, ainsi que celle de sa femme Talisa (enceinte), de sa mère et de son loup-garou. Lord Frey est proclamé seigneur de Vivesaigues par le roi Joffrey, et devient un banneret des maisons Lannister de Castral Roc et Baratheon de Port-Réal. Piètre stratège, Walder Frey s'avère incapable de conserver le château qui lui est repris par Brynden Tully. Arya Stark aura enfin sa peau au début de la saison 7, lui tranchant la gorge après lui avoir révélé que les tourtes servies au dîner étaient préparées avec la chair de ses fils… RIP. les Frey, affreux, sales et méchants.

LA MAISON TULLY

Emblème : Truite
Devise « Famille, Devoir, Honneur »
Bastion : Vivesaigues

Le seigneur des lieux est Edmure Tully, fils de Holster Tully et frère cadet de Catelyn Stark et Lysa Arryn. Il a grandi à Vivesaigues et, par devoir, a épousé l'une des filles de Walder Frey. Mais après sa nuit de noces, il est fait prisonnier par Jaime Lannister. Il est à ce jour toujours vivant, mais au cachot – la dernière fois que son personnage a été mentionné, c'était dans la saison 6.

LA MAISON ARRYN

Emblème : Faucon
Devise « Aussi haut que l'Honneur »
Bastion : Eyriés

Autrefois alliée aux Targaryen, la maison Arryn a fait allégeance à la maison Stark. C'est lady Lysa Arryn, née Tully, veuve de Jon Arryn (qu'elle a empoisonné), qui règne sur le château des Eyriés situé tout en haut de la montagne de La Lune. Et, comme son château, la dame est perchée. Jalouse de sa sœur, Catelyn Stark, Lysa a la folie des grandeurs et élève son fils seule, dans l'ambition de le voir un jour prendre la place du calife. Mais le petit Robin a lui aussi un petit vélo dans la tête. Voyant en Lysa une proie facile, lord Baelish, ami de la famille Tully, ancien soupirant de Catelyn, décide donc d'épouser la suzeraine du Val, et la liquide. Robin est à ce jour toujours en vie.

LA MAISON MARTELL

Emblème : Truite
Devise « Famille, Devoir, Honneur »
Bastion : Vivesaigues

C'est l'une des huit grandes maisons de Westeros. La famille Martell règne sur le royaume de Dorne, la province la plus méridionale du continent. Elia Martell, princesse dornienne, était l'épouse de Rhaegar Targaryen, fils aîné du Roi Fou. À la fin de la rébellion orchestrée par Robert Baratheon, elle est tuée, ainsi que ses enfants par les hommes de main des Lannister. Pourtant, c'est avec eux que les Martell vont, plus tard, conclure un pacte. Myrcella Baratheon, fille de Cersei Lannister, est promise au fils de Doran Martell, prince de Dorne, tandis qu'Oberyn Martell, frère du prince Doran, se fait massacrer après avoir occupé une petite place au sein du conseil des Lannister. Les Martell s'éteignent les uns après les autres.

DANS LE DÉTAIL DE LA GÉNÉALOGIE

C'est en déclinant leur identité que les héros s'annoncent souvent, insistant sur leur pedigree – ce qui aide le spectateur à mieux l'assimiler. Les branches des arbres généalogiques des personnages principaux sont parfois sophistiquées ou dégénérescentes. Nous vous en offrons la version simplifiée. Attention, le jeu des Trônes est meurtrier[5]…

5. En 2017, juste avant la diffusion de la saison 7, les personnages de *Game of Thrones* sont apparus dans une vidéo chantant « *I Will Survive* » de Gloria Gaynor. Trois minutes et 36 secondes de second degré, disponibles sur YouTube.

TARGARYEN

Les descendants d'Aerys II Targaryen et Rhaella Targaryen (décédés)

Rhaegar Targaryen, l'aîné (décédé)

Tué par Robert Baratheon bien avant les événements de la saison 1, Rhaegar était le prince de Peyredragon, l'époux d'Elia Martell, princesse de Dorne, et l'amant de Lyanna Stark, morte en couche. Il est l'homme qui a déclenché la Rébellion, conflit entre Robert Baratheon et la famille Targaryen, alors régente. Rhaegar apparaît lors d'un flash-back dans la série (S. 7, Ép. 7).

Viserys Targaryen, le cadet (décédé)

Surnommé le roi mendiant[6], il a vécu une très grande partie de sa vie en exil dans les cités libres, ruminant sa rancœur envers Robert Baratheon, régicide et imposteur. S'il se réclame héritier du Trône de Fer, sa suffisance et sa soif de revanche lui font perdre le sens des réalités. Il apparaît dans cinq épisodes dans la saison 1 avant de se faire zigouiller par son beau-frère, Khal Drogo, chef de la tribu des Dothraki. Une mort douloureuse et ironique : brûlé vif par de l'or en fusion, lui qui rêvait d'être Crésus (S. 1, Ép. 6)…

6. C'est le surnom que lui attribue la version originale de la série. Dans la version française de la saga, il est baptisé le roi gueux.

« Je laisserais la totalité de sa tribu te baiser et l'ensemble de ses 40 000 hommes et leurs chevaux aussi s'il fallait en passer par là. »

Daenerys Targaryen, la benjamine

Comme son cher frère Viserys, avec lequel elle a grandi, Daenerys milite pour la réhabilitation du nom Targaryen. Veuve de Khal Drogo (auquel elle a été mariée de force par son frère), elle est surnommée la Mère des Dragons et est capable de manger un cœur cru et encore battant sans vomir. Elle ne craint pas non plus le feu qu'elle traverse comme de l'air. Daenerys est reine de Meereen depuis la saison 4 et revendique sa place sur le Trône de Fer. Belle, rebelle et parfois arrogante, elle séduit les hommes autant qu'elle leur tient tête. Elle choisit ses amants et n'a pas de pitié pour ses ennemis, qu'ils soient hommes, femmes ou monstres.

Ses trois dragons/enfants se nomment Drogon, Rhaegal et Viserion, en hommage à son mari et à ses frères défunts. Deux dragons sur trois sont encore en vie – techniquement, le dernier a été tué puis ressuscité par les Marcheurs Blancs, transformé en arme de destruction massive[7].

Daenerys Targaryen est la seule survivante de sa lignée – du moins à sa connaissance, puisqu'elle ignore jusqu'à la fin de la saison 7 sa parenté avec Jon Snow[8].

« Je suis une Khaleesi des Dothraki. Je suis la femme du grand Khal et je porte son fils en moi. La prochaine fois que tu lèveras la main sur moi sera la dernière fois que tu auras des mains. »

7. Cf. paragraphe « Magie, magie ».
8. Cf. chapitre « Jon Snow, le bâtard glorieux ».

Les alliés de Daenerys Targaryen

Jorah Mormont : seigneur du Nord exilé à Essos, il est amoureux fou de Daenerys depuis toujours. Il lui est absolument fidèle, pour le meilleur et le pire.

Daario Naharis : chef des Puînés, compagnie de mercenaires d'Essos, il jure fidélité à Daenerys. Sa mission est de veiller sur les cités libres conquises par la reine et d'assurer leur sécurité lorsque celle-ci part jouer les va-t-en-guerre.

Ver Gris : commandant des Immaculés. C'est l'un des plus proches conseillers de Daenerys.

Missandei : interprète de Daenerys. Elle l'accompagne dans la plupart de ses déplacements.

Lord Varys : maître des chuchoteurs du royaume des Sept Couronnes. Après avoir œuvré pour les Lannister, il rejoint le clan de la Mère des Dragons.

Tyrion Lannister : Main[9] de Daenerys depuis la saison 5.

Yara Greyjoy : héritière légitime du Trône de Sel. Elle a choisi de combattre Cersei Lannister aux côtés de Daenerys. Elle est faite prisonnière au début de la saison 7 et son sort reste à ce jour inconnu.

Olenna Tyrell : elle est en guerre contre les Lannister. Elle fait allégeance à Daenerys et se sacrifie pour la cause : une lampée de poison avant de révéler à Jaime Lannister qu'elle a orchestré le meurtre de son fils Joffrey[10].

---

9. C'est ainsi qu'est nommé le conseiller en chef du roi des Sept Couronnes dans la série. Parmi ses missions : la direction de l'armée ou encore l'élaboration des lois du royaume. Il peut également rendre la justice et est appelé à être le joker du roi lorsque celui-ci s'absente.
10. S. 7, Ép. 5.

BARATHEON

Les descendants de Steffon Baratheon et lady Cassana Estremont (décédés)

Robert BARATHEON, l'aîné, roi de Westeros

Aîné de sa lignée, c'est un valeureux guerrier, un piètre époux et un alcoolique notoire. Personnage principal de la saison 1, il règne sur les Sept Couronnes, essayant de maintenir la paix dans le royaume non sans peine. Son tempérament sanguin et son amour de la bouteille vont lui coûter cher. Robert Baratheon meurt à la fin de la saison et, alors que sa dépouille est encore chaude, les questions d'héritage sèment la discorde à tous les étages.

« Je n'ai jamais aimé mes frères. C'est grand dommage de devoir l'admettre, pourtant c'est vrai. C'est toi que j'avais choisi pour frère. »

Stannis BARATHEON, cadet, ex-seigneur de Peyredragon

À la mort de son frère Robert, il fait très vite entendre son intention de prendre la place du roi. Conseillé par Mélisandre, prêtresse au service du Maître de la Lumière, il perd la tête[11], étourdi par son narcissisme, et court à sa perte, se lançant dans

11. Cf. paragraphe « Magie, magie ».

des combats perdus d'avance. Il est tué à la cinquième saison par Brienne de Torth, femme chevalier au service des Lannister puis des Stark.

« Le Trône de Fer m'appartient, il me revient de droit. Tous ceux qui le nient sont mes ennemis. »

Renly Baratheon, le benjamin, ex-seigneur d'Accalmie

Il est marié à Margaery Tyrell mais préfère la douceur du torse de Loras Tyrell, son beau-frère. À la mort de Robert, Renly, mi-ange mi-démon, se voit déjà en haut de l'affiche, adulé des riches. Il est pourtant assassiné dès la saison 2 par une ombre diabolique invoquée par Stannis et Mélisandre, l'ensorceleuse.

Les descendants putatifs de Robert Baratheon et Cersei Lannister

Myrcella Baratheon, l'aînée

Jeune, douce et blonde, Myrcella quitte Port-Réal et sa famille pour la province de Dorne dès la saison 2. Un éloignement stratégique – aucun des enfants Baratheon n'est en sécurité depuis la contestation de leur ascendance. La princesse, alors promise à Trystan Martell, prince héritier de Dorne, pense partant s'éloigner du bruit et de la fureur. Elle n'aura pas le temps de prononcer ses vœux, assassinée avant son mariage par Ellaria Sand, maîtresse d'Oberyn Martell, l'oncle de Trystan Martell[12]. Ellaria venge ainsi le meurtre d'Oberyn par les Lannister[13].

« Je sais… pour toi et maman, je crois même qu'une part de moi l'a toujours su et… je suis heureuse… je suis heureuse que tu sois mon père. »

12. S. 5, Ép. 10.
13. S. 5, Ép. 10.

Joffrey BARATHEON, le cadet

Cruel, arrogant et instable, il ressemble à sa mère comme deux gouttes d'eau. Son jeu préféré ? Torturer. Chasser des proies faciles dans un périmètre qu'il connaît (ses appartements) et s'amuser avec leur chair et leurs nerfs. Joffrey a été roi de la saison 2 à la saison 4. Un souverain capricieux, immature, violent, belliqueux, mais sans courage, qui finira empoisonné, agonisant dans d'atroces souffrances. Sa mort est un soulagement pour la plupart des personnages[14], Sansa Stark, l'une de ses victimes, en tête de liste. Son oncle, Tyrion Lannister, est injustement accusé de son assassinat et doit fuir pour éviter la peine de mort. C'est Jaime Lannister – le vrai papa de Joffrey – qui apprend lors de la saison 7 que l'instigatrice du meurtre de son fils était en réalité lady Olenna Tyrell, grand-mère de Margaery Tyrell.

« Je suis le roi ! Et je te punirai. »

Tommen BARATHEON, le benjamin

Tommen prend, par devoir, la succession de son frère Joffrey. Innocent lionceau, il est projeté dans une dimension trop grande pour lui. Marié à Margaery Tyrell, croqueuse de rois, il se montre docile avec son épouse qui sait comment lui faire tourner la tête. Amoureux pour la première fois, en pleine crise d'adolescence, le jeune roi se sent pousser des ailes et se risque même à s'opposer à sa mère, Cersei. Conséquence ? La marâtre fait enfermer sa belle-fille dans un cachot, privant le roi de sa reine. Tommen finira par se suicider, las des conflits et des complots[15].

« Un bon roi doit être intelligent. »

14. S.4, Ép. 2.
15. S.6, Ép. 10.

LANNISTER

Tywin LANNISTER, seigneur de la maison Lannister

Il est le fils de Tytos Lannister et Jeyne Marpheux, Tywin est l'aîné de sa fratrie et un guerrier renommé suite à plusieurs faits de gloire antérieurs au début de la série. Il a d'ailleurs été la Main d'Aerys II Targaryen lorsqu'il avait 20 ans. Ses yeux sont vert et or, quant à ses traits, ils sont aussi sévères que l'éducation qu'il a donnée à ses trois enfants. Lorsque nous le découvrons, il est lord, seigneur de la Maison Lannister, sire de Castral Roc, et accompagne ses petits-enfants dans l'exercice du pouvoir, exercice dont il a appris les usages et rouages. Présent à l'écran de la saison 1 à la saison 5, son cadavre est découvert par sa fille qui lui organise des funérailles à la taille de son chagrin.

« Notre nom nous survit. C'est la seule chose qui nous survit. »

Les descendants de Tywin Lannister et Joanna Lannister (décédés)

Cersei LANNISTER, reine des Sept Couronnes

Elle n'a aucune pitié, c'est la digne fille de son père, et elle occupe le Trône de Fer après la mort de Tommen, depuis la saison 6. Manipulatrice, menteuse, venimeuse, elle vit une passion interdite avec son frère jumeau, Jaime Lannister, malgré ses fiançailles avec Rhaegar Targaryen puis son mariage avec Robert Baratheon. Elle a eu avec ce dernier un enfant, mort-né, et trois avec son frère, secret qu'ils cachent au reste du monde et que le spectateur découvre dès la première saison. Si Cersei est présentée comme une vraie mégère, c'est aussi une vraie mère. Son amour pour ses enfants est immense, et leur perte au fil des saisons ne fait que renforcer sa noirceur et sa détermination : « Lannister, Baratheon, Stark, Tyrell, tous ne sont que les rayons d'une roue. L'un est au sommet, puis l'autre, et ça tourne, et ça tourne indéfiniment, écrasant ceux qui sont à terre. Je ne veux pas arrêter la roue. Je vais briser la roue. » Le message est clair. De la saison 1 à la saison 7, elle a tour à tour été reine consort, reine mère et enfin reine régente. Cersei est toujours à bonne distance du Trône de Fer.

« L'amour est un poison. Un poison certes délicieux, mais qui n'en est pas moins mortel. »

Jaime LANNISTER, frère jumeau de Cersei, Main de la Reine

Amoureux de sa sœur jumelle, il cède à tous ses caprices, des plus galants aux plus glaçants. Pour elle, il a mené de front des batailles impossibles et a même perdu une main dans la bagarre. Toutou de Cersei ? Pas toujours. Gentleman ? Non plus. Ses frustrations le conduisent parfois aux pires excès et lorsque sa sœur se refuse à lui, il n'hésite pas à user de la force pour la contraindre et abuser d'elle. Les crimes sont partout, et ils sont souvent impunis dans *Game of Thrones*[16]. Depuis cet épisode, le troisième de la saison 4, les jumeaux sont réconciliés, mais à la fin de la saison 7, leurs profonds désaccords tactiques et éthiques ont raison de leurs sentiments. Cersei a promis à Daenerys et Jon Snow de les aider à lutter contre les Marcheurs Blancs qui menacent l'humanité. Elle a menti, ce que Jaime découvre et ne peut tolérer. Brouillage politique et amoureux. Il faut noter que Cersei est à nouveau enceinte de Jaime, seul espoir de postérité

16. Cf. chapitre « Genre(s), sexualité(s) et diversité, la guerre des représentations ».

pour la reine qui n'a qu'un but : faire perdurer sa lignée. Le reste n'a, pour elle, aucune autre espèce d'importance, même pas la vie de son frère jumeau bien-aimé.

« Je n'ai pas d'épée, mais, si j'en avais une, je te la passerais au travers du ventre et trancherais les couilles à ces quatre pleutres. »

Tyrion LANNISTER, benjamin, Main de Daenerys Targaryen

Le vilain petit canard, c'est lui. L'« anomalie » des Lannister, le nain qui leur fait honte. Tyrion est certainement le seul membre de sa famille à posséder un cœur – en plus d'une intelligence supérieure. Son esprit, son cynisme et son ironie forment la première couche de son armure. En effet, mieux vaut se blinder face aux idiots : ils sont un paquet à Westeros et Essos. Et tant mieux si Tyrion est pris pour le bouffon de l'histoire. Les apparences sont toujours trompeuses. Depuis qu'il a fui sa maison, tué son propre père d'un coup d'arbalète (César et Brutus 2.0) et l'amour de sa vie, une prostituée du nom de Shae qui l'avait trahi dans la saison 4, Tyrion a trouvé sa place au sein d'une nouvelle « famille », dont Daenerys Targaryen, ennemie jurée des Lannister, est la matrice. Amateur de vin et de parties de jambes en l'air, Tyrion n'a plus, depuis la mort de Joffrey (S. 4), le goût de la fête, préoccupé par la menace soufflée par les Marcheurs Blancs, mais aussi celle qu'incarne sa sœur, Cersei, pour les hommes. Dans les deux cas, l'humanité est mal barrée, et ça, Tyrion Lannister l'a compris plus que quiconque. Son air grave tout au long de la saison 7 en est le reflet.

« Les nains sont tous des bâtards pour leur père. »

Les autres LANNISTER (secondaires mais mentionnés)

Kevan Lannister, Lancel Lannister, Alton Lannister
Martyn Lannister, Willem Lannister

STARK

Eddard Stark, seigneur de Winterfell et Main du roi Robert Baratheon

C'est un homme juste, un pacifiste plus qu'un querelleur. Eddard, baptisé Ned dans la série, est un seigneur qui agit en seigneur. On lui connaît deux frères, Brandon et Benjen, et une sœur cadette, Lyanna, dont nous avons déjà révélé l'histoire. Ami d'enfance du roi Robert, Ned est à son service, tel que nous le présente la saison 1, prêt à quitter femme et enfants pour accomplir son devoir si le roi l'exige. Il apparaît dans la première saison comme un personnage repère, une figure empathique. Comme Robert, il disparaît à la fin de cette saison, décapité par Ser Ilyn Payne par ordre de Joffrey Baratheon, roi du moment. Sa mort a été un déchirement pour les spectateurs. Rares sont les séries qui osent supprimer les personnages principaux avec lesquels une connexion émotionnelle se crée, et ce dès la première saison. *Game of Thrones* n'a peur de rien, surtout pas de surprendre.

« Faire la guerre est plus simple que d'élever ses filles. »

Catelyn Stark, épouse de Ned Stark

Fidèle à son mari et aux idéaux que leur couple partage, lady Catelyn, née Tully, est sur le devant de la scène politique et au centre des intrigues des première et deuxième saisons. Elle flaire les fourbes et les menteurs à des kilomètres et a dans le collimateur les Lannister. À la mort de son époux, elle s'accroche à Robb, son fils aîné, unique espoir de reconquérir le pouvoir, mais de malchance en mauvaises stratégies, lady Catelyn se retrouve au pied du mur. Elle meurt dans la saison 3, après avoir vu son fils et sa belle-fille se faire trucider, égorgée par Walder Rivers, l'un des fils de Walder Frey.

« Les hommes sages ne font pas de demandes aux rois. »

Les descendants de Eddard Stark et Catelyn Stark (décédés)

Robb STARK, fils aîné

Ses yeux sont clairs, son cœur est pur, mais sa témérité a souvent raison de son acuité. Héritier de Winterfell et nouveau roi du Nord, Robb pactise avec Walder Frey, seigneur des Jumeaux – localisation stratégique pour mener sa bataille contre les Lannister. En guise de bonne foi : la promesse d'épouser l'une des filles de lord Frey. Robb rompt sa promesse et épouse Talisa Maegyr[17], guérisseuse dont il s'est épris. Un affront que les Frey et les Bolton ne lui pardonnent pas. Son assassinat à lieu le jour des noces de son cousin avec la fille Frey qu'il devait marier. Robb est frappé à plusieurs reprises par les flèches des arbalètes des hommes de Walder Frey, puis poignardé en plein cœur par Roose Bolton[18]. Dans un dernier râle, il prononce ce mot : « Mère… »

« Mère… »

17. Un des personnages inventés par les créateurs.
18. S. 3, Ép. 2.

Sansa Stark, fille aînée

Précieux, capricieux et naïf, c'est comme cela que son personnage (adolescent) est présenté au début de la série. Éloignée de Winterfell où elle a grandi, Sansa Stark tombe vite de son nuage, apprenant la dureté du monde à ses dépens. Elle est malmenée par les hommes dès son arrivée à Port-Réal, fief des Lannister et des Baratheon. Promise à Joffrey Baratheon qui ne s'est jamais privé de la faire souffrir ou de l'abuser, Sansa épouse finalement Tyrion Lannister, oncle de son ex-promis, avant de devenir la prisonnière et le jouet sexuel de Ramsay Bolton, fils du seigneur de Fort-Terreur auquel elle est mariée ensuite. Une trajectoire tragique. Des blessures, visibles et invisibles, dont la princesse ne cicatrisera jamais vraiment. Jusqu'à ce qu'elle retrouve Jon Snow, Sansa n'aura cessé de tenter de repousser les hommes, vautours qui s'acharnent à la dévorer, comme lord Baelish, ancien soupirant de sa mère, qui la courtise allègrement. La jeune femme assure, depuis la saison 7, la régence de Winterfell reprise aux mains des ennemis, et s'est vengée de deux de ses agresseurs, Bolton et Baelish.

« Vous allez mourir demain, lord Bolton. Dormez bien. »

Arya Stark, fille cadette

Depuis l'arrestation de son père par Cersei Lannister (S. 1), Arya est en cavale, recherchée partout dans le royaume. Elle assiste silencieuse et démunie au meurtre de sa mère et de son frère Robb. Rongée par la colère, elle rejoint Braavos et devient une des nouvelles recrues des Sans-Visage, nid d'assassins virtuoses. Après avoir perdu la vue momentanément et désobéi à son précepteur, Jaqen H'Ghar, l'adolescente, suffisamment aguerrie, retourne à Westeros et fait halte aux Jumeaux. Déguisée, elle tue Walder Frey et ses hommes[19], puis reprend sa route vers Winterfell pour y rejoindre Jon Snow. Elle y retrouve Sansa,

19. S. 7, Ép. 1.

sa sœur aînée, et Brienne de Torth, sa protectrice. Ensemble, les deux sœurs vont condamner à mort lord Baelish, ami de la famille qui leur a longtemps nui[20]. Les princesses Stark n'ont plus l'intention de se laisser faire.

« Les Loups ne pleurent jamais. »

Brandon STARK, fils cadet

Gravement handicapé depuis l'accident survenu le jour où il a surpris les liaisons dangereuses de Cersei et Jaime Lannister, Bran est contraint de fuir Winterfell lorsque celle-ci tombe entre les mains de Theon Greyjoy, cousin des Stark. Il est accompagné d'Hodor, son serviteur, et de deux enfants, Meera et Jojen, qui l'emmènent à la rencontre de la Corneille à trois yeux. Une rencontre déterminante pour la suite des aventures du jeune prince aux rêves prémonitoires. Bran va développer des pouvoirs magiques, ceux des change-peau, et ainsi entrer dans le corps d'animaux sauvages et appréhender le monde avec leurs sens. Dans une de ses séances de transe, il croise le Roi de la Nuit, leader des Marcheurs Blancs, qui le marque au bras. Il parvient à échapper à la horde de morts-vivants à ses trousses et à rejoindre Winterfell où il retrouve dès la saison 7 sa sœur Sansa, perdue de vue depuis des années. Mais Bran n'est plus tout à fait le même… Il est également le seul à savoir la véritable identité de Jon Snow…

« Chaque nuit ça recommence. Je marche et je cours, mais je ne suis pas moi-même. Je parcours le bois sacré en reniflant la poussière, goûtant le sang dans ma bouche après la mise à mort, hurlant[21]. »

20. S.7, Ép. 7.
21. S.2, Ép. 3.

Rickon Stark, fils benjamin

Longtemps en fuite avec son frère Bran, le jeune Rickon, découvert enfant au début de la série, est capturé par les hommes de Bolton et abattu sous les yeux de Jon Snow par Ramsay Bolton. Son corps est entreposé[22] dans la crypte de Winterfell, à côté de la dépouille de son défunt père.

Les loups des Stark

Ils sont tous issus de la même portée et ont été sauvés d'une mort certaine par Jon Snow qui a demandé à Ned Stark qu'on les épargne. Chaque enfant Stark a adopté un louveteau, appartenant à la race des loups géants. De fidèles compagnons, presque tous trépassés - seuls deux d'entre eux seraient encore en vie à l'issue de la saison 7.

Celui de Robb se nomme Vent-Gris.
Celui de Sansa se nomme Lady.
Celui d'Arya se nomme de Nymeria.
Celui de Brandon se nomme Été.
Celui de Rickon se nomme Broussaille.
Celui de Jon Snow se nomme Fantôme.

22. S. 6, Ép. 9.

TYRELL

Olenna TYRELL, veuve de Luthor Tyrell

C'est une vieille dame, mais, attention aux apparences, Olenna Tyrell, née Redwyne, est redoutable, piquante, comme son surnom, celui de reine des épines. Elle veille sur ses petits-enfants comme si c'était la prunelle de ses yeux, et n'hésite pas à montrer les crocs aux Lannister avec lesquels elle pactise mais contre lesquels elle conspire aussi. Personnage récurrent de la saison 3 à la saison 7, lady Olenna est au cœur des intrigues politiques majeures. Elle meurt chez elle, à Hautjardin, Jaime Lannister lui ayant rendu visite avec une fiole de poison, synonyme de fin de partie pour la reine des épines. La confession de la condamnée prolonge le cauchemar que vit Jaime depuis la saison 4 : c'est elle qui a empoisonné son fils Joffrey, rappelant combien l'agonie de ce dernier était éprouvante. Jaime Lannister quitte la pièce avant que la vieille dame ne s'étouffe avec le poison qu'elle a avalé quelques secondes plus tôt sans contre-ordre.

« Dites-le à Cersei, je veux qu'elle sache que c'est moi. »

Le descendant de Luthor Tyrell et lady Olenna (décédés)

Mace TYRELL, seigneur de Hautjardin

Il déteste les habitants de Dorne, et il vaut mieux avoir du souffle pour énoncer tous les titres du lord : seigneur de

Hautjardin, gouverneur du Sud, seigneur suzerain du Bief. Mace a deux sœurs, lady Mina Tyrell et lady Janna Tyrell, et est l'époux de lady Alerie née Hightower. Ensemble, ils ont quatre enfants, Willos, Garlan, Margaery et Loras Tyrell. C'est Mace Tyrell lui-même qui négocie avec Tywin Lannister l'union de sa fille Margaery et de Joffrey Baratheon, puis celle avec son frère, Tommen. Il est tué par le feu grégeois dans l'épisode 10 de la saison 6, en même temps que ses enfants Loras et Margaery.

Les descendants de Mace Tyrell et lady Alerie

Margaery TYRELL, la cadette

En tout, Margaery aura eu trois maris : Renly Baratheon, frère de Robert Baratheon, Joffrey Baratheon, puis Tommen Baratheon, héritier du Trône de Fer, trois maris trépassés. Dès son apparition dans la série, l'ambition de Margaery est limpide et sert les intérêts de sa maison. La jeune femme veut régner, conquérir le monde. Malheureusement, elle échoue près du podium, et disparaît dans l'explosion du Grand Septuaire de Baylor (S. 6).

« Je veux être la reine. »

Loras TYRELL, le benjamin

Baptisé le chevalier des Fleurs, il préfère les parties de jambes en l'air entre hommes aux combats rapprochés sur champs de bataille. Ce prince charmant aux boucles d'or était l'amant de Renly Baratheon (mais pas que). Il est tué dans le même incendie que sa sœur Margaery. À la fin de la saison 7, tous les membres de la famille Tyrell ont été décimés. *Game over.*

« Votre grâce, pas ce soir. »

GREYJOY

Une ascendance trouble et incertaine...

Lord Balon Greyjoy, l'aîné, roi des îles de Fer

Frère aîné d'Euron et Aeron Greyjoy, il épouse Alannys Harlow, d'une maison vassale de celle des Greyjoy. Ensemble, ils ont quatre enfants : Rodrick, Maron, Yara et Theon. Il entre en guerre contre la Couronne mais est mis en échec par Robert Baratheon, alors roi des Sept Couronnes, et son vassal, Ned Stark. Il finit par plier genou devant eux et leur jurer loyauté. Il conserve dès lors son titre de seigneur des îles de Fer et livre son seul fils encore en vie – Theon – à la maison Stark. Privé de son héritier, il rumine sa vengeance contre les Stark pendant des années. Il meurt assassiné par son propre frère Euron (S. 6, Ép. 2).

Aeron Greyjoy, le cadet, prêtre du dieu Noyé

Deuxième fils de la fratrie Greyjoy, Aeron choisit de se consacrer à la religion et devient prêtre du dieu Noyé, divinité de la mer vénérée par les Fer-nés. Ces derniers élisent leur roi avec le consentement du dieu Noyé lors d'une cérémonie rituelle qui consiste à plonger sous l'eau le nouveau souverain jusqu'à ce que ses poumons se gorgent d'eau. Si le roi survit, il règne sur le Trône de Sel. Chouette coutume. Aeron conduit les funérailles de son frère Balon.

Euron Greyjoy, le benjamin

Pirate, barbare (il aime couper la langue de ses ennemis), il a parcouru les quatre coins du monde avant de revenir sur ses terres natales, déterminé à reprendre les commandes du vaisseau. À son frère, avant de le pousser du haut d'une falaise, il dit : « Je suis la tempête, frère. L'originelle et l'ultime tempête. Et tu m'empêches d'avancer. » Il est élu roi, couronné par son autre frère Aeron, et décide de courtiser Cersei, reine des Sept Couronnes. Un mariage qui arrangerait bien ses petites affaires…

Les descendants de Balon Greyjoy et Alannys Harlow

Rodrik Greyjoy, fils aîné

Son personnage est mentionné dans les trois premières saisons. Il meurt bien avant que l'action principale de la série ne commence, du temps de la rébellion Greyjoy, tué sur le champ de bataille par lord Jason Mallister, seigneur de Salvemer[23].

Maron Greyjoy, fils cadet

Même destin tragique que son frère aîné. Il meurt lors du siège de Pyk, écrasé par une tour qui a chuté.

Yara Greyjoy, seule fille de la fratrie

La première fois qu'on aperçoit cette gaillarde, c'est dans l'épisode « Les Contrées nocturnes » (S. 2). Élevée par Balon comme son héritière, elle sait commander flottes et soldats et s'avère très populaire parmi les siens. Après la mort de son père et la prise de pouvoir de son oncle Euron (S. 6), Yara décide de quitter l'île pour former une alliance avec Daenerys Targaryen

23. La maison Mallister est une des maisons du Conflans, vassale de la maison Tully. Sa devise : « Au-dessus du reste. » Son emblème : un aigle.

en vue de conquérir ensemble le Trône de Fer à Westeros. Elle est une fois encore freinée dans son élan par Euron.

« Vous croyez que j'offre une course gratuite à tous les hommes qui débarquent ? »

Theon GREYJOY, le benjamin

Pupille de Ned Stark durant des années, il devient le meilleur ami de Robb Stark avant de le trahir et d'élire domicile à Winterfell, château qu'il fait sien dans la saison 2. Il est capturé par les troupes de Bolton, alliées des Stark, puis livré à Ramsay dans la saison 3. Torturé, rebaptisé « Schlingue », écorché vif puis émasculé, Theon finit par devenir ce que son maître lui ordonne de devenir : un chien. C'est avec Sansa Stark, mariée de force à Ramsay Bolton, prisonnière elle aussi de ce tortionnaire, que Theon trouve la force de s'enfuir, chacun laissant alors derrière lui son lot de traumatismes. À la fin de la saison 7, Theon reprend du poil de la bête et part sauver Yara, sa sœur. Une mission dont l'activité est donc laissée en suspens – on attend son dénouement dans la saison finale.

« Winterfell est mienne ! »

SAND

D'origine inconnue

Ellaria Sand, maîtresse d'Oberyn Martell

Née à Dorne, Ellaria est une bâtarde de la maison Uller, vassale de la maison Martell. « Sand », dans la région, est le nom attribué aux enfants nés bâtards. Ellaria est un personnage récurrent de la série depuis la saison 4. C'est la maîtresse d'Oberyn Martell et la mère de certaines Aspics des Sables, surnom des huit filles illégitimes du prince Oberyn[24]. À la mort de son amant, Ellaria est partagée entre le chagrin et la vengeance. Elle veut la peau des Lannister dont l'arrogance lui sort par les yeux. Elle empoisonne Myrcella, fille de Cersei et Jaime Lannister, volant une vie précieuse pour panser (un peu) ses blessures. Ellaria s'allie avec Daenerys Targaryen et rejoint son conseil restreint. Plus tard, elle assiste, impuissante, à la prise de la flotte de Daenerys par Euron Greyjoy et ses hommes (S. 7, Ép. 2). Elle est faite prisonnière avec l'une de ses filles, mais c'est elle qui est conduite à Port-Réal pour passer devant le tribunal du Trône de Fer. Elle retrouve Cersei, son ennemie jurée, qui, de son côté, est déterminée à venger la mort de sa

24. Elles se nomment Obara, Nymeria, Tyerne et Elia Sand, quatre sœurs guerrières vêtues d'un pantalon et de voiles légers couleur ocre qui cachent leur poitrine mais laissent apparaître leurs bras nus.

fille, Myrcella. Comme tout le monde le sait, la vengeance chez les Lannister est un plat qui se mange (très) froid…

« Nous sommes nombreux à Dorne. J'ai plus de 10 000 frères et sœurs. »

Les descendantes de Ellaria Sand et Oberyn Martell

Tyerne SAND

On découvre son joli minois dès la saison 5, dans le quatrième épisode précisément. Tyerne est la plus jeune des Aspics des Sables et maîtrise les jeux de sabres et couteaux à merveille. C'est aussi une habile séductrice qui, en se servant sciemment de ses avantages physiques, assoit son pouvoir sur les hommes. Elle envoûtera d'ailleurs Bronn, bras droit de Tyrion puis de Jaime Lannister. Elle n'a qu'un but : venger la mort de son père qu'elle aimait tant. Tyerne est faite prisonnière en même temps que sa mère, et son destin est aujourd'hui entre les mains de Cersei. Elle est promise à une mort lente et douloureuse…

Elia SAND

Elle porte le prénom de la sœur d'Oberyn, son père. Elia est la benjamine des bâtardes du prince Martell et fait une apparition (sommaire) dans la saison 4. Aux dernières nouvelles, elle serait toujours en vie.

2

JON SNOW, LE BÂTARD GLORIEUX

GUERRE ET AMOUR

« Il n'y a pas de choix heureux,
seulement des choix moins graves que d'autres. »

Jon Snow

C'est l'un des personnages les plus populaires de la série et même ceux qui ne la regardent pas en ont déjà entendu parler, inévitablement. Jon Snow est l'outsider. Un roc, un pur, une figure qui rappelle de près ou de loin celle du roi Arthur, façonnée par les légendes, celle d'un homme qui pourrait régner sans despotisme, rassurant, fédérateur, bon guerrier mais sage ; un homme en lequel pourrait croire le peuple comme la noblesse. « Nous ne sommes pas ici pour nous battre mais pour parler », dit le héros, affirmant sa nature probe. Pris dans le tourbillon des conflits depuis sa prise de fonction à la Garde de Nuit, Jon Snow doit aussi faire face à celui de l'amour – rares sont les personnages à penser qu'il n'est pas qu'un poison. Le cœur de Snow, contrairement à celui du monstre qu'il chasse, le Roi de la Nuit, bat à tout rompre. Il est son principal moteur, quand d'autres lui ont préféré la spéculation.

Contrairement à ses camarades et ennemis, Snow reste plus ou moins fidèle à ce qu'on connaît de lui de la saison 1 à la saison 7. Il est preux, loyal et raisonnable. Des boucles (référence à sa chevelure) mais pas de vagues. Une personnalité quasi inamovible que certains de ses compagnons de la Garde de Nuit moquent, même lorsqu'ils sont sous son commandement (S. 5). Ce qui change alors – et rend son personnage incontournable –, c'est l'amplitude des intrigues dans lesquelles il est pris, toutes convergeant vers un même point : le Trône de Fer. Présenté au début du *show* comme le bâtard de Ned Stark, le jeune homme, dont le discours idéaliste désarme et enchante à la fois, n'est pas celui qu'il croit être. Mort trop tôt, Ned Stark n'aura jamais avoué à Jon Snow qu'il était en réalité… son oncle. Cette identité secrète se révèle donc être une des clés de l'intrigue principale de *Game of Thrones.* Pour Aurélie Blot, docteur en études anglophones et audiovisuelles et spécialiste de séries, « comme on a appuyé dessus dès le premier épisode, les fans ont été poussés naturellement à s'intéresser à ses origines[1] ». Si les Lannister et les Targaryen découvraient que Jon Snow est un héritier et non un bâtard, la face du jeu en serait fatalement changée. La fameuse réplique : « Tu ne sais rien, Jon Snow » prend alors tout son sens, et rappelle, pour les cinéphiles, celle que prononçait Eji Okada à Emmanuelle Riva dans *Hiroshima, mon amour* : « Tu n'as rien vu. » La destinée de Jon Snow le dépasse, elle semble pourtant toute tracée aux yeux des spectateurs. Deux mathématiciens, Andrew J. Beveridge et Jie Shan, fans de *Game of Thrones,* les livres comme la série, sont allés encore plus loin. Ils ont trouvé une formule – en faisant cohabiter différents paradigmes et calculs informatiques – qui détermine le profil du véritable héros de *Game of Thrones*[2]. Le résultat ? Jon Snow, évidemment, talonné par Daenerys Targaryen et Tyrion Lannister. Les maths ont parlé.

« Rappelle-toi toujours, ta mort serait cadeau
pour ceux qui vivent au sud du Mur. »

Qhorin Mimain[3]

1. Propos recueillis dans *20 Minutes*, le 17 février 2015.
2. L'étude s'appelle « Network of Thrones » et elle est consultable en ligne. Elle rassemble des données provenant du tome *A Storm of Swards*, livre qui correspond aux saisons 3 et 4 de la série.
3. Officier vétéran de la Garde de Nuit, en mission avec Jon Snow au-delà du Mur dans la saison 2.

VERSION AUTORISÉE (ET SIMPLIFIÉE)

Officiellement, Jon Snow est le fils illégitime de Ned Stark – nouvelle qui, lorsqu'elle l'apprit, causa bien du chagrin et de l'aigreur à lady Catelyn Stark, l'épouse légitime de ce dernier. Toléré par Catelyn, Jon Snow est élevé par Ned Stark comme ses autres enfants, avec amour et fermeté. Il s'entend naturellement bien avec ses demi-frères et sœurs, même si sa préférence va à Arya, à laquelle il offre d'ailleurs affectueusement sa première épée, la précieuse Aiguille. Décidé à servir la Garde de Nuit, il quitte Winterfell où il a grandi pour le Mur et son grand froid[4]. Après de multiples péripéties vécues au-delà du Mur et une perte de virginité au passage qui lui vaut bien des déboires, il découvre l'existence des Marcheurs Blancs et du Roi de la Nuit. Snow n'a alors plus qu'une mission : prévenir ceux et celles qui aujourd'hui se battent pour le pouvoir de cesser leurs idioties et de se mobiliser contre le véritable ennemi venu du froid. Il est stoppé dans son élan par ses frères jurés qui ne lui pardonnent pas l'alliance qu'il a bâtie avec les sauvageons, rivaux de toujours de la Garde de Nuit. Il est ramené à la vie par Mélisandre[5], une autre rouquine, magicienne cette fois. Il ressuscite, Alléluia, et repart accomplir sa destinée. En repassant par Winterfell, il est sacré roi du Nord, retrouve sa sœur Sansa, perdue de vue depuis des années, et l'abandonne à nouveau pour aller à la rencontre de Daenerys Targaryen. Un (quasi-) tête-à-tête qui fait des étincelles et finit dans un lit. Voilà où nous en sommes à la fin de la saison 7.

4. Cf. chapitre « Corbeaux et moineaux ».
5. Cf. chapitre « Sam, Hodor, Brienne et les autres ».

VERSION AUTHENTIQUE (ET SIMPLIFIÉE)

Jon Snow est en réalité le fils caché de Rhaegar Targaryen et de Lyanna Stark, sœur de Ned Stark donc, et par conséquent le neveu de Daenerys Targaryen, avec laquelle il couche désormais. La grande révélation a lieu lors de l'épisode 10 de la saison 6. Dans une de ses visions, Bran Stark apprend la vérité sur l'identité de Jon Snow. L'information est enfin confirmée dans le dernier épisode de la saison 7, lorsque Bran Stark révèle à Samwell Tarly, l'un des meilleurs amis de Jon Snow, ce secret lourd de conséquences. Son nom de baptême serait Aegon Targaryen, et si Ned Stark s'est fait passer pour un mari infidèle, ce n'était que dans le but de protéger cet enfant innocent de la main vengeresse de Robert, cocu de l'affaire. Une bonne action en temps de guerre. Jon Snow, un rescapé, un bâtard, un revenant et, enfin, un héritier. Quel parcours… À ce jour, Jon Snow ignore sa véritable identité. La nouvelle ne devrait pas tarder à arriver et, naturellement, changera le cours d'un destin déjà homérique.

PROPHÈTE OU MESSIE ?

Croire en la résurrection, c'est croire en la fragilité de la vie humaine mais surtout aux phénomènes surnaturels. Jon Snow aura au moins appris cela, même s'il ne sait pas grand-chose. La Bible rapporte que seuls Élie, un prophète, et Jésus, le Messie, ont réussi à ressusciter des morts. Mélisandre, elle, n'a pas toujours accompli des miracles et l'histoire a prouvé ses erreurs. Coup de chance alors ? Intervention du Maître de la Lumière[6] ? Force est de constater que si Jon Snow a ressuscité tel le phœnix, son rôle dans le jeu des Trônes est bel et bien crucial, la série ayant prouvé à maintes reprises qu'elle était capable de supprimer nos héros préférés. D'abord Jon Snow libère le Nord, ensuite il réchappe aux Marcheurs Blancs, convainc amis et ennemis de s'unir dans une même lutte contre le Roi de la Nuit et son armée, puis fait allégeance à Daenerys. Prophète, messie ou césar ? Le mystère Jon Snow reste entier.

NOUVEAU LOOK POUR UNE NOUVELLE VIE ?

Il incarne Jon Snow depuis le début de la série : Kit Harington est heureux de pouvoir enfin se débarrasser du look de son personnage, a-t-il confié à *Entertainment Weekly* à la fin du tournage de la saison 8. Cheveux longs et bouclés, peaux de bête sur le dos, bottes lourdes aux pieds, c'est fini : « J'aimerais me retirer, prendre du recul et profiter de l'anonymat, couper mes cheveux et donc me rendre moins reconnaissable que le personnage, ainsi qu'aller faire d'autres choses avec un look et un style complètement nouveaux [...]. Je ne peux pas me plonger dans mon prochain rôle en gardant la même apparence. Ce rôle était brillant, mais je vais devoir me débarrasser de Jon Snow ».

6. Cf. paragraphe « Magie, magie ».

Inglourious Basterds : princes de sang-mêlé

La bâtardise est courante au royaume des Sept Couronne. Au nord du Mur, elle n'a aucune incidence sur la vie de l'enfant. Au sud du Mur en revanche, les bâtards sont mal vus. On les cache, on les renie ou on les tue, mais ils peuvent aussi être légitimés par décret royal. Peu le sont, vous imaginez bien…

Les bâtards du Nord sont baptisés Snow.

Les bâtards des Terres de la Couronne sont baptisés Waters.

Les bâtards des îles de Fer sont baptisés Pyke.

Les bâtards du Conflans sont baptisés Rivers.

Les bâtards du Val d'Arryn sont baptisés Stone.

Les bâtards des Terres de l'Ouest sont bâtis Hill.

Les bâtards des Terres de l'Orage sont baptisés Storm.

Les bâtards de Dorne sont baptisés Sand.

Les bâtards du Bief sont baptisés Flowers.

3

SAM, HODOR, BRIENNE ET LES AUTRES

LES DERNIERS SERONT LES PREMIERS

« Les rois tombent comme des mouches en ce moment. »

Tyrion Lannister

Il y a les héros (de moins en moins nombreux au fil des saisons), puis leurs adjuvants. Plus que de simples faire-valoir, ils sont porteurs d'informations clés – aussi utiles aux personnages principaux qu'aux spectateurs – et parfois même, moteurs de l'intrigue. Bons ou méchants, ils s'illustrent par leurs élans de bravoure. Voici 21 des personnages secondaires les plus influents de la série, classés par ordre alphabétique.

Lord Baelish, imposteur, séducteur et cafteur

Surnommé Littlefinger, il a l'art de brosser les gens dans le sens du poil, de les manipuler jusqu'à ce qu'ils plient tel le roseau. C'est dans une petite maison noble du Val qu'il a grandi, son ambition avec lui. Baelish parvient à gravir les échelons en rusant et en abusant de la confiance des nobles et des moins nobles. Pupille de la maison Tully, il tombe amoureux à l'adolescence de Catelyn Tully, mais celle-ci finit par épouser Ned Stark. Lord Baelish roule pour tout le monde et pour personne à la fois. Proche des Stark, puis des Lannister, et des Stark à nouveau. Partout où il passe, Baelish fiche le bordel – lui qui en a été patron un temps. C'est sûrement l'un des plus grands « méchants » de la série, responsable de la chute de plusieurs maisons et plusieurs souverains. Sans lui, la guerre des Cinq Rois[1] n'aurait jamais eu lieu. Il a favorisé la disgrâce des Tyrell et celle de Cersei Lannister, mais s'il est mort emportant avec lui le poids des nombreuses victimes qu'il a causées, Baelish n'a presque jamais eu de sang sur les mains avant sa fin tranchante (trachée tranchée par Arya Stark). Dans les colonnes du magazine *Entertainment Weekly*, l'acteur anglais qui l'incarne, Aidan Gillen, se souvient du jour où il a appris que son personnage allait mourir : « Michael McElhatton (*alias* Roose Bolton) m'avait raconté avoir reçu ce coup de fil, et ce que ça lui avait fait à l'époque… Je me doutais que ça m'arriverait un jour, surtout avec un personnage comme Littlefinger. Et quand ça m'est arrivé, je suis resté un peu sous le choc. À la fois pour le personnage, et pour l'expérience que m'a fait vivre la série. C'est là qu'on réalise vraiment l'ampleur de *Game of Thrones*. » Littlefinger est apparu dans 41 épisodes de la saison 1 à la saison 7.

« Le chaos n'est pas une fosse, le chaos est une échelle. […] Seule l'échelle est réelle. Seule l'ascension importe. »

1. Guerre civile majeure dans les Sept Couronnes de Westeros qui a éclaté au moment de la mort du roi Robert Baratheon. Essentiellement, la guerre est d'abord une bataille à trois voix pour le Trône de Fer, contemporaine de deux mouvements d'indépendance. Les cinq rois en question sont l'héritier de Robert, Joffrey Baratheon, les deux frères cadets de Robert, Stannis et Renly Baratheon, Robb Stark le roi du Nord et Balon Greyjoy, le roi des îles de Fer.

BRONN, au service de Jaime Lannister

Mercenaire à la solde de Tyrion Lannister, Bronn est aujourd'hui comme cul et chemise avec Jaime Lannister – à qui il a sauvé la vie face au dragon de Daenerys Targaryen[2]. Client des bordels de tout le royaume, il partageait avec Tyrion, du temps où il était son homme de main, la passion de la chair et du vin. Puisque les Lannister paient, il leur reste fidèle. Son ambition ? Devenir riche et épouser une femme sublime. Bronn est entré dans l'histoire en devenant l'un des héros de la bataille de la Néra[3]. Il apparaît dans 33 épisodes, de la saison 1 à la saison 7.

« Quand on est con, y a pas de remède. »

Gregor CLEGANE, *aka* le Chien fou

C'est Tywin Lannister qui lui trouve son surnom. Frère aîné de Sandor Clegane, Gregor est un homme froid, violent, impulsif et mutique (il grogne). Sa maison étant vassale des Lannister, il entre à leur service dès le plus jeune âge. Gladiateur, homme de main, garde du corps, Gregor sait briser des os d'un claquement de doigts. Il est pour tous l'homme qui tua Oberyn Martell – duel dont il est tout de même ressorti salement amoché. Remis sur pied par un genre de Dr Frankenstein opérant pour les Lannister, il émerge finalement du coma, profondément changé, plus effrayant encore qu'avant. Il apparaît dans 21 épisodes, de la saison 1 à la saison 7.

Sandor CLEGANE, *aka* le Limier

Homme à la prose vigoureuse, Sandor Clegane est l'un des meilleurs combattants de Westeros. La seule chose dont le preux a peur : le feu. Reconnaissable par son visage à moitié brûlé (jeu d'enfants qui a mal tourné), il intègre la Garde Royale après la mort de Robert Baratheon et se met en tête de protéger Arya Stark

2. S. 7, Ép. 5.
3. Cf. chapitre « Passage à l'offensive, croisades et bagarres ».

des griffes des Lannister et de leurs alliés. Il accompagne la jeune princesse dans sa fuite et se fait grièvement blesser. Il frôle la mort, mais est guéri par la Fraternité sans bannière qui le recueille. Il est ensuite fait prisonnier par la Garde de Nuit avant que Jon Snow ne décide de louer ses services pour partir à la chasse aux spectres. Capturer l'un d'entre eux pourrait enfin convaincre Daenerys et Cersei de l'existence des Marcheurs Blancs et de l'urgence désespérée de la situation. Le personnage du Limier est mis en scène dans 33 épisodes, de la saison 1 à la saison 7.

« Celui qui n'a pas de sang sur son épée quand il crève, je viole son putain de cadavre. »

Brienne de Torth, femme chevalier, au service de Sansa Stark

Elle s'illustre dans 37 épisodes, de la saison 2 à la saison 7. Fille de lord Selwyn Torth, Brienne est une dame de haute naissance et de carrure imposante qui s'est entraînée pour devenir chevalier – c'est d'ailleurs l'une des plus fines lames de Westeros. Si certains moquent son physique massif, d'autres semblent ne pas y être insensibles, à commencer par Jaime Lannister avec lequel elle prendra un bain chaud (S. 3, Ép. 5). Brienne promet à Catelyn Stark de veiller sur ses deux filles, Sansa et Arya. Bien que les deux adolescentes aient refusé son aide, Brienne, entêtée et loyale, suit la trace de Sansa jusqu'à Winterfell où la princesse retourne après maintes et maintes péripéties tragiques. Pas née de la dernière pluie, elle avise sa petite protégée du poison qu'est lord Baelish pour sa maison, ayant lu dans son jeu sournois comme dans un livre ouvert. Brienne est aussi célèbre pour avoir vaincu Stannis Baratheon (S. 5, Ép. 10). Mais si l'on entend le bruit de son épée s'abattre sur sa victime, à l'image, rien. Écran noir. Puisque dans *Game of Thrones*, il faut toujours douter de tout, la mort de Stannis Baratheon est pour les spectateurs et internautes à mettre au conditionnel. Saint Thomas…

« Je m'appelle Brienne. Pas fillette. »

Khal Drogo, grand chef des Dothraki

Avant d'être le défunt mari de Daenerys Targaryen, Drogo était l'un des khal les plus puissants des Dothraki. Un sauvage capable d'en mener près de 40000 autres à la baguette. Sa longue tresse est d'ailleurs le symbole de son succès militaire et criminel. Avec Daenerys, il a d'abord été le plus féroce des époux, mais sa Khaleesi est parvenue à l'amadouer et faire de leur mariage (forcé) une union (presque) heureuse. Drogo est un conquérant et sa soif de Westeros n'a pas de limites, même pas celles de la langue – il ira jusqu'à apprendre les bases du haut valyrien avec Daenerys pour plus de crédibilité. Drogo ressort vainqueur mais blessé d'un combat musclé avec un autre khal (Ogo). Il est soigné par une sorcière malfaisante. Les plaies de son mari s'infectant, la Khaleesi demande alors à la sorcière d'accomplir un ultime sortilège. Mais celle-ci réclame un sacrifice en échange : celui de l'enfant de Drogo et Daenerys. La Khaleesi ne peut s'y résoudre et achève son mari[4]. Alors que le corps de ce dernier brûle, Daenerys traverse les flammes avec, dans les mains, les œufs de dragons pétrifiés qui lui avaient été remis lors de ses noces avec Drogo. Stupéfaction : zéro bobo. Drogo est mort, mais la Mère des Dragons est née. Drogo est apparu dans 10 épisodes (S. 1 et S. 2).

« Tu es la lune de mes nuits. »

Gendry, homme d'acier

Bâtard du roi Robert Baratheon, Gendry ignore tout de ses origines. On le découvre apprenti forgeron d'abord, vendu ensuite par son maître à la Garde de Nuit. Sa route a croisé celle d'Arya Stark, Ser Davos et Jon Snow. C'est auprès de ce dernier qu'il choisit de s'engager, pour le meilleur et pour le pire. Gendry, interprété par Joe Dempsie, s'illustre dans 19 épisodes, saisons 1, 2, 3 et 7.

4. Il meurt étouffé par un oreiller que tient fermement sa femme.

« Je n'ai jamais eu de famille. »

« Tu aimes t'en prendre aux petits, hein ? J'ai tapé sur une enclume ces dix dernières années, quand je frappe l'acier, il chante. Tu chanteras, toi, quand je te frapperai ? »

Hodor, garçon d'écurie au service des Stark

Fut un temps, il s'appelait Wylis. Hodor est un gentil géant, solide et attachant. Il accompagne Bran Stark dans tous ses déplacements depuis la chute qui a rendu le jeune prince infirme. Bien qu'il comprenne tout ce qu'on lui demande, le géant, simple d'esprit, ne prononce qu'un seul mot, « Hodor », en boucle, comme un disque rayé. Un phénomène dû au traumatisme causé par l'entrée de l'esprit de Bran dans le corps du géant. D'une loyauté sans faille, Hodor se sacrifie pour sauver son jeune maître des Marcheurs Blancs (S. 6, Ép. 5). Cet épisode, ô combien marquant, a suscité de vives émotions et réactions aux États-Unis peu après sa diffusion sur HBO. Kristian Nairn, l'acteur qui jouait Hodor, avait donné son point de vue sur cette scène héroïque à *Entertainment Weekly* après la diffusion de l'épisode : « Ce qui est intéressant, c'est que tout est encore possible. On ne le voit pas mourir. C'est implicite. Alors qui sait ? Peut-être qu'il va revenir en tant que Marcheur Blanc, peut-être a-t-il réussi à s'échapper... », a lancé l'acteur, sans plus de précisions. La saison 8 nous dira si ces suppositions sont valables ou pas, G.R.R. Martin n'a, pour lors, pas réagi. Hodor apparaît dans 23 épisodes, de la saison 1 à la saison 6.

Mélisandre, *aka* la Dame Rouge

Elle aurait plus de 200 ans. Mélisandre était une esclave avant de se tourner vers le Maître de la Lumière, ce qui la libéra de ses chaînes. Son passé reste trouble, tout comme ses intentions. Très proche de Stannis Baratheon, elle le guide dans sa conquête du Trône de Fer, le convaincant de la grandeur de sa destinée et lui faisant accomplir tout un tas de sacrifices abominables. Sous l'influence de Mélisandre, Stannis Baratheon ira jusqu'à faire brûler vive sa fille unique. Lorsque celui-ci meurt, la sorcière prend la route pour Châteaunoir où elle rencontre Jon Snow. C'est elle qui le ramène d'entre les morts, à coups de prières et incantations. C'est elle aussi qui supplie Daenerys Targaryen de le rencontrer, éveillant sa curiosité en lui parlant de sa bonté d'âme qu'elle perçoit par de simples vibrations. Aux dernières nouvelles, elle serait à Volantis, cachée. Mélisandre, belle et effrayante à la fois, est apparue dans 28 épisodes, de la saison 2 à la saison 7.

« Il n'y a qu'un seul enfer... celui où nous vivons. »

Davos Mervault, ancien conseiller de Stannis Baratheon

Ancien contrebandier, il roule d'abord pour Stannis Baratheon dont il est la Main. Signe distinctif : aucune phalange à la main droite – marque de la punition infligée aux voleurs et criminels, stigmates de son passé. Natif de Port-Réal, Davos Mervault, appelé dans la série Ser Davos, a côtoyé le pouvoir de près et sait qu'il rend les hommes fous. Il n'a d'ailleurs pas pu sauver Stannis Baratheon de son ambition dévorante ni même de son envoûtement par Mélisandre, sorcière qui lui avait promis gloire et fortune. La roue tourne. À la mort de Stannis, Davos rejoint la bande de Jon Snow et devient son bras droit. Une figure intègre, une nature sentimentale. Ser Davos apparaît dans 36 épisodes, de la saison 2 à la saison 7.

« Tant s'en faut. »

Missandei, boussole de la Mère des Dragons

Originaire de Naath, Missandei est esclave à Astapor avant d'être libérée de ses chaînes par la Mère des Dragons. Elle devient l'une des fidèles de Daenerys. Une épaule, une oreille. Missandei a de nombreux talents et parle plusieurs langues et patois – ce qui lui permet d'assurer la fonction de traductrice et interprète lors des déplacements de Daenerys. Elle fait aujourd'hui partie du conseil restreint de la reine des cités libres qui compte aussi Jorah Mormont, Ver Gris, Daario Naharis et Tyrion Lannister. Missandei fait sa première apparition lors de la saison 3 et survient à l'écran dans près de 34 épisodes jusqu'à la saison 7.

« Deux traducteurs sont dans un navire qui coule, l'un d'eux dit : "Est-ce que tu as appris à nager ?" L'autre répond : "Je ne sais pas nager, mais je sais crier au secours dans 19 langues." »

Podrick Payne, ancien serviteur de Tyrion Lannister

Ses amis, comme Arya Stark, l'appellent Pod. Ce jeune gaillard, serviable et courageux, est aux ordres de Tyrion Lannister lorsque celui-ci est nommé Main du roi Joffrey. Lors de la bataille de la Néra, il sauve la vie de son maître, que son propre camp tente de faire assassiner. Podrick quitte Port-Réal et propose ses services d'écuyer à Brienne de Torth qui en profite pour le former au combat. Ils atterrissent ensemble à Winterfell et sont tous les deux envoyés en mission par Sansa à Vivesaigues – la jeune femme cherchant des hommes pour renforcer les rangs armés de sa maison. Podrick et Brienne échouent, mais, sur le chemin du retour, croisent la route de Jaime Lannister. Points de suspension. Il est à l'écran depuis la saison 2 et apparaît dans 30 épisodes à ce jour.

« Je t'avais dit que je pouvais me battre ! »

Mance Rayder, le roi d'au-delà du Mur

Ancien frère juré de la Garde de Nuit, Mance Rayder a laissé tomber le costume des Corbeaux pour rejoindre la tribu des sauvageons. Il en est devenu l'une des plus éminentes figures, se faisant même appeler le « roi d'au-delà du Mur ». Mince, les traits réguliers mais anguleux, il apparaît dans cinq épisodes des saisons 3, 4 et 5, reconnaissable par son manteau de laine noire en guenilles, rapiécé de carrés de soie rouge. Il rencontre Jon Snow au-delà du Mur et lui réclame son aide pour faire entrer le peuple libre à Châteaunoir (question de survie), négociant la fin des combats entre Corbeaux et sauvageons en échange de cette faveur. L'alliance échoue. Mance Rayder est condamné au bûcher pour avoir refusé de plier le genou devant Stannis Baratheon, en visite sur ses terres. Il meurt sous le regard froid de Mélisandre. Un homme, ni mauvais ni bon. Juste un homme libre.

« Je suis franc avec toi, Jon Snow, plus que tu ne l'as jamais été envers moi. Mon peuple a versé trop de sang. On ne vient pas conquérir vos terres, on vient se mettre à l'abri du Mur, comme vous. On doit utiliser votre tunnel. Nous savons tous les deux que l'hiver vient, et si nous ne sommes pas tous passés au sud du mur quand il deviendra rigoureux, notre sort sera pire que la mort. Tu veux conclure un marché avec moi ? Voici le marché : repars dans ta forteresse, tu nous ouvres les portes, et je jure que personne d'autre ne mourra. Refuse, et on tuera jusqu'au dernier homme de Châteaunoir. »

Meera et Jojen Reed, médiums

Originaires de Fort-Griseaux, Meera et Jojen sont les enfants de Howland Reed, allié de la maison Stark. Ensemble, ils vont embarquer avec Bran Stark et Hodor dans une folle course contre le temps et le froid. Le groupe veut se rendre au nord du Mur pour y retrouver la Corneille à trois yeux. Comme Bran, Meera et Jojen ont des visions et peuvent entrer dans de longues transes. Talonnée par les Marcheurs Blancs, la bande perd Jojen, tué par un spectre, tandis que Bran, qui a la capacité de pénétrer les esprits étrangers, entre en contact avec le Roi de la Nuit, causant l'irréparable. À bout de forces, Meera et Bran arrivent jusqu'au Mur avant d'être conduits à Winterfell. Bran y retrouvera Sansa. Mais Bran n'est définitivement plus le même… Jojen est apparu dans 10 épisodes (S. 3 et S. 4) et meurt poignardé par un spectre. Meera, elle, est toujours vivante, et on a déjà pu la voir 16 fois à l'écran. Sa première apparition ? Dans l'épisode « Noires ailes, noires nouvelles » (S. 3, Ép. 2).

Osha, sauvageonne

Elle quitte l'au-delà du Mur pour le sud, voulant fuir les Marcheurs Blancs, mais elle est stoppée dans sa course par Robb Stark qui la fait prisonnière. Lorsque les Greyjoy envahissent Winterfell, elle aide Bran et Rickon Stark à s'enfuir. Osha suit Bran, Hodor, Meera et Jojen dans leurs aventures avant de se faire capturer à nouveau, mais cette fois-ci par les hommes de Ramsay Bolton. Ce dernier la fera exécuter. Le personnage d'Osha se manifeste 16 fois à l'écran, dans les saisons 1, 2, 3 et 6.

« Je ne suis pas une menteuse. »

Benjen Stark, frère cadet de Ned Stark

Premier patrouilleur de la Garde de Nuit, Benjen Stark est un héros pour son neveu Jon Snow. Attaqué par un Marcheur Blanc par le passé, il a gardé au visage le souvenir indélébile de cette houleuse rencontre. Benjen est l'homme qui tombe à pic, sauvant tour à tour Bran puis Jon de l'armée des Morts. Son personnage est rare à l'écran : huit apparitions seulement, saisons 1, 6 et 7.

Samwell Tarly, ancien membre de la Garde de Nuit, ami de Jon Snow

Fils aîné de Randyll Tarly et Melessa Florent, il est chassé de sa maison (située à Corcolline) par son père, honteux de sa couardise et de son obésité. Il prête alors serment à la Garde de Nuit et rencontre dans ses rangs Jon Snow, son strict opposé : beau, fort et bon guerrier. Mais ce que Sam a de plus que les autres, c'est sa culture encyclopédique, et si Jon Snow le protège par les muscles et l'épée, Samwell, lui, l'avise et l'instruit – ses lectures l'ont amené à la découverte des Marcheurs Blancs et bien plus encore. L'histoire des Sept Couronnes et celles du temps des Premiers Hommes n'ont pas échappé à Sam, qui a donc une longueur d'avance sur ses camardes. Par amour pour Vère, jeune sauvageonne avec enfant qu'il a sauvée des griffes des Marcheurs Blancs, il quitte la Garde de Nuit et retourne au fief familial dans le but de trouver un abri pour sa compagne et le bébé. Mais Randyll Tarly, le patriarche, refuse de prêter main-forte au couple, écœuré que son fils sorte avec une sauvageonne. Union mixte non acceptée. Samwel prend donc le large à nouveau, direction Villevieille et sa citadelle, siège de l'ordre des Mestres[5]. Il y trouve un logement pour Vère et son enfant, et devient l'apprenti d'un des mestres de la citadelle. Il apparaît dans 43 épisodes, de la saison 1 à la saison 7. Sur la toile, certains le pensent narrateur de l'histoire, comme Bilbo dans *Le Seigneur des anneaux*. Encore un mystère que la saison 8 devra éclaircir…

« C'est de la gloutonnerie pour un homme d'avoir autant d'épouses. »

Lord Varys, espion et neutre

Originaire de la cité de Myr, où il passa sa jeunesse, Varys est un maître du déguisement aux motivations obscures, même si la plupart de ses initiatives sont prises afin d'assurer la sécurité de Daenerys Targaryen. Ancien membre du conseil du roi Robert Baratheon puis du roi Joffrey, il est proche de Tyrion Lannister qu'il retrouvera d'ailleurs auprès de la Mère des Dragons. Varys devient le conseiller de Tyrion, en charge de la sécurité de la cité de Meereen et il œuvre à renforcer le pouvoir de celle qu'il a élue championne. Il permet ainsi à Daenerys d'embarquer pour Westeros avec une flotte composée de plusieurs centaines de bateaux, mais aussi plusieurs milliers de soldats (Martell, Tyrell, Greyjoy, Dothraki et Immaculés). Varys apparaît de la saison 1 à la saison 7 dans pas moins de 41 épisodes.

« Le pouvoir ne réside au fond que là où les hommes croient qu'il réside, le pouvoir n'est qu'un tour de passe-passe. »

5. Ordre composé d'universitaires, de scientifiques, de guérisseurs, mais aussi de drôles d'adorateurs d'idoles occultes et de religieux pervers. Ce sont tous des serviteurs de Westeros. Ils communiquent avec le monde extérieur par des corbeaux messagers.

Ver Gris, immaculé au cœur pur

Métis, mystérieux et courageux, Ver Gris apparaît pour la première fois dans l'épisode 5 de la saison 3. Il est le commandant des Immaculés, armée d'eunuques guerriers élevés et entraînés à Astapor (l'une des principales villes de la baie des Dragons). Au contact de la reine et sa cour, il apprend les sentiments. Son cœur bat aujourd'hui pour Missandei avec laquelle il découvre l'amour physique[6]. Ver Gris est présent dans 28 des épisodes de la série, de la saison 3 à la saison 7.

« Je n'ai jamais été le plus grand, jamais le plus fort, mais j'étais le plus courageux. »

Ygrid, sauvageonne, premier amour de Jon Snow

Jeune sauvageonne faite prisonnière par Jon Snow, alors membre de la Garde de Nuit, elle finit par le séduire et ne faire de lui qu'une bouchée. Les papillons dans le ventre sont de courte durée. La romance, comme à Vérone, est vouée à l'échec. Fidèle à sa tribu, Ygrid préfère trahir l'homme qu'elle aime plutôt que de renoncer à ses valeurs. Pour elle, Jon Snow avait pourtant feint de quitter la Garde de Nuit, pour garder la vie sauve. Ygrid est une battante, une guerrière. C'est elle qui prononce cette réplique devenue culte : « Tu ne sais rien, Jon Snow[7]. » Même après sa mort, les mots de la sauvageonne continuent de hanter Jon. Elle est tuée d'une flèche en plein thorax lors de l'assaut de Châteaunoir par les sauvageons[8]. Ygrid est présente à l'écran dans 19 épisodes, de la saison 2 à la saison 4.

« Tu ne sais rien, Jon Snow. »

---

6. Cf. chapitre « Liaisons dangereuses ».
7. S. 2, Ép. 4.
8. S. 4, Ép. 9.

4

L'HIVER ARRIVE
MORTS-VIVANTS, SPECTRES, DIVINITÉS, ETC.

« Quand des morts-vivants et des choses pires encore partent chasser, penses-tu qu'il soit important de savoir qui est assis sur le Trône de Fer ? »

Jeor Mormont, 997e lord Commandant de la Garde de Nuit

L'heure est grave. L'hiver est là, les Marcheurs Blancs aussi. À leur tête, l'inénarrable Roi de la Nuit, mi-Voldemort (*Harry Potter*), mi-Soron (*Le Seigneur des anneaux*) – neuf apparitions au total depuis la saison 4 dans laquelle on le découvre avec effroi. Sa tête est mise à prix par nos héros, et ils n'ont plus qu'une saison pour éviter le retour de la Longue Nuit. Dans la poitrine de ce leader à la peau rêche, rien ne bat. Son humanité n'a pas résisté non plus à la surgélation de son cœur. Il saccage, il tue, notamment les nouveau-nés qu'il fait renaître à son image. Le Roi de la Nuit réveille les morts et les enrôle dans son armée. Fatalement, elle est gigantesque, à faire pâlir les plus robustes, composée d'hommes centenaires, décharnés, édentés, mais fins guerriers[1]. Les légendes prêtent au Roi de la Nuit une carrière militaire, du temps où il était encore un homme – peut-être un ancien lord Commandant de la Garde de Nuit. Il a en tout cas une revanche à prendre et sa force est redoutable. Un retour sur les origines du mal s'impose alors. Qui sont les Marcheurs Blancs ? Que veulent-ils ? Dès le tout premier épisode de la série, nous affrontons leur vue glaciale. Cela se passe dans le prologue, trois frères de la Garde de Nuit tombent nez à nez avec ces créatures monstrueuses. Sept saisons plus tard, les Marcheurs Blancs s'apprêtent à envahir Westeros.

1. Les Marcheurs Blancs sont armés de lances et/ou d'épées. Ils combattent au sol, mais aussi à cheval.

IL ÉTAIT UNE FOIS LE FROID

LES ENFANTS DE LA FORÊT

Leur destin est lié à celui des Marcheurs Blancs. Au moment où commence la série, la plupart des maisons pensent ce peuple de créatures des bois éteint voire inventé de toutes pièces par les mythes et les contes. Ned Stark, lui, faisait partie du clan des croyants et cette histoire, il ne l'a pas racontée à ses enfants que pour les effrayer. Pas si étonnant alors que son fils Bran, doté de pouvoirs magiques, ait retrouvé la trace de certains des Enfants de la forêt et des marais, ces derniers le conduisant jusqu'à la Corneille à trois yeux (personnage interprété par Max von Sydow dans la saison 6). Il faut donc remonter loin, très loin, à l'époque des Premiers Hommes, pour expliquer les origines des Marcheurs Blancs.

SOUVIENS-TOI L'HIVER DERNIER

Huit mille ans (avant la chronologie de la série) en arrière. Des enfants jouent et capturent un homme de passage. L'aînée de la bande (Feuille), emportée par la transe d'un rituel, plante dans le cœur de l'homme en question, attaché et bâillonné, un morceau de verredragon[2]. Le coup le terrasse puis le fait renaître sous un autre jour : la peau et les yeux bleus comme de l'eau sous la glace. Ainsi naquit le premier Marcheur Blanc selon la légende – légende qui se confirme dans une des rêveries de Bran. La séquence du jeu

2. Le verredragon, appelé aussi obsidienne, a déjà été évoqué à de nombreuses reprises dans la série HBO. Sam avait découvert le pouvoir destructeur de cette roche durant la saison 3.

meurtrier est montrée à l'écran, rejouée pour Bran et le spectateur (S. 6, Ép. 5). Feuille explique ensuite à Bran, revenu à lui-même, qu'il s'agissait d'un sacrifice nécessaire à la survie de sa tribu, menacée par les Premiers Hommes qui abattaient leurs arbres sacrés. Les Marcheurs Blancs étaient en effet la solution trouvée par les Enfants de la forêt pour repousser les assauts des Premiers Hommes, mais comme dans tous les mythes, les créatures finissent toujours par échapper au contrôle des créateurs.

LE CAUCHEMAR DE LA LONGUE NUIT

Alors que la guerre engagée par les Premiers Hommes contre les Enfants de la forêt laisse des villages entiers dans la misère et le dénuement, ont débarqué les Marcheurs Blancs. Avec eux, le chaos, la promesse d'un hiver sans fin. Programme glaçant. Il a donc fallu qu'Enfants de la forêt et Premiers Hommes s'allient pour lutter contre l'invasion de ces morts-vivants. Les Marcheurs Blancs sont repoussés loin de Westeros, à l'extrême nord. La menace est momentanément endiguée. C'est à ce moment, dit la légende encore, que Bran le Bâtisseur[3] aurait érigé le Mur avec l'aide de la magie des Enfants de la forêt, et que la Garde de Nuit fut créée[4].

L'IMAGE CHOC : LES CADAVRES DE CHEVAUX EN SPIRALE

Des cadavres de soldats retrouvés au-delà du mur. Il n'en fallait pas plus pour effrayer les sauvageons qui décident de brûler les corps pour se prémunir des risques de contamination. Mais il est déjà trop tard. Sur le sol, les cadavres humains ont disparu, remplacés par d'autres cadavres : des carcasses de chevaux,

3. Figure légendaire de la maison Stark, générateur de mille et une légendes.
4. La chronologie de ces événements est propre à la série. Elle se démarque de celle des ouvrages de Martin.

disposées en spirale sur la neige. Un message évident du Roi de la Nuit, scénographe morbide. C'est Mance Rayder qui en fait la découverte sordide dans l'épisode 3 de la saison 3, prévenant alors Jon Snow du danger réel que représentent les Marcheurs Blancs pour l'humanité.

IMBATTABLE, LE ROI DE LA NUIT ?

En théorie, il existe deux manières de tuer les Marcheurs Blancs, et c'est Jon Snow qui en livre les secrets à Cersei Lannister et sa cour dans l'épisode 7 de la saison 7, secrets qu'il tient de son pote Sam, l'érudit. Méthode 1 : le feu. Méthode 2 : le verredragon – il semble que la roche qui a fait naître les Marcheurs Blancs les tue aussi. Un genre de kryptonite... Autre faiblesse notable : le Roi de la Nuit et son armée ne savent pas nager. Vite, de l'eau !

MON CHEVAL POUR UN DRAGON DE GLACE

Attention, changement de monture. Depuis l'épisode 6 de la saison 7, le Roi de la Nuit a un nouveau compagnon : Viserion, dragon de Daenerys Targaryen qu'il a abattu d'une flèche d'arbalète (gros calibre) avant de le transformer en créature démoniaque. Ce dragon lui assure désormais la couverture des voies aériennes – les voies terrestres étant déjà chargées[5]. Sous le contrôle du Roi de la Nuit, Viserion a détruit une partie du Mur et éradiqué la quasi-totalité de la Garde de Nuit[6], exposant ainsi nos héros chéris à la possibilité de la fin du monde. #FinalSeasonIsComing

5. Cf. chapitre « Tour operator ».
6. Cf. chapitre « Corbeaux et moineaux ».

QUEL EST LE LIEN ENTRE LES MARCHEURS BLANCS ET LA CORNEILLE À TROIS YEUX ?

La Corneille à trois yeux apparaît dans la première, troisième, quatrième et sixième saisons. C'est Bran Stark qui, plongé dans un coma à la suite d'une chute provoquée par Cersei et Jaime Lannister, voit, le premier, la Corneille à trois yeux en rêve. Petit à petit, elle apparaît aussi dans ses visions, et lui ouvre les portes du temps et de la perception. La première vision de Bran, soufflée par la Corneille à trois yeux, est liée à l'origine des Marcheurs Blancs. Plus tard, au terme de la seconde vision de Bran, alors que les Marcheurs Blancs sont en chemin, prêts à croiser le sien, la Corneille décide de transmettre ses pouvoirs au jeune Stark… La Corneille à trois yeux désormais, c'est lui.

ET SI LA GUERRE N'AVAIT PAS LIEU ?

Nombreuses sont les communautés de fans sur le web qui doutent. La série pourrait bien se terminer autrement que par un simple affrontement entre les Marcheurs Blancs et nos héros. L'argument qui fait mouche? La légende d'Azor Ahai[7] – issue des croyances des prêtres rouges du culte de R'hllor – ne serait qu'un mythe. Une des théories les plus répandues voudrait que les Marcheurs Blancs et les Hommes finissent par trouver un terrain d'entente. Optimiste ?

QUI SE CACHE DERRIÈRE LE ROI DE LA NUIT ?

C'est l'acteur britannique Richard Bracke – vu dans *Batman Begins*, *Munich* ou encore *Kingsman : Services secrets* – qui a d'abord endossé la peau ridée et gelée du Roi de la Nuit. Mais depuis la saison 6, c'est le cascadeur slovaque Vladimir Furdik qui campe

7. Mélisandre disait à Stannis Baratheon qu'il était la réincarnation d'Azor Ahai.

la créature. Son nom ne vous dit peut-être rien, pourtant Vladimir Furdik est une pointure, apparaissant au générique de films comme *Le Monde de Narnia 2* ou *Skyfall*.

MAGIE, MAGIE : LES BONS ET LES MAUVAIS GÉNIES

Blanche ou noire, la magie est une puissance incomprise à Westeros – même si certains mestres en étudient toujours les charmes – et célébrée à Essos, continent qui a vu naître les dragons de Daenerys Targaryen. Il ne s'agit pas ici de tours de passe-passe ou de lapins sortis d'un chapeau, mais bien de mystères, sortilèges, enchantements ou thaumaturgies. La magie est l'opium de certaines populations, de certains suzerains qui ont perdu la foi aussi. L'époque à laquelle se déroule la série appelle au mysticisme et à la sorcellerie. Des hommes, des dieux, des bons et des mauvais génies qui sauvent des vies (cf. Jon Snow, ressuscité) ou les sacrifient (cf. Shireen Baratheon, livrée à la mort par son propre père).

La magie est redoutable, impétueuse, indispensable au genre fantasy dans lequel se fond la série, genre littéraire présentant un ou plusieurs éléments surnaturels d'origine mythologique ou magique. La saga de G.R.R. Martin s'inscrit dans ce courant et, naturellement, elle en suit les conventions. Le genre est lui-même divisé en sous-catégories qui distinguent plusieurs types d'univers. Si on chipote et qu'on fait le compte, *Game of Thrones* est une série de *high* et *dark fantasy*[8] avec un soupçon d'héroïco-mythique. À vos souhaits. Un cocktail dont la recette avait fait mouche dans *Le Seigneur des anneaux*, saga pour laquelle G.R.R. Martin

8. Qui se déroule exclusivement dans un milieu imaginaire – contrairement à la *low fantasy* dans laquelle un monde imaginaire communique avec le monde réel.

n'a jamais caché son admiration. Les créatures folkloriques qu'on retrouve dans ces univers à plusieurs niveaux (comme dans un jeu vidéo) ont un spectre large. Côtoient les vivants dragons, elfes, gobelins, magiciens, sorciers, géants, animaux mutants, corneille à trois yeux…

LE MAÎTRE DE LA LUMIÈRE

« Les Septons parlent des sept dieux, il n'y en a que deux : un dieu de lumière, de l'amour, de la joie et un dieu des ténèbres maléfique et effrayant. »

Ses pouvoirs – qualifiés de démoniaques par lord Varys –, Mélisandre les tire de ses croyances, mais aussi du feu et de la lumière. Son dieu ? R'hllor, être suprême d'un culte inspiré des Cathares, mouvement religieux médiéval à la vision du monde très manichéenne. Mélisandre doit en effet à son dieu une fière chandelle : le secret de la jeunesse éternelle – secret caché à l'intérieur d'un collier magique couleur vermeille. Dans la saison 6, c'est le choc. Les spectateurs découvrent le véritable visage de la sorcière qui, sans son collier autour du cou, est une vieille dame aux cheveux blancs et non plus une vamp au teint de porcelaine et à la bouche rouge. Les indices sur les méthodes qu'elle emploie pour garder la face aux yeux du monde sont partout. Celle qu'on baptise la Dame Rouge a bien des points communs avec la comtesse Bathory, soupçonnée d'avoir tué plus de 600 jeunes filles pour se nourrir de leur sang et dont Julie Delpy en avait fait l'héroïne du film *La Comtesse* en 2010. Elle pratique en effet la magie du sang : de vieilles légendes ont volontiers attribué au liquide rouge de puissantes vertus, surtout s'il provient de César. Sucer le sang des puissants pour garder la peau lisse, Mélisandre a le sens du sacrifice.

LE FEU GRÉGEOIS

Fabriquée par la guilde des Alchimistes[9], cette substance inflammable a longtemps été la propriété des rois Targaryen. Cependant, on la trouve aussi sur l'épée à la lame de feu de Thoros de Myr, guerrier émérite qui fut envoyé par la grande prêtresse du temple rouge de Volantis, Kinvara, pour tenter de rallier Robert Baratheon à la cause du dieu Rouge. Mission avortée. Thoros de Myr meurt dans la saison 7, mis en défaite par les Marcheurs Blancs. Son cadavre a été brûlé pour éviter les risques d'une contamination.

LES SPECTRES

C'est ainsi que sont nommés les cadavres d'hommes, femmes, enfants ou animaux ranimés par les Marcheurs Blancs. Les spectres ont tous des yeux bleus perçants, la peau terriblement pâle et les mains noires et gonflées par l'arrêt de la circulation sanguine. Ils ne ressentent pas la douleur. Ils ne connaissent pas la peur. Ils sont cependant sensibles au feu – un détail dont les peuples des cités libres ont connaissance, eux qui brûlent toujours le corps de leurs morts pour éviter les mauvais sorts.

LES CONJURATEURS DE QARTH

Ordre initiatique de sorciers qui se regroupent dans l'hôtel des Nonmourants, tour en pierre blanche sans fenêtre ni porte. Ses membres, aperçus dans les saisons 2 et 3, sont reconnaissables à leurs lèvres bleues, conséquence de leur consommation régulière d'ombre du soir. Si le nom de ce breuvage sonne comme celui d'un

9. Ordre très ancien de Westeros dont le siège est à Port-Réal. Ses membres, appelés aussi les « pyromanes », sont les seuls à connaître les secrets de fabrication du feu grégeois.

parfum de grande maison, ses capacités magiques sont obtenues à partir des feuilles broyées provenant des arbres qui entourent l'hôtel des Nonmourants.

LES CHANGE-PEAU

Ces personnages-là ont la faculté d'entrer dans l'esprit des animaux et percevoir le monde à travers leurs yeux. Bran Stark a hérité de ce don – don qui s'est d'abord manifesté par des rêves particulièrement réalistes dans lesquels le rêveur adopte le point de vue de l'animal dont il habite l'esprit, connecté à ce que celui-ci ressent. Le corps du change-peau est en état de transe pendant les visions, ses yeux se révulsent. Résultat ? La conscience quitte le corps et peut ainsi voyager à travers les dimensions.

LES VERVOYANTS

Plus puissants que les change-peau, les vervoyants ont la capacité de voir des événements du passé, du présent ou du futur à distance. Bran Stark, lui toujours, possède le don de Vervue. Lors d'un rêve prémonitoire, il voit d'ailleurs le corps de son père gisant dans la crypte de Winterfell. Il partage ce don rare avec Rickon Stark, Jojen Reed – fils unique de Howland Redd, seigneur de Fort-Griseaux, allié des Stark – et la Corneille à trois yeux.

LES DRAGONS

« Vos dragons... Vos dragons n'apporteront au monde que la mort et le malheur, ma chère. Si je savais où ils étaient, je ne vous le dirais pas. »

C'est incontestablement l'arme la plus efficace des Targaryen qui portent l'emblème du dragon sur leur bannière. Au fil des années, les dragons du royaume sont devenus plus chétifs, moins résistants, jusqu'à ce qu'ils s'éteignent avec le règne de la maison. C'est Daenerys qui les a ramenés à la vie et sur le devant de la scène, faisant éclore dans le feu trois œufs de dragons fossilisés. Miracle. Immenses créatures volantes à l'apparence reptilienne et au cou mince et allongé, les trois dragons, Drogon, Rhaegal et Viserion, ont bien grandi depuis. Ce sont les derniers représentants de leur espèce. Daenerys réussit à apprivoiser ses trois enfants non sans mal. Elle les utilise aujourd'hui comme moyens de transport mais aussi comme armes de guerre. Viserion a d'ailleurs été récupéré par le camp ennemi, celui des Marcheurs Blancs, transformé en Dragon de Glace qui crache non plus du feu mais du froid. Tremblez.

LES GÉANTS

La série en célèbre trois : Wun Weg Wun Dar Wun, Mag Mar Tun Doh Weg et Dongo. Tous portent les cheveux longs. Le premier est un personnage récurrent des saisons 5 et 6. C'est un sauvageon géant, ancien habitant de Durlieu. Son surnom, Wun Wun. Le deuxième est un géant du peuple libre qui a rejoint l'armée de Mance Rayder. Son surnom : Mag le Puissant. Il apparaît pour la première fois dans la saison 4 et meurt lors de la bataille de Châteaunoir, comme son acolyte Dongo, apparu dans les saisons 3 et 4.

RIP

Triste nouvelle : Neil Fingleton, l'homme le plus grand du Royaume-Uni et interprète du personnage du géant Mag Mar Tun Doh Weg dans la série, est mort en 2017. Il mesurait 2,32 mètres et avait commencé sa carrière dans le basket-ball. Les hommages lui ont été rendus massivement sur les réseaux sociaux.

LES SANS-VISAGE

Confrérie d'assassins implantée à Braavos, ses membres servent le dieu Multiface, divinité de la mort largement louée sur le continent d'Essos. Les Sans-Visage apprennent à s'effacer pour devenir « personne » et prendre ainsi des identités multiples. Ils volent des vies sans le moindre état d'âme, guidés par la volonté du dieu Multiface. Ce sont de dangereux et néfastes caméléons. Dans leur temple, la demeure du Noir et du Blanc, on retrouve le Mur des Visages où sont exposées des centaines de figures d'hommes et femmes trépassés dont les assassins se parent durant leurs missions. Les trois membres les plus connus de cette confrérie sont Jaqen H'ghar, la Gamine abandonnée et Arya Stark, avant qu'elle ne recule.

5

CORBEAUX ET MOINEAUX
DANS LES ORDRES

« Crois et tu comprendras. »

Saint Augustin

Ce ne sont pas des volatiles, mais des hommes investis d'une mission, et qui ont foi en elle. Les corbeaux sont les protecteurs du royaume, des soldats qui veillent sur ses frontières. On les découvre dès la saison 1. Les Moineaux, eux, sont membres d'une secte religieuse ultraorthodoxe. Ils débarquent au fief des Lannister pour y mener leur croisade dès la saison 5. Qui ne se convertit pas à leur religion meurt. Corbeaux et moineaux sont deux formes d'organisation régies par des codes stricts qui ne servent cependant pas la même cause. Les premiers font respecter la loi en vigueur, les seconds imposent la leur. Ils incarnent par conséquent deux des grands thèmes de la série : l'ordre et la morale. Henri Bergson dans *Les Deux Sources de la morale et de la religion* (1932) écrit : « On trouve dans le passé, on trouverait même aujourd'hui des sociétés humaines qui n'ont ni science, ni art, ni philosophie. Mais il n'y a jamais eu de société sans religion. » La guerre des croyances fait rage dans la série, qu'elles soient tangibles, mystiques ou surnaturelles. Notons que ces deux groupes ici réunis ne se croisent pas dans *Game of Thrones*. Les moineaux ne rencontrent pas les corbeaux, mais chacun inspire à sa manière l'expression des angoisses contemporaines quant à la stabilité de l'ordre mondial, menacé par le fanatisme religieux, mais aussi celles que suscitent les difficultés des gendarmes du monde à maintenir la paix.

LES CORBEAUX : MEN IN BLACK

Fondée après la Longue Nuit, la Garde de Nuit est un ordre neutre composé de soldats, de sudistes, de bâtards, d'orphelins, de criminels, de vagabonds et de mendiants. Les hommes de la Garde de Nuit sont habillés tout en noir, une tradition qui leur a valu le surnom de « corbeaux ». De près ou de loin, on peut établir certaines correspondances entre le commandement de la Garde de Nuit et l'engagement des hommes qui l'ont rejointe et la Légion étrangère, corps de l'armée de terre française qu'on peut intégrer dès ses 17 ans, comme la Garde de Nuit dans la série. Celle-ci compte près de 600 hommes au début du *show*. À la fin de la saison 7, il n'en reste qu'une cinquantaine.

UNE MISSION DE TAILLE

Défendre le Mur, la grande forteresse de glace qui sert de frontière au nord des Sept Couronnes, et protéger les Sept Royaumes de ce qui existe au-delà du Mur, comme les Marcheurs Blancs. Un vrai sacerdoce.

« Le Mur, c'est évidemment les séparations qu'on bâtit par peur des autres. Ça, c'est l'interprétation la plus évidente. Mais je fais également remarquer à mes étudiants que le Mur, dans Game of Thrones, est étrangement gardé par des marginaux et des repris de justice. Or parfois, pour se protéger, les sociétés utilisent des procédés à la limite de la loi, comme c'est le cas chez nous pour l'État d'urgence permanent. »

Alain Dontaine, professeur de science politique[1]

1. Propos recueillis dans une interview accordée au site ledauphine.com et publiée le 19 mars 2018.

LES VŒUX DE LA GARDE DE NUIT

Être un membre de la Garde de Nuit, c'est l'être jusqu'à la mort. Ni femme, ni enfant, ni divertissement. L'abstinence est de mise, le dévouement à la mission, absolu.

Les hommes de la Garde de Nuit prêtent le serment suivant – le rompre est puni de mort, tout comme la désertion :

« Oyez mes paroles et soyez témoins de mon serment. La nuit se regroupe, et voici que débute ma garde. Jusqu'à ma mort, je la monterai. Je ne prendrai femme, ne tiendrai terres, n'engendrerai. Je ne porterai de couronne, n'acquerrai de gloire. Je vivrai et mourrai à mon poste. Je suis l'épée dans les ténèbres. Je suis le veilleur au rempart. Je suis le feu qui flambe contre le froid, la lumière qui rallume l'aube, le cor qui secoue les dormeurs, le bouclier protecteur des royaumes humains. Je voue mon existence et mon honneur à la Garde de Nuit, je les lui voue pour cette nuit-ci comme pour toutes les nuits à venir. »

LA HIÉRARCHIE

La Garde de Nuit fonctionne comme une armée. Elle répond à une hiérarchie détaillée.

À la tête de la Garde de Nuit, un lord Commandant, élu par ses frères en noir.

Les plus notables sont :

Jeor Mormont, 997e lord Commandant, ancien seigneur de la maison Mormont (S. 1-S. 5).

Jon Snow, 998e lord Commandant, élu quelque temps après la mort de son prédécesseur (S. 5).

Eddison Tallett, 999e lord Commandant, aux commandes jusqu'à l'attaque de Viserion et des Marcheurs Blancs (S. 7).

Alliser Thorne, qui a assuré l'intérim par deux fois, après la mort de Mormont, et après celle de Snow, jusqu'à ce qu'il ressuscite.

Les hommes sous les ordres du lord Commandant sont répartis en trois catégories :

- les patrouilleurs, combattants actifs ;
- les ingénieurs, qui s'occupent des infrastructures ;
- les intendants, qui assurent le ravitaillement et la logistique.

LES FORTERESSES

La Garde de Nuit dispose de 19 châteaux sur tout le Mur, des ensembles de casernes, d'écuries, d'entrepôts, de tours et d'autres bâtiments annexes qui forment ce lieu de résidence gris, gigantesque, et géographiquement complexe.

Les trois forteresses situées le long du Mur sont :

- Châteaunoir, siège principal de la Garde de Nuit, théâtre d'une tragique bataille baptisée bataille de Châteaunoir[2] ;
- Fort-Levant, château à l'est du Mur occupé par une douzaine de patrouilleurs et des centaines de sauvageons. Il est détruit par les flammes de Viserion, dragon de Daenerys piloté par le Roi de la Nuit dans la saison 7 ;
- Tour Ombreuse, château à l'ouest du Mur, sous le commandement de Ser Denys Mallister, toujours vivant dans la saison 7.

2. Cf. chapitre « Passage à l'offensive, croisades et bagarres ».

LES MOINEAUX : PRÊCHEURS INTÉGRISTES

« Nous serions nombreux à tomber, sans doute. Mais qui sommes-nous ? Nous n'avons pas de nom, pas de famille. Nous sommes des gens pauvres et vulnérables, et pourtant réunis, nous faisons basculer les empires. »

Membres d'un ordre religieux issu de la foi des Sept[3], les Moineaux sont des ascètes. Dénuement et chasteté sont de rigueur. Cependant, ils tolèrent les armes (des sceptres) et leur usage. Les Moineaux sont guidés par le Grand Moineau, prêtre extrémiste aux pieds nus qui veut débarrasser le royaume de ses impurs – programme qui fait des émules. Il est plus fou de pouvoir que de piété. Pour le servir, des hommes assez jeunes qui jouent les gros bras et sèment la panique dans Port-Réal, ville de tous les vices que les Moineaux ont décidé de squatter (S. 5 et 6). Lorsqu'ils font leur entrée en scène dans la série, Cersei Lannister est alors mère du roi des Sept Couronnes, Tommen. Elle tente d'abord d'amadouer les Moineaux, leur proposant une alliance pour éviter les prises de bec. Le Grand Moineau est nommé Grand Septon, mais l'accord scellé se retourne vite contre la couronne, obligée de renoncer à sa foi pour épouser celle des Moineaux. Leur dictature religieuse est instaurée.

Commence dès la saison 5 à Port-Réal une campagne d'épuration terrifiante : les libertins et les homosexuels de la noblesse locale sont arrêtés et mis au cachot, à l'instar de Loras Tyrell, frère

3. La religion des Sept est la religion dominante des Sept Couronnes, souvent simplement appelée la Foi. Les seules parties de Westeros où la Foi est peu répandue sont le Nord et les îles de Fer – les pratiques des anciens dieux ou du dieu Noyé y sont toujours fortes.

de Margaery Tyrell, reine consort, elle aussi emprisonnée. Lady Olenna, grand-mère de Loras, décide de s'entretenir avec le Grand Moineau, plaidant la cause de ses petits-enfants pour obtenir leur libération. Le verdict ne lui fait guère plaisir, et Loras porte alors sur le front l'étoile à sept branches que se font tatouer les adeptes de la secte. Le Grand Moineau ne s'arrête pas là. Il fait enfermer Cersei Lannister, son cas d'école. Le dossier est à charge : mensonges, inceste, crimes, concupiscence, luxure... Le Grand Moineau écarte la reine mère du pouvoir, organise son humiliation publique sous la forme d'une marche d'expiation et convoque son procès[4]. Mais qui se frotte à Cersei s'y pique. Sa revanche est aussi terrifiante que sinistre : les Moineaux et leur leader meurent dans un gigantesque incendie minutieusement orchestré par la reine mère, le jour dit de son procès.

L'avènement du pouvoir religieux n'aura pas lieu, mais ce qui va succéder à ce sombre épisode n'est pas plus rassurant – le règne des Lannister se fait de plus en plus sévère. Tout l'objet des saisons 5 et 6 était en effet de montrer le bras de fer entre politique et religieux, rappelant alors celui de l'Église catholique avec la royauté, à l'époque des monarchies européennes. Le mot de la fin est pour le Limier : « La moitié des saloperies sont commises au nom d'une puissance supérieure. » À méditer.

Jeu des ressemblances

Jonathan Pryce, interprète du Grand Moineau, a dit à propos de son personnage : « On peut lui trouver des similarités avec beaucoup d'hommes religieux du passé. Personnellement, je trouve qu'il est assez proche de notre pape actuel, François. Quelqu'un d'intègre qui n'hésite pas à bousculer les conventions. Mais le Grand Septon va bien trop loin[5]... »

4. Cf. chapitre « Si l'histoire m'était contée ».

5. Propos recueillis dans le hors-série *Télé-Loisirs* spécial *Game of Thrones*, mai-juin 2016.

6

SI L'HISTOIRE M'ÉTAIT CONTÉE
SAISON PAR SAISON

« Depuis le départ, nous voulions raconter un film de 70 heures. Ce sera finalement un film de 73 heures, mais le projet est resté relativement le même. »

Benioff et Weiss[1]

1. Déclaration des *showrunners* au South by Southwest, édition 2017.

Guerres fratricides, héros sacrifiés, icônes vengeresses. Le moment est venu de détricoter cette fresque fantastique élue reine du monde télévisuel. En plus des résumés, pour aller plus loin, quelques arrêts sur épisodes afin d'analyser leurs scènes ou séquences emblématiques ou symboliques. Le choix est celui du roi.

SAISON 1

EN RÉSUMÉ

Sur le Trône de Fer depuis la chute de la maison Targaryen, Robert Baratheon sent le vent tourner. Son conseiller en chef, Jon Arryn, a été assassiné. Le royaume est très endetté. Robert est aux abois, sans Main pour le seconder. Il se confie alors à son fidèle ami Ned Stark : « Une guerre approche, Ned. Je ne sais quand ni qui combattra, mais elle approche. » Une réplique inquiétante, également synonyme d'offre d'emploi. Par loyauté, Ned accepte le rôle que lui confie son roi. Commence alors la descente aux enfers des Stark. Jon Snow, bâtard de Ned, s'apprête à quitter Winterfell pour entrer dans les ordres (la Garde de Nuit) ; Sansa Stark, fille aînée, est promise à Joffrey Baratheon et doit donc quitter Winterfell ; quant à Bran Stark, il fait une chute vertigineuse depuis la tour d'un donjon où il a surpris Cersei et Jaime Lannister en train de copuler. Il ne meurt pas mais perd l'usage de ses membres inférieurs.

Des nouvelles venues de l'est arrivent jusqu'aux oreilles de Robert Baratheon : Daenerys Targaryen, héritière en exil, est en train de convoler avec Khal Drogo, chef des Dothraki, tribu barbare et guerrière. Robert ordonne sa traque et son exécution, mais Ned désapprouve les méthodes du souverain et démissionne de son poste de Main. Robert ordonne à Ned de revenir à la raison s'il ne veut pas perdre la vie tandis que Cersei, la reine, se frotte déjà les mains, rêvant de voir la tête de Ned tomber. Lors d'une partie de chasse, Robert, aviné, est grièvement blessé par un sanglier. Sur son lit de mort, il nomme Ned Stark lord Régent et protecteur du royaume des Sept Couronnes, malgré les hurlements contestataires de son épouse. Mais une fois Robert passé dans l'au-delà, Cersei fait annuler ses dernières volontés et emprisonne Ned Stark afin de l'empêcher de parler – Ned menace Cersei de révéler au grand jour le nom du père de ses enfants… Robb et Catelyn Stark quant à eux tentent de garder l'avantage au nord. Leur guerre contre les Lannister ne fait que commencer. Si Ned est prisonnier et que le sort des sœurs Stark est inconnu de Catelyn, elle prend successivement en otage Tyrion et Jaime Lannister pour ne pas perdre la main sur les négociations engagées avec la couronne.

Les épisodes de la saison

Épisode 1 : « L'hiver vient »
Épisode 2 : « La Route royale »
Épisode 3 : « Lord Snow »
Épisode 4 : « Infirmes, bâtards et choses brisées »
Épisode 5 : « Le Loup et le Lion »
Épisode 6 : « Une Couronne dorée »
Épisode 7 : « Gagner ou mourir »
Épisode 8 : « Frapper d'estoc »
Épisode 9 : « Baelor »
Épisode 10 : « De Feu et de sang »

ARRÊT SUR ÉPISODE : LE ROI ROBERT ET SA MAIN

S. 1, Ép. 6 (4 minutes 22)

« Je suis le roi, je décide. »

Robert Baratheon

La scène se déroule dans la chambre qu'occupe Ned Stark à Port-Réal. Il est mal en point, groggy, allongé sur son lit. À peine ouvre-t-il les yeux qu'il aperçoit tout près dans la pièce Cersei Lannister et Robert Baratheon, couple royal venu troubler ses esprits, plus qu'il ne le fait déjà. Le visage de Stark est en sueur. La tension est palpable, les ennemis de la Couronne inquiètent le roi et menacent la stabilité de son empire. Robert a besoin de se confier à Ned qui n'est visiblement pas au meilleur de sa forme pour cette réunion improvisée, en position de faiblesse même pourrait-on dire.

Intérieur jour

« Je devrais porter l'armure, et toi la robe », dit Cersei Lannister à son époux Robert alors que la caméra cerne le visage de la reine. Contrechamp, réactions du roi, les yeux noirs de colère. Cersei est corrigée pour son insolence par une gifle, sous l'œil de Ned Stark, sujet de la querelle des époux. Ned, blessé à la jambe, est alité et assiste impuissant à la démonstration de force de Robert. Le couple que Robert et Cersei forment diffère en tout point de celui que forment Ned et Catelyn Stark, tous deux antiviolence conjugale.

Gros plan sur Ned allongé dans son lit, et départ de Cersei de la chambre, écœurée par la goujaterie de son époux. Ned et Robert sont enfin seuls et les négociations démarrent. L'heure est à la crise. Tyrion, frère cadet de Cersei, a été fait prisonnier par lady Stark, et Jaime, jumeau de la reine, est porté disparu. Robert demande alors à Ned d'ordonner à sa coriace de femme de libérer son beau-frère : « Dis à ta femme de renvoyer cette chiure de lutin à Port-Réal » sont précisément ses termes.

À cet instant, Robert, au premier plan, tourne le dos à Ned, et avale goulûment le vin rouge qu'il vient de se servir pour calmer ses nerfs. Ned est au second plan, dans le flou, au propre comme au figuré. L'échange entre les deux hommes est filmé sous différents angles (longue focale), la caméra rebondissant sur le visage miné des deux héros.

Robert voit d'un mauvais œil cette inimitié entre les Stark et les Lannister, inimitié qui compromet la stabilité de son règne. Peu importent les contentieux entre les deux maisons. Le roi ne veut rien en savoir : « C'est assez », conclut-il. Ned, toujours couché, abdique : « Cela sera fait, votre Grâce. » Robert continue de siffler son verre de vin tout en rassurant Ned sur l'amitié qui les lie : « Je n'ai jamais aimé mes frères. C'est la triste vérité. Tu étais le frère que j'avais choisi. » Robert se lève du bord du lit sur lequel il était assis, pose son verre et se tourne vers Ned avant de jeter près de lui l'insigne de la Main du Roi. « Nous en reparlerons à mon retour de la chasse. [...] Tuer des choses me change les idées. » Mais alors que Robert ouvre la porte de la chambre, Ned revient sur un autre point critique, Daenerys Targaryen, ce qui a le don d'énerver le roi dont la sentence a déjà été proclamée : « Elle mourra. Je ne veux plus en entendre parler. » Ned, déjà bien mal en point dans son lit, se liquéfie davantage. Il est littéralement en sueur. « Remets cet insigne et si jamais tu l'enlèves à nouveau, je jure d'épingler cette saloperie sur Jaime Lannister », lance le roi. La caméra fait le point sur Ned, tandis que l'on entend en hors-champ le bruit des talons de Robert qui vient de quitter la chambre. Alors que la porte se referme avec fracas, Ned relâche l'air qu'il contenait dans sa poitrine, ferme les yeux, puis se saisit de l'insigne doré. Fatalité et consternation se lisent dans son regard à cet instant précis. Ned n'est plus en mesure de dire non.

La fameuse partie de chasse que Robert s'apprête à faire sera sa dernière. Le sort de Ned Stark est entre les mains de Cersei.

SAISON 2

EN RÉSUMÉ

La mort de Robert Baratheon plonge le royaume dans le chaos. La guerre des Cinq Rois éclate. Joffrey Baratheon accède au trône, mais des voix s'élèvent pour contester sa filiation – les secrets de Cersei et Jaime commencent à être dévoilés. Ned Stark est décapité, Sansa, sa fille aînée, devient le jouet de Joffrey Baratheon, entre humiliations, brutalités et mutilations. Arya, sa cadette, qui avait jusqu'ici réussi à se fondre dans le paysage, fuit les hommes de main de Cersei Lannister, aidée par le Limier, mais est capturée puis conduite à Harrendhal où elle rencontre Jaqen H'ghar, leader des Sans-Visage.

Stannis et Renly Baratheon, les frères de Robert, complotent de leur côté avant de passer à l'action, soutenus par les Tyrell, tout comme Robb Stark, premier héritier de Ned, et Balon Greyjoy. Renly est assassiné par une ombre mystérieuse commandée par Mélisandre, prêtresse qui œuvre pour Stannis. Robb Stark négocie avec Port-Réal la libération de ses deux sœurs contre celle de Jaime Lannister qu'il tient prisonnier, mais finalement Catelyn Stark libère le chevalier blond et lui fait promettre de lui ramener ses filles en vie. Sur le champ de bataille, Robb rencontre Talisa, une guérisseuse qu'il décide d'épouser, bafouant la parole qu'il avait alors donnée à Walder Frey : il devait en effet convoler avec l'une de ses filles, un mariage politico-stratégique.

Au-delà du Mur, Jon Snow est en expédition avec les membres de la Garde de Nuit, Qhorin Mimain en tête de cortège. La chasse aux sauvageons est ouverte. Nombre d'éclaireurs perdent la vie, à l'exception d'Ygrid, sauvageonne que Snow ne peut se résoudre à tuer puisqu'il en tombe amoureux. De son côté, Samwell affronte pour la première fois la vue des Marcheurs Blancs. Ils sont là… Ils arrivent… Ils sont terrifiants !

À l'est, Drogo est mort, achevé par son épouse ; Daenerys est désormais mère de trois dragons – les œufs fossilisés qui lui avaient été offerts à ses noces avec Drogo ont enfin éclos. Elle va alors fuir jusqu'à la ville de Qarth, aidée par Jorah Mormont et sa garde rapprochée. Mais, horreur, ses dragons se font capturer. Elle décide alors de mettre Qarth à feu et à sang pour sauver ses enfants.

Les épisodes de la saison

Épisode 1 : « Le Nord se souvient »
Épisode 2 : « Les Contrées nocturnes »
Épisode 3 : « Ce qui est mort ne saurait mourir »
Épisode 4 : « Le Jardin des os »
Épisode 5 : « Le Fantôme d'Harrendhal »
Épisode 6 : « Les Anciens et les nouveaux dieux »
Épisode 7 : « Un Homme sans honneur »
Épisode 8 : « Le Prince de Winterfell »
Épisode 9 : « La Néra »
Épisode 10 : « Valar Morghulis »

ARRÊT SUR ÉPISODE : CERSEI *VS* TYRION, PREMIÈRE PARTIE

S. 2, Ép. 3 (1 min 17)

« Tu es un monstre. »

Cersei Lannister

Port-Réal, les appartements de Cersei Lannister. Tyrion Lannister est sur le pas de la porte. Il avance et s'arrête sur la dernière marche de l'escalier qu'il faut descendre pour être de plain-pied dans la pièce. Sur le côté droit de l'écran, on aperçoit la table du déjeuner qui n'a pas encore été desservie. Cersei, cheveux lâchés, visage fermé, fonce droit sur son frère. Le sujet de la discorde ? Le départ pour Dorne de Myrcella, la fille de Cersei, et le mariage arrangé de la princesse avec Trystan Martell. Cette séquence n'a l'air de rien, elle met pourtant en lumière la distance qui sépare Cersei de Tyrion, deux personnages qui préfèrent se fuir ou s'ignorer plutôt que de se confronter, deux personnalités divergentes. Son espace privé, Cersei le partage volontiers avec Jaime, son jumeau, et leurs enfants. Tyrion, lui, n'a jamais fait partie des privilégiés. Ce n'est plus l'approbation de sa sœur qu'il cherche alors ici, mais sa mesure, sa modération.

Intérieur jour

Frère et sœur se déchirent.

Cersei, hors d'elle : Myrcella est ma fille unique. Crois-tu vraiment que je vais te laisser la vendre comme une putain de bas étage ?

Tyrion (à voix basse) : Myrcella est une princesse, d'aucuns diraient que sa naissance l'y oblige.

Cersei : Je ne te laisserai pas l'expédier à Dorne comme moi je l'ai été à Robert.

Tyrion : Il n'y a pas d'endroit plus sûr que Dorne pour elle.

Cersei : Tu es fou ? Les Martell nous haïssent.

Tyrion : C'est pour cela que nous devons les séduire. Nous avons besoin de leur soutien dans la guerre que ton fils a engagée.

Cersei : Cela fera d'elle un otage.

Tyrion : Une invitée.

Les deux personnages ne se quittent pas des yeux. Ils sont désormais immobiles, face à face. Cette séquence, filmée en plan serré, est capitale puisqu'elle montre que ô combien nos deux personnages ne sont ni sur le même registre ni sur la même longueur d'onde. Cersei se laisse facilement emporter par ses émotions tandis que son frère cadet veut raison garder. Il a une vision globale. Elle a les yeux au bord du cœur. Pourtant, il faut avoir la tête bien froide pour ne pas la perdre au jeu des Trônes et, forcément, privilégier les intérêts généraux aux intérêts privés. L'esprit et l'éloquence de Tyrion finissent par taper sur les nerfs de Cersei qui réplique alors par la menace, toujours plus cruelle : « Tu crois que le papier de Père garantit ta sécurité ? Ned Stark avait un papier lui aussi. »

Tyrion regarde sa sœur. Il esquisse un léger sourire et incline la tête sur le côté. Son jeu, il le connaît par cœur. Cependant, il n'y a plus vraiment de match puisque la décision est déjà actée par le Conseil : Myrcella est partie pour Dorne. Cersei doit désormais faire avec, ou plutôt sans sa fille. Le plan se fait alors plus large, séparant le frère et la sœur. Cersei marche en direction de la table et met par terre, dans un élan de rage, tous les objets qui y trônent. Tyrion, lui, est toujours posté au même endroit, les épaules rentrées, la tête courbée. Puis la caméra isole Cersei qui détourne son visage pour pleurer. Tyrion, à cet instant, se rapproche de sa sœur et son ton se fait plus ferme : « Myrcella sera-t-elle en sécurité si la ville tombe ? Tu veux la voir violée ou massacrée comme les enfants Targaryen ? Ne te méprends pas. Sa tête rejoindra la tienne au bout d'une pique. »

Des mots que Cersei ne supporte pas, même si elle les sait justes. Elle se rue sur son frère et le pousse avec violence (la même dont elle et Robert pouvaient faire preuve l'un envers l'autre) : « Sors d'ici ! Tout de suite ! » Cersei s'effondre sur une chaise tandis que Tyrion tourne les talons et s'exécute. Le plan large reste fixe, et Tyrion quitte le champ. L'entente entre Cersei et Tyrion est bel et bien impossible. Le fossé qui existe entre eux ne fait que continuer à se creuser. Le dialogue est parasité par l'aigreur et la colère, des émotions dont Cersei ne maîtrise pas le curseur.

ARRÊT SUR ÉPISODE : CERSEI *VS* TYRION, DEUXIÈME PARTIE

S. 2, Ép. 5 (1 min 42)

« C'est si intelligent. »

Cersei Lannister

Deuxième round. On retrouve à nouveau Cersei et son frère Tyrion pour cette séquence. L'ambiance est moins austère, les couleurs qui parsèment la pièce, plus claires. La mine de la reine mère est radieuse. Celle-ci porte une robe couleur rouge et or, griffe de la maison. Renly Baratheon est mort, ce qui donne envie à Cersei de se servir un verre et de le lever à cette nouvelle qu'elle trouve heureuse. Tyrion, comme à son habitude, rappelle sa sœur à l'ordre. Il est trop tôt pour se réjouir : l'armée de Renly a rejoint celle de Stannis Baratheon. Les Lannister ne doivent pas baisser la garde.

Intérieur jour

La composition du cadre a changé. Les plans sont un peu plus larges que ceux de la séquence analysée précédemment. Cersei se sert du vin et sourit, tandis que Tyrion garde toujours son air grave. « Père t'a inculqué un trop grand respect pour l'argent », dit-il à sa sœur trop sûre d'elle. Si les caisses du royaume sont pleines, l'or ne suffira pas à éteindre le feu que Stannis Baratheon est en train de déclencher. « N'as-tu pas des choses plus urgentes à faire, comme enfermer ma fille dans une caisse pour l'envoyer au loin par bateau ? », demande Cersei à son frère qui, incontestablement, l'ennuie et trouble la petite fête qu'elle faisait seule. Soudain le rythme des plans s'accélère, le découpage se fait plus vif, l'élan querelleur les reprend. Cersei se lève de la banquette où elle était assise à siroter son vin rouge, tournant une fois de plus le dos à Tyrion : « N'est-ce pas que tu es toujours si intelligent avec toutes tes intrigues et tous tes complots », dit-elle en quittant petit à petit le champ. La caméra isole Tyrion qui répond avec l'esprit qu'on lui connaît : « Intrigue et complot, c'est la même chose. » Touché. Tyrion se rapproche de nouveau de Cersei désormais installée dans une chaise en bois, en face d'une table où trône une corbeille de fruits. Il continue de blâmer la légèreté de sa sœur alors qu'elle sait très bien ce qui est en jeu : la vie des citoyens de Port-Réal, la stabilité du règne de Joffrey. Mais la reine mère ne change pas d'avis sur la situation. Elle garde le sourire : « Inutile de t'inquiéter à ce sujet. Le roi se charge personnellement des préparatifs concernant le siège. » Une réponse qui ne convainc guère Tyrion. Le plan montre les visages des deux protagonistes à la même hauteur, celui de Cersei sur la droite, flou, celui de Tyrion, au centre, net, avant que les effets ne s'inversent. Cersei ne veut rien dire à Tyrion des plans du roi (Joffrey Baratheon) : elle préfère jouer avec les nerfs de son frère, prouver qu'elle aura, quoi qu'il arrive, l'ascendant sur lui, même si ses discours paraissent moins habiles. Une fois encore, Tyrion se retire et laisse la main à Cersei. On entend les pas de Tyrion tandis que la caméra reste fixe sur le profil de Cersei, son verre aux lèvres. La porte claque, comme après chaque réunion entre le frère et la sœur. Quelques épisodes plus tard, Stannis finit par attaquer, et ce ne sont pas les plans du roi qui sauvent Port-Réal de la débâcle, mais bien Tyrion qui n'a pas pu s'empêcher d'agir en amont de la bataille dans le dos du roi et de Cersei. On n'est jamais mieux servi que par soi-même.

SAISON 3

EN RÉSUMÉ

Moins d'action dans cette saison. L'heure est aux alliances, aux plans qui s'échafaudent, aux pactes qui se nouent, et Tywin Lannister s'applique à tirer les ficelles qui lui donnent l'avantage. Joffrey Baratheon n'épousera pas Sansa Stark. Sa mère lui a préféré Margaery Tyrell, ce qui semble satisfaire le jeune roi. Sansa, elle, devient l'épouse de Tyrion Lannister. Jaime Lannister, enfin, faisant route vers Port-Réal avec Brienne de Torth, se fait trancher la main droite par des hommes de la maison Bolton qui l'ont attaqué.

Loin de Port-Réal, Robb Stark se rend chez Walder Frey pour se faire pardonner son affront et proposer la main de son oncle, Edmure Tully, à celle qui lui était à l'origine promise, en guise de dédommagement. Le vieux Frey fait mine d'accepter l'offre mais tue Catelyn, Robb et Talisa lors des tristement célèbres Noces Pourpres. Le Nord se retrouve sans leader, et Theon Greyjoy, cousin et traître de la fratrie Stark, est chassé de Winterfell, château en cendres où il se cachait. Il est capturé par Ramsay Bolton, réputé pour sa barbarie. Theon devient « Schlingue », le toutou, le joujou de Ramsay. Bran et Rickon Stark, eux, ont fui Winterfell, épaulés par Meera et Jojen Reed, deux enfants du marais qui vont apprendre à Bran à gérer ses dons médiumniques et lui servir de guides.

Stannis Baratheon, aveuglé par son désir pour le Trône, continue de suivre les conseils de la puissante Mélisandre, malgré les mises en garde de son conseiller, Ser Davos. Arya, quant à elle, rompt ses chaînes : bye-bye Harrendhal ! Elle traverse le Conflans et se fait de nouveau arrêter. Elle est la prisonnière du chef de la Fraternité sans bannière qui veut l'échanger aux Lannister contre une rançon bien juteuse. Jon Snow, enfin, est en mission au-delà du Mur et tente de garder la tête sur les épaules. Il pactise avec les sauvageons, faisant mine de trahir la Garde de Nuit pour intégrer leur bande. Au sein de celle-ci, une femme, Ygrid, pour laquelle Snow va perdre la raison. La menace des Marcheurs Blancs est, quant à elle, de plus en plus palpable. L'attaque semble proche.

Sur le continent d'Essos, Daenerys poursuit sa route. Après avoir pillé Qarth, récupéré ses dragons et s'être procuré un navire, elle arrive à la cité d'Astapor où elle a la ferme intention d'obtenir le soutien de l'armée du coin. Une armée qui lui permettra de reprendre la main sur les Sept Couronnes. La partie est relancée.

Les épisodes de la saison

Épisode 1 : « Valar Dohaeris »
Épisode 2 : « Noires Ailes, noires nouvelles »
Épisode 3 : « Les Immaculés »
Épisode 4 : « Voici que son tour de garde est fini »
Épisode 5 : « Baisée par le feu »
Épisode 6 : « L'Ascension »
Épisode 7 : « L'Ours et la Belle »
Épisode 8 : « Les Puînés »
Épisode 9 : « Les Pluies de Castamere »
Épisode 10 : « Mhysa »

ARRÊT SUR ÉPISODE : NOCES POURPRES, PREMIÈRE PARTIE

S. 3, Ép. 9 (2 minutes 39)

« Père, Forgeron, Guerrier, Mère, Vierge, Aïeule, Étranger… Je suis sien, je suis sienne, et elle est mienne, et il est mien, depuis ce jour et jusqu'à ce que la mort nous sépare. »

Edmure Tully et Roslin Frey

Nous voilà au château de l'affreux Walder Frey, aux Jumeaux. Un mariage est célébré : celui d'Edmure Tully, l'oncle de Robb Stark, et de Roslin Frey, fille du maître des lieux. La cérémonie va commencer, les lumières sont tamisées, mais les gueules austères. Le climat ressemble davantage à celui qui règne dans des funérailles, le tableau, lui, est digne d'une toile de la Renaissance.

Intérieur nuit

C'est au bras de son père que la mariée fait son entrée dans la salle où sont rassemblés les invités – Catelyn, Robb et Talisa sont au premier rang. Plan large. Dans le cadre, la salle nous fait face, et au milieu, l'allée d'honneur. Le silence est pesant, la tension à couper au couteau et, à l'image, plusieurs plans sur le visage des protagonistes découpent la séquence. Les invités ont les bras croisés, l'air grave. La mariée rejoint enfin son époux à l'autel. Edmure n'a jamais vu celle qu'il s'apprête à épouser. Le père de la mariée lève alors le voile de sa fille, et tonton Stark découvre avec surprise la beauté de sa promise. À ses genoux, la très jeune Roslin tombe : « Lord Edmure, j'espère que je ne vous déçois pas. » La fillette lève les yeux vers son futur époux tandis que la caméra se tourne vers le visage heureux d'Edmure. Il relève sa promise et lui dit droit dans les yeux : « Vous êtes ravissante, Mademoiselle. »

La cérémonie peut commencer. Pendant que les mariés échangent leurs vœux, plusieurs plans isolent Robb, Talisa, Catelyn, Walder et Roose Bolton, présents aux noces. Le découpage de cette scène renseigne déjà sur l'issue fatale de la séquence. La mise en scène le projette : la tragédie est en train de se nouer.

ARRÊT SUR ÉPISODE : NOCES POURPRES, DEUXIÈME PARTIE

S. 3, Ép. 9 (12 minutes 20)

« Je pense avoir négligé mes devoirs. »

Walder Frey

La séquence du mariage puis de la fête est volontairement interrompue par les scénaristes de la série pour plus d'effet dramatique. Un intermède de moins de 10 minutes où l'intrigue se resserre sur Arya Stark puis Daenerys, avant de revenir au sujet qui nous passionne tous, les noces.

Intérieur nuit

Dans la salle des fêtes, les bougies sont allumées, on boit, on mange, on discute. Walder Frey est au centre, à sa droite, sa femme, à sa gauche, les mariés. Les Stark sont à l'une des tables des invités, Talisa sourit, la musique résonne, et on entend même Robb Stark rire aux éclats. Tout semble se dérouler comme sur des roulettes. Les mariés sont heureux, l'alliance entre les Frey et les Stark semble fonctionner. En apparence. Un détail n'échappe pas à la vigilance de Catelyn Stark. Assise entre son oncle et lord Bolton, elle remarque que celui-ci refuse qu'on lui resserve du vin. « Vous ne buvez pas, lord Bolton ? », lui demande-t-elle. Le chevalier répond : « Jamais, Madame. Ça émousse les sens. »

S'ensuit un échange dont l'inélégance déplaît à lady Stark. Bolton raconte avec fierté qu'il a épousé l'une des petites-filles de Frey et choisi la plus grosse pour bénéficier d'une dot à hauteur de son poids. « Elle m'a rendu riche », conclut le rustre. Alors que l'oncle de Catelyn s'absente pour soulager sa vessie, la caméra profite de ce départ pour nous ramener à la table de Robb et Talisa. Les deux amants sont plus complices que jamais, mais Talisa refuse de donner le baiser que Robb réclame, présumant qu'il pourrait représenter un affront. Fin du jeu de mains. Walder Frey fait tinter les verres. Un discours! Un discours! Les regards se tournent donc vers le vieux Frey. Fidèle à sa réputation, c'est de fesses qu'il parle, de la nuit de noces précisément : « Il faut un coucher à un mariage », dit-il porté par les acclamations des seigneurs attablés. « Le coucher ! Le coucher ! », crie l'assemblée. Sans ménagement, les mariés sont emportés par la foule en liesse jusqu'à leur chambre, ils disparaissent hors champs. « Pauvre fille », souffle Catelyn Stark, jugeant cette coutume bien dégradante.

Le calme revient dans la salle des fêtes et les invités se rassoient tandis que Robb et Talisa restent debout. D'un geste, Talisa fait comprendre au spectateur qui ne l'aurait pas encore saisi qu'elle est enceinte de Robb. Fille ou garçon, peu importe. Mais si c'est un garçon, Talisa sait déjà comment elle l'appellera, elle le confie à son mari. Le baiser laissé en suspens quelques minutes auparavant a finalement lieu à cet instant. La caméra pivote autour du couple avant de s'arrêter sur Catelyn qui sourit discrètement. Nouveau détail qui ne lui échappe pas : un garde est en train de condamner les portes de la salle des fêtes. La musique change alors et les violons jouent leurs notes les plus graves. La fête est finie. Lady Stark le comprend la première. Cette salle est désormais un piège à loup en train de se refermer sur eux.

Extérieur nuit

Retenu en cage, le loup de Robb Stark pousse d'inquiétants hurlements, ceux d'un animal qui sent le danger approcher. Un triste signal. Devant la porte du château, les hommes de Frey fêtent les noces à leur façon, godet en main. Distraits par l'alcool, ils ne s'inquiètent pas de voir débarquer une charrette conduite par le Limier. À l'arrière, Arya Stark. Les soldats qui gardent la porte du château arrêtent tout de même les deux vagabonds. « J'ai du porc salé pour le festin », dit le Limier à l'un des gardes, torche à la main. « La fête est finie », lui répond le garde, méfiant. « Faites demi-tour et dégagez. » Le Limier se tourne vers Arya, mais celle-ci a disparu.

Intérieur nuit

Retour dans la salle des fêtes. La caméra a changé d'angle mais cerne toujours lady Catelyn, dont le regard s'embue. Walder Frey, assis sur son siège, fait signe aux musiciens d'arrêter de jouer. Il se lève, un verre à la main encore, et interpelle Robb Stark qui s'avance jusqu'à la table du patriarche : « Je pense avoir négligé mes devoirs. Je vous ai donné de la viande, du vin et de la musique, mais je n'ai pas témoigné l'hospitalité que vous méritez », dit le vieux Frey. Les yeux de Catelyn, eux, s'attardent sur la main de Bolton, assis à côté d'elle. Elle soulève la manche de sa veste et découvre que ses bras sont couverts d'une cotte de mailles, le signe qu'un combat va s'engager. Bolton regarde à son tour Catelyn. Un regard qui en dit long. Catelyn se lève, fiche une claque à Bolton et crie le nom de son fils, mais trop tard, les couteaux et les épées sont sortis. Voilà les Stark cernés. Talisa est poignardée la première dans le ventre par l'un des hommes de Frey. Plusieurs coups. Robb Stark n'en croit pas ses yeux. Il assiste au meurtre de sa femme et de son enfant, la bouche ouverte, les yeux vides, avant d'être touché par les flèches des archers postés à l'étage. Tous les invités sont massacrés. Robb est à terre, Talisa aussi, et enfin, lady Catelyn. Walder Frey se rassoit, son verre toujours en main, et se repaît de ce macabre spectacle. La caméra prend de la hauteur et offre au spectateur un plan d'ensemble sur cette boucherie à la lumière des bougies. Un sombre tableau.

Extérieur nuit

Arya arrive à se faufiler parmi les gardes et, à quelques mètres seulement de la salle des fêtes, assiste au massacre des hommes de Robb par ceux de Frey puis à la mise à mort du loup de son frère, hors champ. Arya tente alors d'entrer en courant dans la salle, mais la main du Limier la retient : « C'est trop tard », lui dit-il. La princesse tombe par terre et perd connaissance. Le Limier l'emporte sur son épaule et tous deux quittent cet enfer.

Intérieur nuit

Dans la salle des fêtes, Catelyn rampe, grièvement blessée, sous une des tables du banquet. Avec le peu de forces qui lui reste, Robb, agonisant, s'approche du corps de Talisa. Il tente de se lever sous les commentaires sarcastiques de son hôte, tandis que Catelyn, munie d'une dague, s'empare de la jeune épouse de Frey, cachée elle aussi sous une des tables. Lame sous la gorge, les négociations s'engagent : « Lord Walder, assez ! Arrêtez ! Je vous en prie. C'est mon fils. Mon fils aîné. Laissez-le partir et je jure que nous oublierons tout cela. Je le jure devant les anciens et nouveaux dieux. » La réponse de Frey ne se fait pas attendre : « Vous m'avez déjà prêté serment dans ce château. Vous avez juré devant tous les dieux que votre fils épouserait ma fille ! »

Robb, qui tient le corps de sa bien-aimée dans les bras, le repose à terre pendant que sa mère se propose comme otage à Frey à condition de laisser partir son fils. Mais le chagrin de Robb le fige. Le désir de vivre l'a quitté. « Laissez-le partir ou je trancherai la gorge de votre femme », supplie lady Stark, le corps crispé par la douleur. « J'en trouverai une autre ! », répond Frey, inébranlable. À cet instant, Robb, debout, appelle une dernière fois sa mère avant que Roose Bolton lui assène le coup de grâce. Robb tombe en regardant sa mère qui ne peut plus contenir ses pleurs ni ses cris. Elle tranche, désespérée, la gorge de la malheureuse épouse de Frey avant de subir le même sort. Le plan est coupé à la taille de l'héroïne. Lady Stark s'effondre hors champ. On ne voit pas son corps à terre. Le plan, lui, reste fixe, puis le noir se fait. Fin de l'épisode. Ces Noces Pourpres font partie des séquences les plus intenses de cette série où il est préférable de tenir parole. Au-delà des effusions de sang, ce qui rend cette séquence si glaçante, c'est sa mise en scène, son découpage. Tout est précis, resserré au maximum, chorégraphique aussi. La chorégraphie de l'horreur. Si les corps s'effondrent hors champ, les meurtres sont commis sous les yeux des spectateurs. *Catharsis* ou voyeurisme ? Le spectacle en tout cas est aussi sanglant que dans les tragédies de Shakespeare.

SAISON 4

EN RÉSUMÉ

Roose Bolton sonne la chasse aux fils Stark encore vivants (Bran et Rickon), ne voulant pas prendre le risque de perdre la main acquise sur le Nord. Ramsay, quant à lui, charge Theon de négocier la reddition de Moat Cailin[2]. L'opération est un succès et les Bolton marchent alors sur Winterfell.

À Port-Réal, le mariage de Joffrey et Margaery est imminent. À cette occasion, Oberyn Martell, frère du roi de Dorne, s'invite à la noce et confie à Tyrion Lannister – entre deux lampées de vin – la réalité de ses plans : venger la mort de sa sœur tuée par les Lannister lors de la rébellion de Robert Baratheon. Chez les Lannister, le torchon brûle d'ailleurs. Le patriarche, Tywin, veut évincer Jaime de la Garde Royale depuis qu'il a perdu sa main droite au combat, mais celui-ci, déterminé, s'y refuse et apprend à manier l'épée de la main gauche. Cersei, quant à elle, découvre la romance entre son frère Tyrion et une prostituée nommée Shae. Elle cafte auprès de son papa chéri pour qu'il la mette hors-jeu. Les noces de Joffrey et Margaery débutent dans un état de tension extrême, qui atteint son apogée lorsque le jeune prince perd la vie à table, empoisonné. Tyrion est injustement accusé du meurtre et enfermé au cachot. Jaime Lannister demande à la chevalière Brienne de Torth de retrouver Sansa qui s'est enfuie avec lord Baelish, et d'emmener Podrick, écuyer futé. C'est Arya et le Limier que la chevalière et son second trouveront sur leur route.

Le procès de Tyrion débouche sur un duel entre Oberyn Martell et Gregor Clegane, redoutable combattant. Chacun représente

2. Château en ruines situé dans le Nord, cheville ouvrière de la défense du Nord contre l'invasion du Sud.

respectivement le parti de Tyrion et celui de la couronne. Oberyn Martell perd le combat et Tyrion est condamné à mort. Jaime l'aide cependant à s'évader, mais Tyrion veut d'abord régler ses comptes avec son père qu'il tue d'une flèche d'arbalète en plein cœur. Tyrion prend la mer avec lord Varys, maître espion, direction Essos.

Autre procès du côté du Mur, celui de Jon Snow. La Garde de Nuit l'accuse de haute trahison, ses récentes fréquentations ayant eu raison de sa popularité. Il garde cependant la vie sauve. Alors qu'il patrouille avec ses hommes, il retrouve au manoir de Craster son frère Bran : celui-ci y est retenu prisonnier, tout comme Meera, Jojen et Hodor. Si Bran brûle d'envie de rejoindre son frère pour l'embrasser, Jojen l'en détourne, lui rappelant qu'une mission capitale lui a été confiée, bien supérieure à ces vulgaires retrouvailles fraternelles.

Les sauvageons sonnent l'attaque de Châteaunoir, la bataille est sanglante mais la Garde de Nuit garde l'avantage, réussissant à faire prisonnier Mance Rayder, leader des sauvageons. Quant à Daenerys, elle marche toujours sur les cités esclavagistes, libère les opprimés et forme une grande armée composée d'esclaves libérés et de mercenaires.

Les épisodes de la saison

Épisode 1 : « Deux Épées »
Épisode 2 : « Le Lion et la Rose »
Épisode 3 : « Briseuse de chaînes »
Épisode 4 : « Féale »
Épisode 5 : « Premier du nom »
Épisode 6 : « Les Lois des dieux et des hommes »
Épisode 7 : « L'Oiseau moqueur »
Épisode 8 : « La Montagne et la Vipère »
Épisode 9 : « Les Veilleurs au rempart »
Épisode 10 : « Les Enfants »

ARRÊT SUR ÉPISODE : NOCES ROYALES, PREMIÈRE PARTIE

S. 4, Ép. 2 (1 min 40)

« Venez Tywin, allons célébrer cet amour naissant. »

Lady Olenna

Port-Réal, mariage de Joffrey Lannister et Margaery Tyrell. Tout le gratin est là, habillé sur son trente et un, réuni dans la chapelle royale.

Extérieur jour

Plan panoramique sur la ville où résonnent les cloches. Toute la cité est en fête, mais à l'intérieur du lieu sacré où se déroule la cérémonie, la crème de la crème seulement est présente. Le point de vue est « divin » : la caméra se niche au niveau du plafond, pointée à la verticale sur les invités. Margaery Tyrell fait son entrée dans la chapelle au bras de son père. La future reine porte une robe à motifs brodés qui souligne sa sublime silhouette et ses cheveux bouclés. Des boucles pures, relevées en chignon, symbole de son angélisme. Arrivée à hauteur de Joffrey, la jeune femme prend le bras qu'il lui tend et, ensemble, ils avancent vers le prêtre. Les valeurs de plans varient : larges, serrés, américains. L'instant est solennel – et les chants entonnés renforcent le cérémonial de cette séquence. Joffrey couvre les épaules de Margaery de sa cape, puis l'office débute. Les époux se tiennent par les mains, leur regard est doux. « Avec ce baiser, j'engage mon amour », dit le roi avant d'embrasser la reine sous les applaudissements des invités et des familles Tyrell et Lannister. Le roi et la reine font face à l'assemblée, tels deux acteurs salués à la fin d'une représentation. « Nous avons une nouvelle reine », dit Sansa Stark à Tyrion Lannister à côté duquel elle est assise. « Mieux vaut elle que vous », lui répond-il.

ARRÊT SUR ÉPISODE : NOCES ROYALES, DEUXIÈME PARTIE

S. 4, Ép. 2 (20 minutes 02)

« Un mariage royal n'est pas une distraction. »

Joffrey

Toujours à Port-Réal, le mariage de Joffrey Baratheon et Margaery Tyrell est célébré, la fête bat son plein dans les jardins du château, aménagés pour l'occasion.

Extérieur jour

Le feu est craché, les musiciens en piste, les invités à table. C'est la fête. Mais Tyrion n'a ni le cœur ni la tête à la célébration. C'est de logistique et de plan d'évasion dont il parle avec son garde du corps, Bronn. La caméra balaie l'ensemble du lieu avant de se faufiler, légère comme le vent, derrière la tête blonde et couronnée du roi Joffrey, puis la contourner pour laisser apparaître son visage songeur. Le second plan devient finalement le premier : lady Olenna vient saluer Sansa Stark avant que Tyrion, l'air grave, ne s'asseye à côté de la princesse. La séquence, dans son intégralité, déploie une vision d'ensemble des enjeux de ce mariage. Elle multiplie les angles de vue. Dans tous les coins, des histoires, des commérages, des dialogues lourds de sous-entendus. Les intrigues s'entremêlent, et comme à une réception, tout le monde finit par se croiser…

Attablée, la jeune reine écoute les troubadours chanter, tandis que le roi, maussade, leur jette des pièces pour qu'ils cessent leur numéro de charme. Margaery, d'un geste tendre, tente d'apaiser le roi qui se lève et réclame l'attention de ses convives : « La reine voudrait dire quelques mots. » L'annonce faite, Joffrey se rassoit. Son épouse, elle, se lève et prend la parole : « Nous avons de la chance d'apprécier ce fabuleux banquet. Nous ne sommes pas tous aussi chanceux. Pour remercier les dieux d'avoir mis fin à cette guerre, le roi Joffrey a décrété que les restes de notre festin seront donnés aux plus pauvres de notre cité. » Les invités acclament le roi pour sa bonté, la musique reprend, et le sourire revient sur le visage du marié.

De leur côté, les époux Martell flirtent à distance avec le frère de la mariée, ce qui n'est pas pour lui déplaire. Mais la légèreté de ce moment retombe d'un coup lorsque Loras se rend compte que Jaime Lannister se tient juste à côté de lui. Ils échangent quelques banalités sur leurs sœurs et ce mariage réussi, avant que l'échange tourne à la provocation et à l'intimidation. Entre les deux hommes, le courant ne passe pas.

Brienne de Torth, dans un habit bleu nuit, s'avance quant à elle vers le couple royal pour lui rendre hommage. Si la reine se lève pour saluer la femme chevalier, le roi, lui, reste assis, distrait, grossier, et réduit cet échange à quelques secondes. Tandis que Brienne s'éloigne, Cersei l'interpelle. La scène se construit sur le même modèle que celle entre Loras et Jaime, seul point commun entre ces deux femmes. Cersei jusqu'alors ignorait la complicité de son jumeau et de Brienne. Parfum de jalousie dans l'air. Le ton se fait moins poli et Cersei sort les crocs. La seule femme qui a le droit de tourner autour de Jaime, c'est elle. Brienne, secouée, préfère battre en retraite. À peine se retourne-t-elle que dans son champ de vision apparaît Jaime, chevalier des cœurs. Les deux protagonistes sont à distance l'un de l'autre. Le symbole est clair.

Partie chercher le Grand Septon, Cersei le trouve en compagnie d'une jeune fille qu'elle soustrait aux griffes du vieux cochon. La mégère aurait-elle du cœur ? Eh bien non. Elle se sert de cet épisode répugnant comme moyen de pression pour engager le Grand Septon à prévenir les cuisines que les restes du banquet seront donnés aux chiens et non aux pauvres comme l'a annoncé sa belle-fille. Il s'exécute et Cersei sourit. Si Margaery a épousé son fils, elle reste LA reine. C'est en tout cas le message qu'elle essaie de faire passer…

À la table du banquet, on s'ennuie. Joffrey, nerveux comme pas deux, lance une série de petits jeux humiliants et dangereux qui servent à la divertir. Mais ce mariage n'a rien d'une fête, c'est une manœuvre politique à ciel ouvert. Chacun des personnages sur lequel la caméra s'arrête joue un rôle important dans la toile tendue par les scénaristes. Amis et ennemis trinquent et se font des courbettes. Oberyn et Ellaria Martell en sont, s'arrêtant pour saluer l'ancienne reine régente et son père. Au cœur de la discussion, l'amoindrissement du pouvoir de Cersei, reine mère et non plus reine régente, et les différences de mœurs à Dorne et Port-Réal. Le ton est ironique, la défiance, toujours de mise.

D'un coup de cuillère sur son verre, le roi Joffrey, de plus en plus agité, réclame le silence : « Il y a eu beaucoup trop de divertissements pour aujourd'hui. Un mariage royal n'est pas une distraction », dit-il alors que ses invités le regardent sans comprendre où tout cela va les mener. « Un mariage royal marque l'histoire. L'heure est venue pour nous tous de contempler notre histoire. Mes seigneurs, mesdames, je vous offre, le roi Joffrey, Renly, Stannis, Robb Stark, Balon Greyjoy. La guerre des Cinq Rois. » Alors que Joffrey dit ses mots, d'une bouche géante et colorée sortent des nains déguisés comme les protagonistes de cette fameuse guerre. Le spectacle commence, et Joffrey retrouve un peu de sa bonne humeur : ces nains sur leur trente et un sont en effet un bon moyen de narguer Tyrion. Joffrey rit aux éclats alors que Sansa s'assombrit. Cette pièce caricaturale et moqueuse la plonge dans une profonde tristesse. Mais Joffrey en veut encore. Il veut plus de frissons. Plus d'humiliation.

Il se tourne alors vers sa cible préférée : son oncle Tyrion. S'engage un échange musclé entre les deux hommes qui sont à couteaux tirés. L'assemblée reste silencieuse. Joffrey, mouché par son oncle, se saisit de sa coupe pleine de vin, longe la table du banquet en sa direction et lui verse son verre sur la tête. Le silence est religieux. Comme à son habitude, Tyrion fait de l'humour, louant la qualité du millésime que son neveu vient maladroitement de gâcher. Margaery à son tour tente de désamorcer la bombe et rappelle Joffrey à ses côtés, mais le roi est lancé. L'humiliation de son oncle ne fait que commencer. Si Cersei sourit, les autres convives sont tous inquiets. Tyrion se lève pour contenter son roi, mais celui-ci s'amuse à le rendre chèvre. Les violons font monter la tension.

Margaery fait diversion, sonnant le dessert : « Regardez ! La tarte ! » L'immense gâteau est porté au centre de la cour. Le roi sort alors son épée en acier magique et fend le gâteau dans lequel se cachaient des colombes blanches. Certaines y ont laissé des plumes. Une part de gâteau est apportée à chaque convive. Joffrey plante sa fourchette dans la tarte puis se tourne à nouveau vers son oncle qu'il surprend en train de débarrasser les lieux avec Sansa. Mais le roi n'est pas prêt à les voir quitter la fête. Soudain, il est pris d'une violente quinte de toux qui l'empêche de parler puis de respirer. Le plan se resserre sur Joffrey. La main sur la poitrine, il se tourne vers sa femme qui, d'un regard, comprend ce qui est en train de se passer. Joffrey se meurt. Le roi s'écroule. Pris de convulsions, il vomit. Sa mère se jette sur lui, suppliant qu'on lui vienne en aide. Le roi est sur le ventre.

Les points de vue sont multiples. Celui de Cersei, celui de Tyrion, celui de Sansa – qu'on vient chercher pour lui demander de partir d'urgence –, celui de Tywin, celui de Margaery. Lorsque Cersei parvient à retourner le corps de son fils, c'est le teint violet, les yeux exorbités et de l'écume sortant de la bouche qu'elle le découvre. Les secondes sont extrêmement longues. L'agonie est insoutenable. Cersei est horrifiée. Du bout de la main, le roi accuse Tyrion Lannister, puis périt. Cersei en est convaincue : « C'est lui ! » La caméra à cet instant se pose sur Tyrion, puis effectue un travelling arrière, comme pour signifier le vertige dont est soudain pris le personnage. « Il a empoisonné mon fils, votre roi. Attrapez-le ! » hurle par quatre fois Cersei avant que les gardes ne s'emparent de son frère. La séquence, comme l'épisode, s'achève sur le visage en gros plan de Joffrey. Visage sur lequel on ne lit plus son arrogance, mais l'enfer et la souffrance.

SAISON 5

EN RÉSUMÉ

Les Lannister sont en deuil. Joffrey est mort, Tywin aussi. Tommen, le plus jeune des fils de Cersei, est appelé à régner sur le royaume. L'autorité de Cersei est contestée et Margaery s'assure les faveurs de Tommen, littéralement tiraillé entre deux femmes qu'il aime. Pour corser un peu l'affaire, la secte des Moineaux et sa milice débarquent en ville pour punir les hérétiques. Les Tyrell et les Lannister deviennent les proies du Grand Moineau qui réclame alors la rédemption publique des pécheurs. Margaery et Loras sont emprisonnés. Cersei, elle, est humiliée. Les cheveux tondus, elle traverse Port-Réal nue sous les huées. Jaime, lui, est à Dorne pour sauver Myrcella, sa fille, des griffes d'Ellaria Sand, maîtresse de feu Oberyn Martell. Trop tard. Myrcella meurt dans ses bras, empoisonnée par Ellaria, une robe de princesse rose bonbon comme linceul.

Parallèlement, les filles Stark doivent faire face à de nouveaux défis : Arya, à la recherche de Jaqen H'ghar à Braavos, devient dans sa quête de vengeance une Sans-Visage. Sansa, manipulée par Littlefinger, doit se marier avec Ramsay Bolton. Jon Snow enfin, vainqueur des sauvageons, nouveau lord Commandant, est confronté à Stannis Baratheon, qui souhaite faire de lui un Stark pour l'aider dans son projet de reconquête du Nord. Contre la volonté de la Garde de Nuit, il décide de s'allier avec les sauvageons pour lutter contre les Marcheurs Blancs. Jon se rend à Durlieu, le dernier village de sauvageons au nord du Mur, afin de passer un marché. Mais les négociations sont brutalement interrompues par l'arrivée de l'immense armée des Morts qui massacre tout le village. Rescapé de justesse, Jon rentre à Châteaunoir mais est bientôt trahi par ses propres hommes qui lui tendent un piège et l'assassinent.

Après avoir longtemps séjourné à Châteaunoir, Stannis Baratheon décide de concentrer toutes ses forces pour attaquer Winterfell, alors tenu par les Bolton. Poussé par Mélisandre qui lui garantit la victoire, il décide de sacrifier sa fille unique Shireen à R'hllor, Maître de la Lumière. Le jour de la bataille, la moitié des troupes se mutinent et l'armée de Stannis est massacrée aux portes de Winterfell par l'armée de Ramsay. Il n'en réchappe pas non plus…

Les épisodes de la saison

Épisode 1 : « Les Guerres à venir »
Épisode 2 : « La Demeure du noir et du blanc »
Épisode 3 : « Le Grand Moineau »
Épisode 4 : « Les Fils de la harpie »
Épisode 5 : « Tue l'enfant »
Épisode 6 : « Insoumis, invaincus, intacts »
Épisode 7 : « Le Cadeau »
Épisode 8 : « Durlieu »
Épisode 9 : « Une Danse avec les dragons »
Épisode 10 : « La Miséricorde de la Mère »

ARRÊT SUR ÉPISODE : MARCHE D'EXPIATION

S. 5, Ép. 10 (5 minutes 59)

« Une pécheresse se présente devant vous, Cersei, de la maison Lannister, mère de sa Majesté le roi Tommen, veuve de sa Majesté le roi Robert. Elle s'est rendue coupable de mensonges et de fornications. Elle a avoué ses fautes et imploré le pardon. Pour prouver son repentir, elle se défera de tout orgueil et de tout artifice. Elle se montrera comme les dieux l'ont faite devant vous, les bonnes gens de cette ville. »

Le Grand Moineau

Port-Réal. Cersei, prisonnière du Grand Moineau, a craqué. Elle a confessé ses fautes et supplie alors son geôlier de la laisser rentrer chez elle avant d'être jugée. Elle est lavée, ses cheveux sont coupés, aussi court que ceux des écuyers, et les sbires du Grand Moineau l'accompagnent jusqu'en haut des marches de l'escalier de la cité sur le parvis du Grand Septuaire de Baelor. C'est une des séquences choc de cette série douée pour les multiplier. La religion a pris le pas sur le politique. C'est désormais le Grand Moineau qui dicte les règles, et fait de Cersei sa marionnette, son épouvantail. Plus que jamais, Cersei est soumise.

Extérieur jour

C'est devant la ville entière que le Grand Moineau prononce son discours (rapporté plus haut). Cersei veut rentrer chez elle ? Soit. Sa marche sera expiatoire. Pendant le laïus du Grand Moineau, la caméra capture plusieurs images et visages. Le tribun, sa garde rapprochée, la plèbe, la reine mère déchue et, au loin, sa propriété, Donjon Rouge. À la fin de l'allocution publique, des femmes, postées derrière Cersei, retirent la robe qui couvrait jusqu'ici la malheureuse. Cersei apparaît totalement nue face à la foule. La punition peut commencer. Une cloche et une femme qui crie : « Honte » à chaque pas que l'ancienne reine fait. Stoïque, digne, Cersei avance. Elle regarde droit devant elle, ne quittant pas des yeux son objectif. La foule, d'abord silencieuse, se met à insulter Cersei : « baiseuse de frère », « putain », « va te faire foutre », peut-on entendre avant que les crachats, les fruits et légumes pourris s'abattent sur la marcheuse. Son corps est souillé, ses pieds ensanglantés. Le chemin est long jusqu'aux portes de Donjon Rouge. Cersei encaisse. Un genou à terre, elle se relève, et les gardes du Grand Moineau empêchent la foule de s'en prendre physiquement à celle qui les a toujours maudits et méprisés. Cersei finit par arriver devant la porte de sa maison. Ses larmes coulent. La rage, l'humiliation, la douleur. Tout se mélange. On se croirait presque dans un film de Pasolini ou une tragédie en costumes de Fellini.

Jane Shore, maîtresse du roi Édouard IV d'Angleterre, avait connu le même sort dans les rues de Londres au XVe siècle. G.R.R. Martin, passionné d'histoire médiévale, fait ici fusionner réalité et fiction dans le but d'exposer le personnage de Cersei, de briser sa fierté devant une foule d'individus venue se repaître de sa déchéance. Pour le tournage de cette terrible séquence, l'actrice Lena Headey, interprète de Cersei, a confié à *Entertainment Weekly* qu'elle a eu recours à une doublure. Enceinte de son deuxième enfant, la comédienne ne pouvait donc pas tourner cette séquence nue. L'illusion est, cela dit, parfaite. Les équipes techniques ont minutieusement incrusté le visage de l'actrice sur le corps de sa doublure, le mannequin Rebecca Van Cleave.

SAISON 6

EN RÉSUMÉ

À peine remise de son déshonneur, Cersei apprend la mort de sa fille unique et jure de prendre sa revanche tant sur Ellaria Sand que sur le Grand Moineau. Mais pour l'instant, Jaime est chassé de Port-Réal et le jeune roi Tommen, dépassé et dépressif, laisse carte blanche au maître prêcheur qui annonce les procès à venir de Loras Tyrell et Cersei Lannister.

À Braavos, Arya, provisoirement aveugle, réchappe à plusieurs tentatives d'assassinat avant d'affronter Jaqen H'ghar, leader des Sans-Visage, et de reprendre en vainqueur la route pour Winterfell, toujours aux mains de la famille Bolton. Roose Bolton, le patriarche, est assassiné par Ramsay Bolton, son fils illégitime, ce dernier s'autoproclamant dans la foulée suzerain de Winterfell. En veine, il parvient à capturer Rickon Stark et Osha. Il tue Osha mais garde Rickon en otage. Theon, qui a réussi à s'échapper des griffes de Ramsay, rentre aux îles de Fer, retrouve sa sœur Yara, et apprend la mort de leur père, Balon, tué par leur oncle, Euron, macho déterminé à régner sur le Trône de Sel. Frère et sœur prennent alors la fuite vers Essos, embarquant avec eux l'immense flotte des Fer-nés.

La Khaleesi est dans le pétrin, prisonnière d'une horde de Dothraki menée par le Khal Moro. Elle parvient à piéger ses geôliers en incendiant leur temple. Un acte qui lui vaut l'obéissance des Dothraki. Daenerys a de plus en plus d'alliés, son armée, composée de Puînés, d'Immaculés et de Dothraki est prête à faire voile vers Westeros. Mais avant, Daenerys veut libérer Meereen des esclavagistes qui y ont pris le pouvoir en son absence, malgré les interventions de Tyrion Lannister, Varys, Missandei et Ver Gris. Après avoir accompli son devoir et rendu justice, elle confisque la flotte de ceux qu'elle a condamnés, réquisitionnée pour ses projets de conquête.

Au Mur, Alliser Thorne assure l'intérim. Les sauvageons, menés par Tormund, attaquent. Ils réclament la libération de Ser Davos et des derniers partisans de Jon Snow. Peu de temps après, Mélisandre, portée par les encouragements de Davos, réussit à ressusciter Jon. Une fois sur pied, il fait pendre ses assassins et démissionne de la Garde de Nuit. Mais l'arrivée inattendue de sa demi-sœur Sansa à Winterfell finit par le convaincre de prendre les armes afin d'affronter Ramsay Bolton et libérer les terres du Nord de son joug. Il décide alors de rassembler les derniers partisans de Robb Stark parmi lesquels les Mormont, gouvernés par la très jeune Lyanna Mormont. Malgré des troupes en sous-effectif, il se décide à attaquer Winterfell, épaulé par l'armée sauvageonne.

À son arrivée à Vivesaigues, Brienne constate l'état de siège, tenu par l'armée Lannister dirigée par Jaime et secondée par l'armée Frey. Durant l'assaut du château, permis par Edmure Tully, propriétaire légitime des murs, le Silure est tué et Vivesaigues tombe à nouveau entre les mains des Frey. Brienne et Podrick s'extraient de la bataille et prennent la fuite par les eaux. À Winterfell encore, les armées de Jon et de Ramsay s'affrontent férocement lors de la bataille des Bâtards durant laquelle meurt Rickon Stark[3]. L'armée de Jon ne doit sa survie qu'à l'arrivée inopinée des chevaliers du Val, menés par Littlefinger et Sansa. Peu après ce sauvetage inattendu, Sansa se charge d'achever Ramsay, et lui reprend Winterfell. Arrivé dans le Bief, Samwel, accompagné de Vère et son bébé, se rend à Corcolline, le fief de son père, Randyll Tarly. Après un dîner mouvementé, Sam décide finalement de quitter la ville avec Vère pour se rendre directement à Villevieille, tout en dérobant au passage Corvenin, épée de famille en acier valyrien. Dans les Conflans, Sandor Clegane a été sauvé d'une mort certaine par un groupe de paysans après son combat contre Brienne.

Enfin, au-delà du mur, la Corneille à trois yeux a pris Brandon Stark sous son aile. Lentement mais sûrement, Brandon développe ses capacités de médium et est désormais capable de revoir certaines scènes du passé, notamment la jeunesse de son père Ned Stark durant le règne du Roi Fou. Alors qu'il est en plein exercice pratique, Bran est repéré par le Roi de la Nuit qui le marque au bras. Aussitôt, une immense armée de Marcheurs Blancs menée par le Roi de la Nuit déferle et prend d'assaut la grotte où se cachent le prince, son maître et ses protecteurs. RIP la Corneille à trois yeux, les Enfants de la Forêt, le géant Hodor, ainsi que le loup de Bran, Été. Poursuivis par les Marcheurs, Bran et Meera sont sauvés par Benjen Stark qui avait disparu au-delà du Mur depuis des années, lui-même sauvé des maléfices du Roi de la Nuit par les Enfants de la Forêt.

Les épisodes de la saison

Épisode 1 : « La Femme rouge »
Épisode 2 : « La Maison »
Épisode 3 : « Le Briseur de serments »
Épisode 4 : « Le Livre de l'Étranger »
Épisode 5 : « La Porte »
Épisode 6 : « De mon sang »
Épisode 7 : « L'Homme brisé »

3. Cf. chapitre « Passage à l'offensive, croisades et bagarres ».

Épisode 8 : « Personne »
Épisode 9 : « La Bataille des Bâtards »
Épisode 10 : « Les Vents de l'hiver »

ARRÊT SUR ÉPISODE : DAENERYS *VS* YARA

S. 6, Ép. 9 (4 minutes 03)

Daenerys Targaryen : « Les îles de Fer ont-elles déjà eu une femme au pouvoir ? »

Yara Greyjoy : « Pas plus que Westeros. »

Meereen. Theon et Yara Greyjoy demandent à s'entretenir avec la Mère des Dragons. Ils sont accueillis froidement par Tyrion Lannister, Main de Daenerys, à l'affût des entourloupes. Les souvenirs qu'il partage avec Theon n'ont rien d'agréable : il sait sa couardise et les conséquences qu'elle a engendrées. Daenerys est assise, gracieuse et silencieuse, face à ses deux interlocuteurs. Tyrion se tient à ses côtés. La Mère des Dragons laisse à son conseiller le soin de mener le début de l'entretien, choisissant de n'intervenir que si la cause est juste.

Intérieur jour

Tyrion rappelle les faits : Theon est un lâche, un traître, un menteur. Sa réputation ne l'honore pas. Mais l'homme assure qu'il n'est plus le même et que des leçons ont été tirées de l'enfer qu'il a fait subir aux autres comme de celui qu'il a enduré. Sa sœur et lui sont venus en paix, dans le but de signer un accord avec la reine des cités libres. En échange de leur flotte, frère et sœur réclament son appui pour faire tomber leur oncle Euron et permettre enfin à Yara de monter sur le Trône de Sel, place qu'il lui semble légitime d'occuper.

Les deux femmes se trouvent immédiatement des points communs. Elles sont ambitieuses, battantes et veulent en finir avec la suprématie masculine. Le charme de Yara opère, et la jeune femme fait clairement comprendre à Daenerys ses penchants lesbiens, ce qui n'est pas pour déplaire à la reine, bien au contraire. Un léger sourire s'esquisse sur son visage. La séquence se charge alors d'une dimension plus sensuelle, plus voluptueuse. Daenerys ne quitte plus Yara des yeux tandis que Tyrion parle alliance et échanges de bons procédés. « On aimerait que vous nous aidiez à tuer un oncle ou deux qui pensent qu'une femme ne peut pas monter sur le trône », dit Yara. « C'est raisonnable », lui répond Daenerys, complice. Les deux femmes se regardent (champ/contre-champ) et se sourient.

La caméra est braquée sur Daenerys, toujours assise tandis qu'elle prononce ces mots solennellement : « Nos pères incarnaient le mal, nos pères à tous. Ils ont rendu le monde pire qu'il était auparavant. Nous ne ferons pas de même. Nous allons laisser un monde meilleur que celui que nous avons trouvé. » En gros plan, de profil, Yara hoche la tête. La reine se lève alors et descend les marches qui la conduisent à hauteur de Theon et Yara : « Plus de vol, de maraudage, de pillage, ni de viol », affirme Daenerys. « C'est tout notre mode de vie ! », lui répond Yara. Mais la reine ne plie pas : « Plus rien. » Les deux femmes se regardent droit dans les yeux et en silence. Yara se tourne vers son frère qui, d'un geste de la tête, accorde son consentement. Le plan les réunit tous les trois. « Plus rien », promet Yara. Marché conclu, alliance scellée. La main de Yara se tend vers Daenerys. La reine se tourne à son tour vers Tyrion, qui n'a pas bougé de sa place initiale depuis le début de la séquence. Tyrion sourit, bouche fermée, et d'un geste des deux mains engage la reine à tendre la sienne vers Yara. Les deux femmes se serrent les avant-bras – un gros plan isole l'action. Solidarité féminine.

SAISON 7

La toile n'est pas contente

La saison 7 ne fait pas que des adeptes. Nombreux sont les commentaires sur les réseaux sociaux reprochant à la saison sa volonté de précipiter les actions et de raccourcir les temps de trajet des personnages. Un exemple de ce qu'on peut lire sur Twitter : « Les scénaristes veulent tellement accélérer le rythme que tout le monde se met à parcourir Westeros en deux scènes. Jon descend tout le pays en un épisode et Euron se fait Port-Réal - Castral Roc en 16 minutes. Prochain épisode, les Autres seront à Dorne pour un pique-nique. »

Le 27 août 2017, le *Huffington Post* publie un article intitulé « La saison 7 de *Game of Thrones* est-elle allée trop vite ? » On lui reproche d'avoir raccourci les distances entre les différents lieux de l'action, pourtant éclatés aux quatre coins de Westeros, d'avoir précipité l'action aussi et créé des enchaînements improbables. L'épisode 6 est précisément pointé du doigt. Réaction d'Alan Taylor, réalisateur, dans *Variety* : « Nous avons conscience que la temporalité devient un peu brumeuse. [...] Je pense que nous avons fait de notre mieux pour esquiver la question de la temporalité en n'annonçant pas la durée exacte du périple. Certains téléspectateurs l'ont accepté, d'autres pas, a-t-il reconnu. [...] J'espère que la force de l'histoire réside ailleurs que dans ces détails. » Pourtant, ce sont les détails qui donnent à ce *show* son caractère exceptionnel...

EN RÉSUMÉ

Tout se précipite à vitesse grand V. L'hiver est arrivé sur le continent de Westeros comme il se devait d'arriver. Dans le Nord, les Stark se sont réunis à Winterfell et font bloc autour de Jon Snow. Désormais roi du Nord, il tente tant bien que mal d'unifier les maisons de la région et les sauvageons, une alliance qui a pour but de contrer l'immense armée de Marcheurs Blancs qui s'approche inexorablement du Mur. Les sœurs Stark sont plus proches que jamais depuis la mort de Baelish. Daenerys Targaryen, secondée par sa gigantesque armée et par la flotte Fer-nés des Greyjoy, accoste à Westeros et pose dragons et bagages dans la cité de Peyredragon. Avisée par Tyrion, qui est toujours sa Main, elle continue de chercher des alliés de Westeros avant d'attaquer Port-Réal. Elle accepte alors de recevoir Jon Snow pour envisager l'avenir qui pourrait les lier. Là encore, comme avec les Greyjoy, la reine est déterminée à faire valoir ses conditions dans les marchés conclus. Femme de feu pour Trône de Fer. La flamme qui l'anime va pourtant vaciller lorsqu'elle découvre que les monstres dont Snow lui avait parlé sont réels et bel et bien en marche.

À Port-Réal, les Lannister, sans aucun allié désormais, s'efforcent de conserver le pouvoir et la face. Jouent désormais contre eux les maisons Tyrell, Martell et Greyjoy qui se sont rebellées suite à l'attentat du Grand Septuaire de Baelor. Une pénurie d'hommes et de soutien qui tombe mal car l'immense armée de Marcheurs Blancs, menée par le Roi de la Nuit, est désormais arrivée de l'autre côté du Mur et s'apprête à le franchir. Chevauchant le dragon de Daenerys, le Roi de la Nuit apparaît tout-puissant. Le monde des vivants, déjà fracturé par la guerre, va-t-il survivre à cette invasion (zombie) barbare ? C'est tout l'enjeu de la saison 8.

Les épisodes de la saison

Le calendrier de tournage change. Les *showrunners* et le directeur des programmes de HBO, Casey Bloys, annoncent son chamboulement, entraîné par l'accélération des intrigues et la venue du froid, annoncé depuis la première saison. Moins d'épisodes donc, mais les deux derniers ont une durée supérieure à la normale, frôlant celle de certains longs-métrages.

Épisode 1 : « Peyredragon »
Épisode 2 : « Du Typhon »
Épisode 3 : « La Justice de la reine »

Épisode 4 : « Les Butins de guerre »
Épisode 5 : « Fort-Levant »
Épisode 6 : « Au-delà du Mur »
Épisode 7 : « Le Dragon et le Loup »

ARRÊT SUR ÉPISODE : LA GRANDE RÉUNION

S. 7, Ép. 7 (13 minutes 28)

Cette séquence, tous les spectateurs de la série l'attendaient : la rencontre entre Cersei Lannister et Daenerys Targaryen. Elle a lieu dans les arènes en ruines de Fossedragon, à Port-Réal. La démarche de cette réunion est pacifiste. L'objet des pourparlers : les Marcheurs Blancs, aux portes du royaume, et la survie de l'humanité.

Extérieur jour

Toute la bande à Daenerys a rendez-vous avec la reine du royaume des Sept Couronnes. En tête : Tyrion Lannister (qui n'a pas revu sa sœur depuis la mort de Tywin, leur père), Jon Snow, nouvel allié de la Mère des Dragons, mais aussi lord Varys, Jorah Mormont, Ser Davos, Ver Gris, Missandei, Brienne de Torth, le Limier, Podrick, Bronn, Tormund, et quelques sauvageons et Dothraki. Toute une armada. Dans l'arène sont dressées des tentes aux couleurs de la maison Lannister. La caméra nous offre un plan d'ensemble du théâtre des opérations. Les cors sonnent, les tambours résonnent. Tout le monde se met en place, chacun est sur le qui-vive. D'un côté, des hommes en costumes sombres, similaires à l'humeur du monde, de l'autre, la Garde Royale, en bordeaux et or, couleurs de la maison qui reçoit. Cersei n'est pas encore là. Daenerys non plus. Les reines se font désirer. Bronn propose à Podrick d'aller boire un verre pendant que les preux causent. Les deux hommes s'éloignent et la musique cesse, le silence donnant le vertige à chacun des protagonistes. La caméra le souligne par le mouvement panoramique qu'elle effectue.

Accompagnée de sa garde rapprochée mais aussi de Jaime et de la Montagne, Cersei fait enfin son entrée. La musique reprend alors. Ses mains sont jointes sur son ventre. Elle porte une robe gris anthracite, et sur la tête, une discrète et sobre couronne en pierres précieuses. Pendant qu'elle s'installe, les rivaux se toisent. Le visage des Lannister est grave. Cersei jette un regard glaçant à son frère cadet avant qu'Euron Greyjoy, lèche-bottes de la reine, main à la ceinture, près de son épée, prenne la parole et toute la place dans le champ, pompant alors l'air de la cour.

Unité de lieu. Une fois Cersei et son conseil assis, le Limier se lance le premier dans l'arène. Aux côtés de celle qu'il a longtemps servie, le Limier voit son frère qu'il croyait mort. Mais la Montagne en est revenu, changé en monstre sanguinaire en deux ou trois coups de bistouri. « Te voilà bougrement plus laid que moi », lui dit le Limier sans détour. L'échange est bref et le Limier quitte la scène pour laisser à l'intrigue principale le soin de se développer. « Où est-elle ? », demande impatiente la reine à Tyrion. « Elle ne sera pas longue », rétorque-t-il sans oser regarder sa sœur. « Elle n'a pas voyagé avec vous ? », poursuit Cersei. « Non », répond Tyrion. Évidemment, Daenerys soigne son entrée. Le silence règne à nouveau, l'atmosphère est lourde, les protagonistes ont le souffle court. Soudain, un bruit fend les soupirs. Jaime se lève, Brienne, Jon et Euron aussi. Cersei, elle, reste assise, les yeux en l'air.

La caméra effectue un tour panoramique avant que dans le champ apparaisse le majestueux dragon en vol. Il se pose sur le mur de pierre qui enserre le lieu, et pousse un rugissement majestueux. À cet instant, Tyrion regarde sa sœur, mort d'inquiétude. Mais la reine reste impassible. Le petit numéro de Daenerys ne prend pas sur elle. Le dragon se pose au sol et descend d'un pas lourd mais calme jusqu'à l'arène centrale. Daenerys quitte sa monture sous les yeux de sa principale adversaire, le visage dur, toujours assise, les coudes sur les accoudoirs de sa royale chaise. Tous les regards sont tournés vers la Mère des Dragons, vedette du moment. À peine le pied de Daenerys posé au sol, le dragon s'envole et rejoint dans les airs son frère qui y tournoie. Les deux gardiens ailés restent aux alentours, vigilants.

Daenerys avance en direction de Cersei et sa cour. Elle rejoint sa place aux côtés de Tyrion, sa Main, entourée des siens. Ce n'est qu'une fois assise que Daenerys regarde Cersei. « Nous avons attendu », lui dit celle-ci. « Toutes mes excuses », répond sa rivale, esquissant un léger sourire. Il n'y a pas un bruit. Ce qui se passe est historique. Tyrion se lève de sa chaise et se charge du préambule de cette audience exceptionnelle qui doit rester civile. Il est cependant interrompu par Euron, ce malotru, qui interpelle Theon pour lui rappeler qu'il retient Yara prisonnière : « Si tu ne te soumets pas, je la tue », renchérit-il de manière puérile. La vedette, il la vole à l'urgence de la situation, prenant la tête de tout le monde. C'est d'ailleurs Jaime et Cersei Lannister qui le rappellent à l'ordre et lui ordonnent de regagner sa place ou de partir : « Allez vous asseoir, ou allez-vous-en. » Tyrion peut alors reprendre le cours de l'histoire : « Nous tous ici présents sommes des gens qui ne nous aimons guère. Vous venez d'en avoir la démonstration sous les yeux. Chacun de nous a souffert par la faute des autres. Nous avons perdu beaucoup d'êtres chers par la faute des autres. Si nous avions voulu continuer ainsi, cette réunion n'aurait pas eu lieu. » Cersei, ironique, l'interrompt : « Donc faisons fi de tous nos différends et vivons tous en harmonie le restant de notre existence. » C'en serait presque drôle si l'heure n'était pas si grave.

« Pourquoi sommes-nous là ? », demande agacée la reine des Sept Couronnes. Question à un million. Jon Snow se lève à son tour. À Cersei et sa garde rapprochée : « Il ne s'agit pas de vivre en harmonie. Il s'agit seulement de survie. Quelque chose arrive et en a après nous tous. Un général avec lequel on ne négocie jamais, une armée qui ne perd pas d'hommes sur le champ de bataille. » Voyant Cersei prendre ses paroles à la légère, l'ancien frère de la Garde de Nuit avance plus près de son interlocutrice et dit d'une voix profonde : « C'est très sérieux. Si ça ne l'était pas, je ne serais pas venu. » Les mains de la reine se sont décroisées. Elle demeure sceptique quant à la demande que les héros peinent à formuler : une trêve. Cersei regarde alors Daenerys et repousse la demande, pensant que cette mascarade n'est que pure manœuvre politique de la reine des cités libres pour gagner du temps et du terrain.

Le dialogue entre les deux reines s'engage alors. La caméra cerne leur visage. Elles sont droites, sérieuses, méfiantes. Tyrion sait que les discussions sont vaines : « Il faut que nous te montrions quelque chose », dit-il à sa sœur. Le Limier réapparaît à cet instant, une malle lourde en bois et fer sur le dos qu'il dépose au centre de l'arène. Il retire les chaînes qui l'entourent, lève les cadenas et en ouvre le couvercle. Cersei regarde Jaime qui regarde Cersei. Rien ne se passe. Le Limier fiche alors un coup de pied dans la malle qui dégueule sur le sol son trésor : un des soldats de l'armée des Morts. Le prisonnier court droit sur Cersei mais ses chaînes retiennent sa course. La reine est face à face avec le monstre, dont les hurlements sont plus terrifiants que ceux des dragons de Daenerys. Le Limier tire sur les chaînes et le mort-vivant tombe à terre. Le guerrier se saisit de son épée et coupe en deux son adversaire alors qu'il lui fonçait dessus. Mais le monstre n'est toujours pas achevé. Les deux morceaux gisent à terre et bougent encore avec férocité. Il n'y avait pas de musique jusqu'alors, mais les cordes lancinantes des violons entrent en scène et grimpent crescendo. Les mines sont vertes. L'enfer est sous les yeux de la cour. Cersei ne dit pas un mot. Elle regarde la bête se débattre et crier. Jon Snow et Ser Davos font alors la démonstration à la reine des méthodes de destruction de cette créature démoniaque : le feu et le verredragon.

« Si on ne gagne pas cette bataille, alors ça sera notre fin à tous », dit Snow à la reine désormais tout ouïe. Snow porte alors le coup fatal au cadavre animé et les crissements abominables cessent. « Il n'y a plus qu'une guerre qui compte. La Grande guerre. Et elle est là », conclut Snow. « Je n'y croyais pas avant de les voir. J'ai vu l'armée entière », ajoute Daenerys. « Combien ? », demande Jaime inquiet. « Une centaine de milliers au moins », répond la Mère des Dragons. L'espoir est mince. Euron quitte sa chaise et dit à la reine des Sept Couronnes qu'il remballe ses affaires et rentre chez lui : les Marcheurs Blancs ne savent pas nager, les îles de Fer sont alors le meilleur endroit pour se dérober. « Si ces choses s'en prennent à nous, il n'y aura plus de royaume à gouverner », dit Cersei alors qu'Euron tourne les talons. « La couronne accepte votre trêve. Tant que cette armée des Morts n'est pas défaite, elle est la véritable ennemie », poursuit-elle en regardant Daenerys. Snow souffle. La tension retombe et la raison semble l'emporter sur les querelles intestines.

Jusqu'à ce que Cersei pose les conditions de cette trêve : Snow doit lui faire allégeance et tenir le Nord pour les Lannister. La balle est alors dans le camp du roi du Nord. Même face à l'enfer, Cersei n'en reste pas moins la reine, et une reine ne pense qu'à ses propres intérêts. La politique reprend ici sa place au centre du débat, après bien des frayeurs. Malheureusement, la parole de Cersei Lannister – donnée lors de cette séance extraordinaire aux allures de démonstration de forces – ne sera pas tenue : « Les monstres existent. Les Marcheurs Blancs, dragons, gueulards Dothrak… Les histoires effrayantes de notre enfance sont réelles, soit. Que les monstres s'entre-tuent. Pendant qu'ils se battent au Nord, nous reprenons nos terres […]. Et nous régnons », dit-elle à Jaime Lannister un peu plus tard dans l'épisode, expliquant à son frère qu'il n'y a pas meilleure alliée que la Banque de fer[4]. Cersei a retenu les leçons de feu papa Tywin sur le bout des doigts.

4. Située à Braavos, c'est la banque la plus connue des deux continents. Un soutien de taille des Lannister (qui paient toujours leurs dettes).

SAISON 8

Paranoïaques, Benioff et Weiss? Les *showrunners* les plus célèbres de la planète ont annoncé qu'ils tourneraient plusieurs versions de la fin de la saison 8 afin de se prémunir contre les fuites. Lors d'une conférence à l'université Bethlehem Moravian, Casey Bloys, le directeur de la programmation de HBO, a déclaré:

« Je sais que, pour la fin de *Game of Thrones*, plusieurs versions vont être tournées pour que personne ne sache vraiment ce qu'il va se passer. Il faut en passer par là pour une série aussi longue. Quand vous tournez quelque chose, les gens le savent. Donc ils vont tourner plusieurs versions pour qu'il n'y ait aucune véritable réponse définitive jusqu'à la fin. »

Ce n'est pas la première fois que la chaîne câblée utilise ce procédé puisque le final des *Sopranos* a eu droit au même traitement. De son côté, la chaîne AMC a aussi fait en sorte que plusieurs fins de *Breaking Bad* soient tournées afin de préserver le mystère et d'éviter de quelconques fuites.

Kit Harington, qui joue le valeureux Jon Snow, s'est confié au magazine *Deadline* après la diffusion de l'épisode « Le Dragon et le loup » et a livré ses prédictions sur la saison 8: « Avec si peu de personnages encore vivants, je pense que les téléspectateurs devraient se préparer à ce que la série revienne et tue ses personnages principaux très rapidement. Ils vont mourir, et ils vont mourir vite et je pense que c'est le prix à payer pour n'avoir pas été vraiment en péril cette année. L'année prochaine, ça va être un massacre. » *Alea jacta est.*

On les retrouvera dans la saison 8

Cersei Lannister, reine des Sept Couronnes
Jaime Lannister, Main de la reine des Sept Couronnes
Tyrion Lannister, Main de Daenerys Targaryen
Jon Snow, roi du Nord
Arya Stark, princesse du Nord
Sansa Stark, princesse du Nord, en charge de Winterfell
Bran Stark, prince du Nord
Daenerys Targaryen, reine des cités libres
Lord Varys, membre du conseil restreint de Daenerys Targaryen
Ver Gris, guerrier et membre du conseil restreint de Daenerys Targaryen
Missandei, traductrice et membre du conseil restreint de Daenerys Targaryen
Brienne de Torth, indépendante
Bronn, au service de Jaime Lannister
Le Limier, indépendant
Le Chien, au service de Cersei Lannister
Yara Greyjoy, alliée de Daenerys Targaryen
Theon Greyjoy, allié de Daenerys Targaryen
Euron Greyjoy, allié de Cersei Lannister
Ellaria Sand, prisonnière des Lannister
Tormund, sauvageon, allié de Jon Snow
Podrick, écuyer de Brienne de Torth
Le Roi de la Nuit, grand méchant

7

PASSAGE À L'OFFENSIVE
CROISADES ET BAGARRES

« Du combat, seuls les lâches s'écartent. »

Homère

Dans la série, quand le verbe est mis en échec, les poings prennent le relais et cognent dur. Les protagonistes ne sont guère réputés pour leur tempérance et le monde dans lequel ils évoluent ne lui laisse de toute manière pas la place d'exister. Croisades, batailles et duels sont racontés dans les romans de G.R.R. Martin, leur mise en images était attendue au tournant par les fans de la première heure. Nous avons sélectionné quelques-uns de ces combats qui ont soulevé les cœurs au fil des saisons, mais aussi des luttes plus intimes, des affrontements moins spectaculaires mais tout aussi fiévreux.

AUX ARMES, ETC. : BATTLE ROYALE

Qui dit épique (nature de la série) dit combats enlevés, soulèvements collectifs ou encore actions éclatantes. Dans le monde de *Game of Thrones*, il y a deux camps : les attaquants et les répliquants. Quand nos héros ne parlementent pas, ou ne jouent pas à touche-pipi, ils se font la guerre. Des milliers d'hommes s'affrontent et tombent. Des lames, des flèches, des lances, des haches, de la boue, du sang, et parfois des dragons. Aussi mortifères que spectaculaires, ces batailles sont le nerf de la série et s'inspirent bien souvent d'accrochages historiques célèbres comme celui qui a opposé l'armée romaine à l'armée de Carthage dirigée par Hannibal, ou encore Azincourt durant la guerre de Cent Ans où les Français affrontaient les Anglais. Même les tactiques militaires sont authentiques. Les spectateurs retiennent leur souffle.

LA BATAILLE DE LA NÉRA

Bataille navale, S. 2, Ép. 9 (9 minutes 10)

C'est la bataille la plus emblématique de la guerre des Cinq Rois, inspirée de celle de Constantinople en 1453 qui a conduit à sa chute. Ont combattu férocement les forces loyales de Stannis Baratheon (une flotte et une armée de 20 000 hommes) et les fidèles du roi Joffrey Baratheon, en infériorité numérique. Si Stannis est en position de force, sur le point de faire tomber Port-Réal, sa victoire lui est confisquée par Tyrion Lannister, soutenu par les Tyrell. Tyrion l'emporte par surprise et avec panache, mettant à feu et à sang la flotte ennemie. Son arme fatale ? Des barriques chargées d'un mélange inflammable tenace, épais et vert, qui résiste même au contact de l'eau, baptisé feu grégeois : « La substance est tellement chaude qu'elle fait fondre le bois, la pierre, et même l'acier. Et évidemment la chair », avait prévenu le vieil homme qui a remis à Tyrion cette précieuse essence. Tyrion, habile tacticien, a anticipé les plans de Stannis et fait forger une énorme chaîne en travers de la Néra afin de séparer en deux les forces de son adversaire que les flammes grégeoises dévorent en quelques secondes. À l'image, un gigantesque incendie sur l'eau dégageant une fumée verte. L'instant est (télé) visuellement prodigieux. Théâtral et stupéfiant. Épouvantable aussi puisque des centaines et des centaines de soldats meurent brûlés vifs. Les bruits sont ceux d'un feu d'artifice, mais les cris, eux, font résonner l'horreur, tandis que la musique amplifie le sens du tragique de la représentation. Cette bataille résume bien le sentiment ambivalent éprouvé par les spectateurs face à la série, la fameuse attraction/répulsion sur laquelle jouent les créateurs avec un talent d'équilibristes. La séquence est ultrafluide, et nous sommes au cœur de l'action, témoins de l'horreur de la guerre mais aussi de son art. Coup dur pour Stannis qui sera repoussé aux portes de la ville, coup d'éclat pour le *show*.

Chanter ses peines

Sansa Stark et les femmes de Port-Réal, cachées dans les souterrains de la ville pour échapper à Stannis, chantent un hymne pour encourager le preux Joffrey (pas si preux que ça puisque le roi a déserté le champ de bataille) : « Mère aimante, pleine de grâce, sauvez nos enfants de la guerre, nous vous en prions », répètent-elles en chœur et en boucle.

LA BATAILLE DE CHÂTEAUNOIR

Bataille terrestre, S. 4, Ép. 9 (5 minutes 56)

« Si les sauvageons ouvrent une brèche dans le Mur, ils anéantiront hommes, bêtes et maisons sur des milliers de lieues avant de tomber sur une armée qui puisse les mettre en échec. »

Jon Snow

Depuis qu'il a déserté la Garde de Nuit, Mance Rayder, roi du Peuple libre, unifie les tribus sauvageonnes afin d'avancer vers le sud pour fuir les Marcheurs Blancs. Grâce à Jon Snow, la Garde de Nuit apprend les plans de Mance mais ne parvient pas à empêcher le massacre des habitants du village de La Mole. Un seul rescapé, un garçon nommé Olly, est envoyé jusqu'au Mur pour faire passer le message: les sauvageons arrivent et veulent casser du corbeau. La défense s'organise, menée par Jon Snow et Alliser Thorne. Les archers se mettent en place au sommet du Mur, prêts à décocher des flèches enflammées sur les assaillants, les barriques d'huile et les catapultes sont sorties. Le Mur est pris d'assaut malgré les efforts de la Garde de Nuit. Les combats sont violents et les valeurs de plans (large, rapproché, américain) varient pour plus de frissons et d'immersion. La séquence est démente, d'un réalisme saisissant. Les sauvageons sont finalement repoussés et quelques survivants battent en retraite vers la forêt hantée. Mais la guerre n'est pas finie. Les principales victimes de cette boucherie sont Grenn, Pypar et Ygrid, premier amour de Jon Snow.

LE MASSACRE DE DURLIEU

Bataille terrestre, S. 5, Ép. 8 (12 minutes 8)

Sur l'eau, près du littoral, des embarcations, de l'agitation, et des sauvageons qui tentent de sauver la vie à tout un village menacé par l'arrivée des Marcheurs Blancs. Jon Snow est aux côtés des sauvageons, sceptique, mais prêt à aider. Les femmes et les enfants d'abord. Mais alors que les premiers navires prennent le large, un bruit sourd se fait entendre. C'est l'armée des Morts. Panique totale. Les portes en bois du village sont refermées, laissant à découvert des centaines d'hommes, femmes et enfants. Il s'agit maintenant de tenir les portes. Mais elles ne résistent pas aux spectres enragés qui les défoncent. Jon Snow, alors près des embarcations, tente une percée héroïque quoique complètement kamikaze, accompagné par quelques sauvageons. Il neige, il pleut, c'est l'horreur. On entend le bruit des lames qui se fendent, le bruit des os qui craquent, les gémissements gutturaux des spectres. Le thème musical renforce la tension dramatique. Des râles, des cris, des bruits de haches, de flèches, du sang qui gicle. Snow n'en croit pas ses yeux. Quand soudain il aperçoit le cerveau de l'opération, perché sur le haut d'un rocher : le Roi de la Nuit, en personne. Snow sait qu'il existe une arme redoutable contre les Marcheurs Blancs, le verredragon, et quelques morceaux sont planqués à Durlieu. « Repliez-vous », crie-t-on sur le champ de bataille.

Snow tente le tout pour le tout, valsant entre les cadavres et les spectres, à la recherche du Graal, le verredragon. Tout près du but, il est stoppé par l'un des spectres. La force de son adversaire est phénoménale. Le combat est crispant, la caméra est au plus près des personnages et ses mouvements sont vifs et rapides. Snow est touché mais son ennemi ne lui laisse aucun répit. Quand soudain, dans un dernier élan de bravoure, Snow sort son épée et croise le fer avec le spectre. Contre toute attente, l'épée résiste aux coups de l'assaillant – *made in* verredragon, surprise, surprise – et Snow porte alors le coup de grâce à son adversaire. À bout de souffle, il s'écroule dans la neige, victorieux certes, mais impuissant : les habitants continuent d'être massacrés derrière les portes du village. La seule issue : la mer. La prendre et fermer les yeux.

LA BATAILLE DE WINTERFELL

Bataille terrestre, S. 5, Ép. 10 (8 minutes 11)

Toute l'action est concentrée devant les murs de Winterfell. La bataille oppose les Bolton, alors résidents de Winterfell, à Stannis Baratheon qui, malgré la défaite de la Néra, ne recule devant rien ni personne. Son armée s'avance sur le champ de bataille. Des hommes, en marche, et leur leader au visage dur et froid. La météo est peu clémente et le ciel aussi sombre que les événements qui se profilent. Avant même que Stannis ait le temps de dire ouf, les Bolton et leur cavalerie débarquent sur fond de violons et tambours. Sansa, alors prisonnière de Ramsay Bolton, observe la débâcle de Baratheon depuis sa tour. Encore un échec cuisant pour Stannis, l'homme qui se rêvait roi tout-puissant. Alors que des centaines et des centaines de soldats périssent, Stannis s'enfuit dans les bois environnants pour échapper à ses ennemis. Mais, blessé, il est rattrapé par Brienne de Torth qui met fin à ses jours. *So long, Stannis Baratheon...*

LA BATAILLE DE MEEREEN

Bataille aérienne et navale, S. 6, Ép. 9 (5 minutes 25)

Quand le chat n'est pas là, les souris dansent. Profitant de l'absence de Daenerys Targaryen et de l'impuissance de Tyrion Lannister, régent par intérim de Meereen, les esclavagistes – baptisés les Judicieux – se rebellent. Ils prennent Meereen d'assaut et massacrent de sang-froid tous les habitants de la cité. C'est Daenerys elle-même qui met fin au siège, épaulée par ses trois dragons dans les airs mais aussi d'une partie de la tribu Dothraki au sol. La flotte des Judicieux est dévastée par le feu craché par les dragons. Les plans d'ensemble permettent de constater les dégâts. Daenerys, elle aussi, découvre les horreurs commises par les Judicieux. La colère lui monte au nez et les assassins sont punis sans ménagement. Meereen est sauvée mais le sang et la cendre sont partout. « Le mal que font les hommes vit après eux ; le bien est souvent enseveli avec leurs cendres », écrivait Shakespeare dans *Jules César*. À méditer.

LA BATAILLE DES BÂTARDS

Bataille terrestre, S. 6, Ép. 9 (21 minutes 23)

Winterfell encore. Jon Snow a quitté le Mur et retrouvé Sansa, sa demi-sœur. Il commence à rallier des troupes dans le Nord pour retirer les terres où il a grandi des sales pattes des Bolton. Les deux bâtards vont alors s'affronter, cavalerie contre cavalerie, fantassins contre fantassins. Pour ajouter un peu plus de piquant, les conditions météorologiques sont désastreuses. Le ciel est chargé, la pluie battante, le sol instable. Rickon Stark, alors prisonnier de Bolton, se met à courir vers Jon Snow, son demi-frère, avant d'être cueilli en pleine course par les flèches de son geôlier. Une action qui sonne le début des hostilités.

Miguel Sapochnik, réalisateur de l'épisode, a confié à *Entertainment Weekly* qu'il s'était inspiré de plusieurs guerres et batailles pour mettre en scène le conflit entre les deux bâtards à l'écran. Celle de Cannes[1] d'abord, en 216 avant J.-C. La cavalerie de Hannibal met rapidement en déroute celle des Romains et se rabat sur le reste des troupes à pied. Le piège est refermé, comme dans la série, les hommes au centre de la mêlée sont impuissants et incapables de se battre tandis que les malheureux qui se trouvent aux extrémités se font massacrer. Prouesse tactique. L'armée de Bolton joue serré et use d'une technique utilisée par Alexandre le Grand : la phalange macédonienne. Des hommes unis munis de boucliers et de lances à la force de frappe puissante. « J'ai essayé de me concentrer sur ce qu'on pouvait ressentir au sol, au milieu de ce bordel. Une terreur absolue ? Un instant de lucidité ? Que se passe-t-il dans votre esprit quand vous êtes au cœur de cette folie ? » demande Sapochnik.

Mais l'une des images les plus marquantes de la bataille des Bâtards est cet amoncellement de corps qui finit par former un mur, barrant la route et la vue de Snow et ses hommes. David Benioff, cocréateur de la série, a affirmé que ces piles de cadavres, dont les vivants se démarquent à peine tant tout est couvert de boue et de sang, sont inspirées de la guerre civile américaine. Snow sort vainqueur du combat à l'épée qui l'oppose à Bolton, mais la victoire a un goût bien amer. On peine à distinguer les traits de son visage derrière la boue et le sang qui le peignent. Il quitte l'écran

1. Bataille majeure de la Deuxième Guerre punique, qui s'était soldée par une victoire carthaginoise.

filmé en contre-plongée, ce qui renforce l'impression de grandeur de son personnage à cet instant.

Le saviez-vous ?
La bataille aura nécessité 25 jours de tournage, 500 figurants, 160 tonnes de gravier, 70 chevaux et cavaliers, 65 cascadeurs, sept acteurs principaux, quatre équipes de tournage. Elle a été tournée à Saintfield, en Irlande du Nord.

DUELS ET ESCARMOUCHES : FACE-À-FACE

Dans la série, mouvements collectifs et quêtes individuelles se croisent. Il y a les batailles qui impliquent des centaines et des centaines de figurants et font couler beaucoup d'encre et de salive, puis les duels, scènes plus intimes, avec ou sans spectateur. Quelques-uns sont inoubliables. Florilège.

LA MONTAGNE *VS* OBERYN MARTELL

Duel déloyal, S. 4, Ép. 6

Décor : Port-Réal, les arènes. Tyrion Lannister est jugé pour le meurtre de son neveu, Joffrey. Mais il lui reste un dernier joker : se battre en duel, ou se choisir un challenger qui se battra pour lui. Oberyn Martell vient à la rescousse de Tyrion, qui décide de lui faire confiance et accepte qu'il concoure face au champion que lui imposera Cersei Lannister. C'est la Montagne qui s'y colle. Une armoire à glace. Un gladiateur. Un monstre que Martell connaît bien et avec lequel il a un vieux contentieux à régler. Le marché est simple : si Martell gagne, Tyrion garde la vie sauve, s'il abdique, Tyrion perd la tête. Au balcon, Cersei et son conseil restreint s'installent comme d'autres au spectacle. Le futur ex condamné à mort met en garde Oberyn et lui recommande de ne pas prendre ce combat à la légère, inquiet de voir son poulain boire, bavasser et se pavaner. Mais Oberyn est confiant. La Montagne fait son entrée et les dés sont jetés : « Sous le regard des dieux et des hommes, nous voici réunis pour rétablir la culpabilité ou l'innocence de cet homme, Tyrion Lannister. Puisse la mère être miséricordieuse, puisse le père entendre justice en toute équité, puisse le guerrier guider le bras de nos champions », dit le mestre.

Un dernier baiser à sa femme, et Oberyn se lance sur la piste tandis que la Montagne sort déjà sa grosse épée. La scène multiplie les points de vue. Son découpage accroît la tension. Les deux hommes sont d'habiles combattants, mais Oberyn se laisse distraire par sa propre volubilité – il bavarde pendant l'action. Les secondes sont longues, le duel serré. Oberyn a l'avantage, à la surprise générale, et plante sa lance aiguisée en plein dans la poitrine de son ennemi, tournant autour de lui en l'invectivant. Ne jamais vendre la peau de l'ours… La Montagne saisit la jambe d'Oberyn, le plaque au sol avant de lui briser le crâne en le pressant de ses deux mains de géant. Abominable. Martell est mort. Tyrion est fichu. L'horreur est sur tous les visages, sauf celui de Cersei Lannister qui jubile.

BRIENNE DE TORTH *VS* LE LIMIER

Duel enragé, S. 4, Ép. 10

Décor : le Nord, les montagnes, la grisaille du petit matin. Brienne est en compagnie de Podrick, toujours à la recherche des sœurs Stark. Surprise, surprise, ce matin-là, Brienne tombe nez à nez avec Arya, accompagnée quant à elle du Limier. Si Brienne évoque le serment qu'elle a prêté à Catelyn Stark avant sa mort, Arya et le Limier semblent bien sceptiques. Brienne pourrait rouler pour les Lannister et vouloir la peau d'Arya… Le ton monte, la situation s'envenime. Personne ne fait confiance à personne. S'engage alors un épique duel entre les deux fines lames de Westeros. Tous les coups sont permis, surtout ceux qui visent les parties génitales. En moins de trois minutes, Brienne, salement amochée, vient à bout de son adversaire à la force de ses poings et d'une pierre, le mettant KO dans un élan de rage inouï. Mais pendant la bagarre Arya disparaît, laissant ainsi Brienne bredouille. Leur chemin se croisera à nouveau dans la saison 7, Arya acceptant enfin de croire Brienne. En battant le Limier, la femme chevalier s'est fait une réputation. Brienne est désormais crainte et respectée dans tout le royaume.

ARYA STARK *VS* LA GAMINE ABANDONNÉE

Duel à mort, S. 6, Ép. 8

Décor : Braavos. Arya se met à douter de sa mission auprès des Sans-Visage. Les ordres de son précepteur sont de plus en plus irrationnels et elle se refuse à tuer gratuitement des innocents. Une rébellion qu'Arya va payer cher. La Gamine abandonnée, redoutable tueuse, retrouve sa trace. S'ensuit alors un duel entre Arya et la tueuse. Des mises en garde verbales d'abord – Arya aurait trahi le dieu Multiface qu'elle sert – avant de passer à l'action. La course-poursuite dans les ruelles en pierres de Braavos est intense : quatre minutes haletantes. La traque est sans merci, soutenue par les cordes les plus graves et des percussions sourdes. Soudain, Arya chute et, blessée, atterrit en bas des marches de l'escalier principal de la cité. Elle est à découvert. Avec le peu de forces qui lui reste, la princesse reprend sa fuite mais le face-à-face avec son adversaire est inévitable. Dans une chambre souterraine, à la lumière d'une bougie, Arya s'élance et marque. Il n'aura fallu qu'un coup de lame. La tête encore chaude de son adversaire est offerte à Jaqen H'ghar qui n'a plus d'autre choix que de laisser partir la princesse de Winterfell. Ce n'est pas le dieu Multiface qu'elle sert, mais elle-même. Et la liste de ses ennemis est encore longue. Plus rien ne retient Arya à Braavos.

JAIME LANNISTER *VS* DROGON

Duel choc, S. 7, Ép.6

Décor : le Nord, les plaines. Les Dothraki, à cheval, chargent l'armée des Lannister dont Jaime a le commandement. Bronn supplie Jaime de retourner à Port-Réal, sentant le vent lourd et la partie tourmentée. Mais le frère de la reine ne veut pas abandonner ses hommes qu'il sait pourtant condamnés. Pour plus de spectacle, Daenerys débarque à dos de dragon (Drogon), dictant sans ménagement les règles du jeu. Jaime est cuit. Mais il est aussi valeureux. Alors que ses hommes se font massacrer par les Dothraki et brûler par les flammes crachées par le dragon de la Khaleesi – cinq minutes de boucherie –, Jaime, acculé, tente le tout pour le tout. Dans sa ligne de mire, Daenerys et son dragon. S'il parvient à l'atteindre, la guerre est finie. Jaime s'élance à cheval. La course est folle, le cœur palpite, quand soudain le dragon sent venir la menace et tourne sa gueule vers le chevalier. Jaime est sauvé de peu de la carbonisation par Bronn – un geste héroïque. La Khaleesi, elle, est intacte. Coup de chaud.

8

LIAISONS DANGEREUSES
CORPS-À-CORPS

« Rien de tel que le spectacle d'une femme qui s'éloigne.
– Je préfère quand la femme se rapproche. »

Échange entre Samwell Tarly
et un des frères-jurés de la Garde de Nuit

Chambre à coucher, bordel, ruelle, cave, cale de bateau, cabanon, autant de lieux qui accueillent les ébats sexuels des personnages, les plus communs et les plus sordides. De sexe, tout le monde parle à Essos et Westeros. Beaucoup paient pour y avoir droit quand d'autres usent de la contrainte. Les hommes sont, dans la majorité des cas, présentés comme des sexes sur pattes, déchargeant leur excès de testostérone dans des bordels qu'on trouve partout sur les deux continents. Rares sont les histoires de fesses qui ont le parfum de la romance. Dans *Game of Thrones*, les rois et les reines se trompent, les membres d'une même fratrie couchent ensemble, les bordels sont pleins du soir au matin, les histoires d'amour ne tiennent pas. Le sexe est évidemment l'un des emblèmes du pouvoir – hautement masculin. « J'aurais dû être un homme », dit Cersei à Sansa lors de la bataille de la Néra, décrivant les hommes comme des « guerriers » et les femmes comme des « poules », un emploi que la série leur connaît bien.

AMATEURS ET AMATRICE DE BORDELS

TYRION LANNISTER, SÉDUCTEUR

« Pourquoi tous les dieux sont-ils des connards malveillants ? Où est le dieu des tétons et du vin ? »

La liste de ses conquêtes est presque aussi longue que le Mur. Le sexe est une matière dans laquelle il excelle, aux dires de ses partenaires. Au bordel, qu'il fréquente assidûment, il n'est ni un monstre ni une bête de foire moquée, mais un homme plein de capacités qui plaît autant que les autres. Tyrion finit par tomber amoureux de Shae, une prostituée qui le trahira et qu'il tuera. Il est marié par obligation à Sansa mais ne consommera pas l'union. Depuis la mort de Shae, il boit, beaucoup, et sa vie sexuelle reste hors champ. Cependant, Margaux Rouche, plume de *Paulette Magazine*, voit dans les yeux de Tyrion une forme d'amour naissant pour Daenerys Targaryen dont il est la Main. Mais Daenerys en pince pour Jon Snow et, en tant que Khaleesi, obtient souvent ce qu'elle désire. La saison 8 nous dira si la Mère des Dragons sera au centre de conflits sentimentaux…

LORD BAELISH, MAQUEREAU

« Je déteste les mauvais investissements. Ils me rendent malade. »

Blondes, brunes, rousses, il les aime toutes et les paie bien lorsqu'elles le contentent, lui comme les clients du bordel qu'il tient. Son charme opère, mais pas sur Sansa qui repousse ses avances, comme sa mère l'avait fait avant elle. Il épouse Lysa Arryn, consomme le mariage… et la supprime.

BRONN, HOMME À FEMMES

« Ici il fait bien chaud, et il y a des dames belles comme des astres. »

Les parties de jambes en l'air le ravigotent. Il veut être riche pour pouvoir vivre une vie orgiaque. Mais il cherche aussi une femme, un bon parti avec lequel se caser, ce que Jaime Lannister, en échange de sa protection, lui a promis de trouver.

LE GRAND SEPTON, PERVERS

Vieux dégoûtant enveloppé dans sa robe de bure, il fait mine de ne pas tenir debout sans canne mais est pourtant vaillant dans un lit avec des adolescentes en âge d'être ses petites-filles. C'est Lancel Lannister, devenu disciple du Grand Moineau, qui le surprend et le dénonce.

YARA GREYJOY, CASANOVA

Si la trempe de Yara séduit les hommes qui n'ont pas peur des femmes viriles, elle est plutôt attirée par la gent féminine. À l'écran, baisers langoureux échangés avec quelques prostituées et pelotages en règle. Yara est à ce jour le seul personnage lesbien de la série, même si la bisexualité à Westeros et Essos est finalement très ordinaire, n'en déplaise aux moineaux. Dans la saison 7, Yara et Ellaria Martell, veuve d'Oberyn et libertine convaincue, ont un flirt qui tourne court. La faute à Euron Greyjoy, ce trouble-fête. L'élan du premier baiser est cassé par la brutalité d'un homme, toujours.

AMANTS PASSAGERS ET AMANTS RÉGULIERS

IN BED WITH DAENERYS TARGARYEN

Elle épouse Khal Drogo et perd sa virginité durant la nuit de noces. Scène choquante où la brute viole la belle, ce qui fait naturellement écho à ce que subissent les femmes mariées de force aujourd'hui encore[1]. Daenerys finit par dompter Drogo puis l'aimer (syndrome de Stockholm ?). Après la mort de son mari, Daenerys aura un amant régulier : Daario. À la fin de la saison 7, on la retrouve au lit avec Jon Snow, au grand dam de Jorah Mormont, fidèle serviteur qui aimerait lui aussi être le jouet sexuel de la reine.

ROMANCE ENTRE CERSEI ET JAIME LANNISTER

« On ne choisit pas qui on aime. Ça échappe à notre contrôle. »

Jaime Lannister

Il ne s'agit pas que de sexe. Leur histoire commence avant les événements de la série, avant le mariage de Cersei avec Robert Baratheon. Jaime aime Cersei, sa jumelle, comme il n'aimera jamais aucune autre femme, et ce depuis toujours. Leurs enfants, Myrcella, Joffrey et Tommen, sont tout pour eux, et leur liquidation par leurs ennemis n'a fait que creuser un fossé entre les jumeaux amants et parents. Dégoûtée par la mutilation de Jaime

1. Cf. chapitre « Genre(s), sexualité(s) et diverstié »

(qui n'a plus de main droite), Cersei repousse ses avances avant de remettre le couvert et de retomber enceinte de son frère. Depuis la saison 7, Jaime et Cersei ne se cachent plus de la cour et de leurs serviteurs : ils assument leur amour incestueux au grand jour.

ROMANCE ENTRE VER GRIS ET MISSANDEI

Ces deux-là se tournaient autour depuis un moment. Au service de leur Khaleesi, Daenerys, ils n'avaient guère le temps de penser à autre chose : il est commandant des Immaculés, elle est l'interprète de Daenerys. Mais la tension sexuelle est trop forte, et si Ver Gris est un eunuque, tous ses attributs n'ont pas été ôtés. Scène d'amour torride donc à l'épisode 2 de la saison 7 entre ces deux personnages de second plan passés au premier.

ROMANCE ENTRE RENLY BARATHEON ET LORAS TYRELL

Si Renly Baratheon est marié à Margaery Tyrell, il entretient une relation intime et secrète avec son frère, Loras, qui couche aussi avec Olyvar, un gigolo au service de Baelish. Leur romance prendra fin à la mort de Renly Baratheon et Loras sera jugé par le Grand Moineau pour sa vie « dévergondée ». L'homosexualité est une faute qui se confesse à Westeros et pour laquelle on est puni. Triste monde.

ROMANCE ENTRE ROBB STARK ET TALISA

Jeune femme de la noblesse de Volantis, Talisa voue sa vie à soigner les blessés de guerre. Elle rencontre Robb Stark sur un champ de bataille où elle est appelée comme infirmière. C'est le coup de foudre. Pour elle, Robb va prendre tous les risques. Ils se solderont tristement par la mort des amoureux. Le bonheur est éphémère sur les terres de la Couronne. Robb et Talisa n'étaient pas encore mariés qu'ils forniquaient déjà. La preuve de leur rapprochement intime: la grossesse de Talisa. La mort des deux amants en est alors plus déchirante encore.

ROMANCE ENTRE SAM ET VÈRE

Sauvageonne de son état, elle est mariée à son propre père, Craster, qui lui fait un enfant. Elle habite au manoir Craster, au-delà du mur. Sauvée des Marcheurs Blancs, Vère rencontre Sam, alors membre de la Garde de Nuit. Sa témérité et sa bonhomie la séduisent. Quant à Sam, il est épris et va demander à Jon Snow de protéger Vère, notamment lors de la bataille de Châteaunoir qui les expose, elle et son bébé. Sam et Vère finiront par consommer lors de la saison 5, Sam décidant de tout abandonner pour être avec celle qu'il aime, première femme qu'il ait touchée.

JON SNOW ET YGRID, *LIKE A VIRGIN*

La vingtaine, beau gosse, et toujours puceau. Lorsque Jon Snow prête serment à la Garde de Nuit, il fait une croix définitive sur les joies du sexe. Mais alors qu'il est capturé par les sauvageons, Jon rencontre Ygrid, une des filles de la bande, pas commode, mais jolie comme un cœur. Il se laisse séduire par la rouquine qui répète à qui veut l'attendre qu'elle est une affaire au lit. Dans une grotte, au chaud, sur une peau d'ours, Ygrid initie Jon Snow. Une scène très intime que la toile a qualifiée de hot (S. 3, Ép. 5). Pourtant, leur histoire ne durera pas. Les amants n'étaient pas sur la même longueur d'onde. Fin de partie sanglante puisque Ygrid meurt.

PROMOTION CANAPÉ

MÉLISANDRE ET STANNIS BARATHEON

C'est dans la saison 2 que les spectateurs découvrent cette mystérieuse prêtresse aux multiples pouvoirs. Si elle conseille Stannis Baratheon et le persuade qu'il est le prochain du roi des Sept Couronnes, la persuasion passe aussi par la séduction. Une scène les montre explicitement amants (S. 2, Ép. 2). Mais la prêtresse est plus d'une fois dans la chambre de celui qu'elle appelle son roi.

MARGAERY TYRELL ET TOMMEN BARATHEON

« Un de mes époux préférait la compagnie des hommes et est mort d'un coup de poignard dans le cœur, l'autre n'éprouvait pas plus grand plaisir que de torturer des animaux et a été empoisonné au festin de nos noces. Je dois être maudite. »

Margaery Tyrell à sa grand-mère

Margaery n'a pas froid aux yeux, et elle est prête à tout pour régner. Doux comme un agneau, Tommen, successeur du roi Joffrey, devient sa nouvelle proie. Elle le sait très attaché à sa mère, Cersei, et c'est alors par le sexe qu'elle va manipuler le jeune ingénu. La découverte du sexe va alors faire perdre la tête au nouveau roi, engourdi de tendresse.

ÇA AURAIT PU SE FAIRE

JAIME LANNISTER ET BRIENNE DE TORTH

« J'ai rêvé de vous. »

Alors qu'il est son prisonnier, Jaime et Brienne prennent ensemble un bain chaud pour se laver de leur voyage et des horreurs vues et commises en route. Lorsque Brienne entre nue dans l'eau, les yeux de Jaime Lannister ne mentent pas. Ce qu'il voit, puisque la caméra nous la montre côté pile, ne le laisse pas de marbre. Premières émotions depuis Cersei, sa sœur. Jaime aime décidément les femmes à poigne.

TORMUND ET BRIENNE DE TORTH

Le sauvageon à barbe rousse a flashé au premier regard. Brienne a tout ce qu'il cherche chez une femme : du charisme, du charme et un petit côté viril qui ne lui déplaît pas. Grand, il lui faut une amie à la hauteur. Il ne cache guère sa fascination pour la femme chevalier jusqu'à en devenir lourd (regards libidineux et appuyés). Jusqu'ici, Brienne reste de marbre, absorbée par ses missions. Les *showrunners*, eux, sont décidés, agacés par les commentaires des internautes sur cette possible romance : « Cette relation nous inspire car nous allons devoir tuer un des deux. Il ne peut y avoir de fin heureuse ou d'histoires d'amour dans cette série. » Cruel.

TROISIÈME PARTIE

LES CLÉS

Dans ce troisième et dernier acte, nous nous intéressons à la densité des niveaux de lecture dont jouit la série, la diversité des décryptages dont elle fait l'objet, les approches indirectes qu'elle occasionne, qu'elles soient sérieuses ou récréatives, mais aussi à quelques-uns de ses secrets de coulisses.

Les romans de Martin faisaient déjà foisonner les questions de morale, de pouvoir, de politique ou bien encore d'économie ou d'écologie (dérèglement climatique). La série en a amplifié le champ. Les résonances qu'elle crée avec les débats qui agitent la planète sont concrètes, et nombreux sont les analystes à établir des connexions entre l'écran et la réalité. À travers le monde de nos héros, le nôtre prend forme. Cersei Lannister aime mettre la tête de ses ennemis au bout d'une pique, le nouveau président du Brésil, Bolsonaro veut lui aussi crucifier les « nuisibles ». La république tremble, les principes démocratiques valsent, la gestion du pouvoir devient de plus en plus autoritaire, les inégalités s'accroissent, le populisme, le racisme et le sexisme regagnent du terrain. L'avenir semble aussi noir que les légendes auxquelles croient les protagonistes de *Game of Thrones*. C'est en quête de sens, d'interprétations et d'analyses que nous partons ici, guidés par les lumières de plusieurs spécialistes pour nous éclairer sur les enjeux philosophiques, culturels et éthiques qui découlent des représentations faites de la société, de la politique, de la violence, des femmes et de la sexualité dans la série.

Mais parce que *Game of Thrones* est aussi un divertissement, il nous fallait conclure sur ses aspects joyeux, sur l'envers du spectacle et les acteurs qui bien sûr incarnent nos héros. Plusieurs anecdotes sont alors regroupées, plusieurs informations remixées, des chiffres, des listes, et quelques mots-clés pour ne pas s'y perdre.

1

LA POP PHILO SELON HBO

« CHAQUE OBJET EST LE MIROIR DE TOUS LES AUTRES[1]. »

« Si on lit le récit comme une critique du temps présent, n'apparaît-il pas, en partie au moins, comme une réflexion féroce sur la crise de légitimité du politique et des politiques[2] ? »

Dominique Moïsi, politologue et géopoliticien

1. Maurice Merleau-Ponty, *Phénoménologie de la perception,* 1945, date de publication originale (Éd. Gallimard, 2005).
2. *La Géopolitique des séries*, Éd. Stock, 2016.

Dès les premiers épisodes, la série renvoie à des interrogations vivaces sur les courants et institutions politiques contemporains. Expression des angoisses du temps présent, la série met en scène, sur le mode imaginaire, la tentation du pire : le triomphe de la souveraineté, du totalitarisme. Le mode « dystopie » est alors activé à travers la mise en place de ce despotisme néfaste qui menace le royaume et prend différents visages. Le quotidien des personnages de la série est laid, violent, usant. La guerre civile est permanente, tous les hommes sont des ennemis en puissance, et chaque prétendant au Trône poursuit inlassablement le même dessein : mettre fin à ce climat hostile, puis régner en maître. Le cycle est infernal, répétitif. « Les œuvres culturelles fonctionnent comme une sorte de condensé de la réalité qui offrirait davantage à voir nos expériences quotidiennes », explique le philosophe Slavoj Žižek.

QUELQUE CHOSE DE POURRI AU ROYAUME...

« La chute de la maison Targaryen qui, avec ses dragons, a régné pendant des décennies sur le continent de Westeros, est en fait le symbole d'une crise de régime. Et tous les événements qui suivent nous questionnent sur la notion de pouvoir. Comment le conquérir, comment le garder, etc. ? La problématique de la légitimité mais aussi celle du consentement à l'autorité sont aussi prégnantes dans la série. Souvenons-nous comment Jaime Lannister sermonne son fils Joffrey, qui clame qu'il est le roi alors que l'homme de pouvoir n'a pas besoin de le dire pour l'être. Souvenons-nous aussi de la discussion entre Varys et Tyrion sur la notion de persuasion du peuple, quand le premier dit au second que le pouvoir se trouve là où les gens pensent qu'il est. »

Alain Dontaine, professeur de science politique[3]

Aux États-Unis, nombreux sont les commentaires sur la série qui cherchent à établir des comparaisons entre les maisons royales de Westeros et les familles américaines Kennedy, Bush et même Clinton. « Les Américains pourraient-ils un jour dire sans ironie la maison Bush ou la maison Clinton ? », se demande le journaliste John Blake sur CNN. Dans la série comme dans le monde réel, l'instabilité règne, les partenariats économiques qui lient les plus grandes puissances entre elles sont rediscutés, l'unité politique s'est muée en hostilité politique, les catastrophes climatiques se multiplient, les gens crèvent de faim et des ennemis d'un nouveau genre fragilisent les États. Ce qu'on remarque alors, à mesure que la série tisse sa toile, c'est que les guerriers n'ont pas toujours l'avantage, que ce sont en revanche les tacticiens et les politiciens aux idées

3. Propos recueillis dans une interview accordée au site ledauphine.com et publiée le 19 mars 2018.

neuves et/ou révolutionnaires qui gardent le contrôle de manière plus pérenne. Éloge du calcul? Certainement. Le philosophe français Mathieu Potte-Bonneville, auteur de *Game of Thrones, série noire* paru en 2015, explique dans *Ouest France*:

« Game of Thrones montre que l'exercice du pouvoir, c'est d'être menacé. Et que pour le converser, l'action est plus importante que le reste. Daenerys Targaryen se retrouve ainsi à recevoir le peuple en audience, elle en a même mal aux fesses. C'est une leçon de modestie amusante sur la conquête du pouvoir. L'exercice de pouvoir, c'est aussi rester assis et subir les limites de sa propre puissance, et ne pas faire grand-chose. »

À Westeros, le pouvoir appartient à une petite minorité qui concentre l'essentiel des ressources politiques et économiques. Le but du jeu pour le souverain est de garder le monopole, mais pour cela, il a besoin de conseillers, d'une élite administrative qui, petit à petit, va grignoter une partie de son pouvoir. Pour tirer son épingle du jeu à Westeros donc, mieux vaut faire abstraction des considérations morales ou idéologiques susceptibles d'influencer sa prise de décision. Seule la poursuite rationnelle de l'intérêt personnel ou familial permet de gagner. Idéalisme et pragmatisme se combattent dans *Game of Thrones*, et donnent naissance à une saison 7 en proie au relativisme: les personnages sont devenus de grands sceptiques, rompus à l'exercice du cynisme, ils n'ont plus d'illusions, ils n'ont plus foi en leurs mythes fondateurs.

À l'avant-scène, les puissants, toujours. Ce sont les grandes familles nobles qui tiennent la vedette du *show*. Le peuple endosse le costume du simple observateur dans cette histoire de feu et de sang, même si sa condition évolue à Essos depuis que Daenerys a rompu les chaînes des esclaves dans les cités libres. Le soulèvement ne vient donc pas du peuple mais des nantis et des nababs qui soufflent le chaud et le froid sur le royaume. Depuis la saison 7, les choses pourraient se résumer grossièrement en deux visions antagonistes du monde: celle de Cersei, capitaliste, oligarchique, et celle de Daenerys, trotskiste, néoconservatrice.

« La Khaleesi, c'est l'allégorie de 1789. Les révolutions sont souvent lancées par les éléments les plus modérés. Daenerys n'est pas une anarchiste. Elle arrive avec des idéaux apportant de grands changements sociaux, puisqu'elle libère les esclaves et les prostituées et met fin aux tortures des maîtres, mais elle veut quand même rester reine. Elle fait la révolution, mais elle garde les structures étatiques. Reste qu'elle est la figure de la libératrice. Son discours devant les Immaculés (une armée de soldats esclaves) est incroyable : elle leur dit qu'elle ne pourra rien pour eux s'ils ne décident pas par eux-mêmes de se soulever. »

Alain Dontaine, professeur de science politique[4]

Pour y voir encore plus clair, convoquons les sages, ces philosophes dont les courants de pensée irriguent la série. Retour sur les principaux concepts qui correspondent au thème de l'exercice du pouvoir.

THOMAS HOBBES

NOTION DE SOUVERAINETÉ

Lord Baelish : « Voulez-vous être reine ? »
Margaery Tyrell : « Non, je veux être LA reine. »

C'est à l'exercice souverain de l'autorité politique que s'intéresse Hobbes, c'est-à-dire aux luttes des rois pour asseoir leur pouvoir face aux grandes familles et seigneurs locaux. Cersei Lannister,

4. Propos recueillis dans une interview accordée au site ledauphine.com op. cit.

reine en poste à la fin de la saison 7, rêve d'avoir les pleins pouvoirs et de jouir ainsi d'une puissance perpétuelle. Ce qui compte pour Cersei, comme cela comptait pour son père, c'est de s'imposer durablement, que des générations entières de Lannister conservent la main sur le Trône de Fer. Progressivement dans la série, on assiste à la sortie de la féodalité, système politique, économique et social médiéval où le pouvoir est exercé par l'aristocratie, vers un système qui privilégie la centralisation du pouvoir, sous la forme de la monarchie absolue à laquelle Cersei aspire. Le peuple, lui, s'en remet à l'État, ou plutôt, se soumet à son hégémonie. « La seule manière de s'attacher la fidélité des petites gens et de faire en sorte qu'ils te craignent plus qu'ils ne craignent l'ennemi, rappelle-toi de cela », dit Cersei Lannister à Sansa Stark (S. 2, Ép. 9).

Les valeurs de la famille Lannister (S. 4, Ép. 3)

Alors que le moment est au recueillement, devant le cadavre encore chaud de Joffrey sur lequel pleure sa mère dans le Septuaire où il repose, Tywin Lannister donne à Tommen, nouveau roi, un cours sur l'exercice du pouvoir. L'occasion de lui rappeler les fondamentaux. Extraits de l'échange.

Tywin : Qu'est-ce qu'un bon roi ? Quelle est la seule qualité qui importe vraiment pour faire un bon roi ?

Tommen : La vertu ?

Tywin : Hum. Baelor le Bienheureux était vertueux. Et pieux aussi. Il fit construire ce Septuaire. Il nomma d'ailleurs Grand Septon un garçon âgé de 6 ans parce qu'il le croyait capable de faire des miracles... Tout cela pour connaître une mort précoce en se laissant mourir de faim parce que la nourriture était chose terrestre et que toute chose terrestre était péché.

Tommen : Justice.

Tywin : En effet. Un bon roi doit être juste. Horis Ier était juste. Tous ont applaudi ses réformes, les gens du peuple comme l'aristocratie, mais il ne resta pas juste longtemps. Il fut assassiné dans son sommeil après moins d'un an de règne, et par son propre frère. [...]

Tommen : Qu'en est-il de la force ?

Tywin : Oui. La force. Le roi Robert avait de la force. Il a gagné la rébellion et écrasé la dynastie Targaryen. Puis, il se contenta d'assister à trois réunions du conseil restreint pendant 17 ans de règne. Il passa son temps à satisfaire ses goûts : les prostituées, la chasse et la boisson, jusqu'à ce que les deux derniers le tuent. Donc nous avons un homme qui se laisse mourir de faim, qui se laisse tuer par son propre frère, et un homme qui pense que vaincre et gouverner, c'est la même chose. Que leur manque-t-il à chacun ?

Tommen : La sagesse. La sagesse est ce qui fait un bon roi.

Tywin : Oui, mais qu'est-ce que la sagesse ? Une maison possédant grande fortune et terres fertiles te demande protection contre une autre maison qui, elle, est pourvue d'une flotte puissante qui pourrait se dresser contre toi. Comment sais-tu quelle est la plus sage décision à prendre ? Saurais-tu administrer les finances et l'approvisionnement ? Et les chantiers navals, et les soldats ?

Tommen : Non.

Tywin : Non, bien sûr que non. Un roi sage est conscient de ce qu'il sait et de ce qu'il ne sait pas. Tu es jeune. Un jeune roi sage écoute ses conseillers et prend en compte les avis qu'ils lui donnent, jusqu'à ce qu'il soit adulte. Et les plus sages d'entre les rois continuent à les écouter longtemps après. Ton frère n'était pas un roi sage. Il n'était pas non plus un bon roi. S'il l'avait été, peut-être serait-il encore en vie. Maintenant tu es roi, donc il te faudra te marier. Pour assurer la continuité de la lignée.

PIERRE BOURDIEU

NOTION DE STRATÉGIE

« Quand on joue au Jeu des Trônes, soit on gagne, soit on meurt. »

Cersei Lannister

Faisons simple. La stratégie, structurée par une série de règles ou de choix conscients guidés par un calcul rationnel, est bâtie dans un but clair : tirer le maximum de profit d'une situation. Ce n'est pas qu'un simple moyen d'action, c'est aussi, selon Bourdieu, un modèle de comportements. L'enjeu est de maintenir ou d'accroître son pouvoir, de garder ou d'améliorer sa position dans le rapport de force. La stratégie de la transmission des pouvoirs, la stratégie de la reproduction, la série baigne en plein dedans. Elle illustre en effet la lutte qui s'opère entre deux systèmes : celui qui fait valoir la famille, les liens du sang (modèle Lannister), et celui qui fait valoir la bureaucratie, la transmission sociale (modèle Daenerys Targaryen).

EMMANUEL KANT

NOTION DE MORALE DU DEVOIR

« Le pouvoir est chose étrange, mon seigneur. Les énigmes vous amusent-elles ? [...] Trois hommes importants se trouvent dans une pièce, un roi, un prêtre et un homme riche. Devant eux se tient un mercenaire de basse extraction. Chaque homme important lui demande de tuer les deux autres. Qui vit et qui meurt ? [...] Le pouvoir réside là où les hommes s'imaginent qu'il doit résider ; c'est un leurre, une ombre sur le mur, et un très petit homme projette quelquefois une très grande ombre. »

Lord Varys

Pour savoir si une décision est juste, Kant recommande de s'interroger sur les notions d'éthique et de morale. La morale se rapporte aux mœurs, l'éthique se définit comme une réflexion sur la morale. Le personnage qui s'interroge le plus sur la bonté et moralité de ses actions dans la série, c'est bien Jon Snow, héros pour qui les dilemmes s'accumulent saison après saison. Ce que fait Jon Snow la plupart du temps, c'est se conformer à son devoir – et par conséquent aux règles ou lois qui le déterminent. Mais, il est difficile pour lui de mettre tout à fait de côté ses désirs et inclinations. Lorsqu'il prend par exemple le parti des sauvageons, ennemis de la Garde de Nuit, et décide de les faire venir à Châteaunoir, Snow s'oppose au code établi par ses frères jurés de la Garde de Nuit, servant alors d'autres intérêts que ceux du groupe auquel il appartient. Illustration de la naissance du conflit kantien.

NICOLAS MACHIAVEL

NOTION DE POLITIQUE

« À chaque fois que je dois prendre une décision, je ferme les yeux et je vois la même image. À chaque fois que je réfléchis à une action, je m'interroge : contribuera-t-elle à faire de cette image une réalité ? À la faire émerger de mon esprit et s'inscrire dans le monde ? Je n'agis que si la réponse est oui. L'image me représente, assis sur le Trône de Fer, vous à mes côtés. »

Lord Baelish

Selon Machiavel, l'homme chercherait inlassablement à conquérir le monde. Il ne serait ni humaniste, ni sociable, mais plutôt égoïste et stratège. Stratège, parce qu'il s'agit avant tout de conserver le pouvoir. L'usage des vertus morales, non merci, Tywin a prévenu Tommen de leur réalité. Pour régner, tous les coups sont bons s'ils sont tactiques. Force, ruse, violence, dissimulation. Le mal est un instrument nécessaire à l'exercice de la politique, Dark Vador ne dirait pas non plus le contraire. Pour Machiavel, il n'y a pas de moralité dans l'exercice du pouvoir, ce sont deux notions antinomiques. Le chef d'État ne peut garder une morale fixe, elle dépend nécessairement de la tournure que prennent les événements – et le jeu politique est un terrain glissant, changeant. C'est bien ce qui différencie Kant de Machiavel, Kant plaçant les intentions au-dessus du résultat. « Notre alliance avec les Lannister demeure en tout point aussi nécessaire pour eux qu'elle n'est désagréable pour nous », dit lady Olenna Tyrell, donnant ici raison à Machiavel.

FRIEDRICH NIETZSCHE

NOTION D'ÉTHIQUE

« L'humanité aristocratique sent qu'elle détermine les valeurs, elle n'a pas besoin d'approbation, elle juge que ce qui lui nuit est nuisible en soi, elle sait que c'est elle qui confère de la dignité aux choses, elle est créatrice de valeurs[5]. »

Le terme « éthique » est utilisé pour qualifier des réflexions théoriques portant sur la valeur des pratiques et sur les conditions de ces pratiques. Selon Nietzsche, l'homme ne peut se référer à aucune transcendance, surtout pas Dieu – qui n'est qu'une superstition –, mais doit créer lui-même son propre système de valeurs. La seule mesure valable : la vie. Mais la vie, c'est aussi des pulsions de mort, des envies d'autodestruction. Les instincts morbides sont des obstacles concrets au bonheur : « La lutte pour la vie n'est qu'une exception, une restriction momentanée de la volonté de vivre ; la grande et la petite lutte tournent partout autour de la prépondérance, de la croissance, du développement et de la puissance, conformément à la volonté de puissance qui est précisément volonté de vie », lit-on dans *Le Gai savoir.* Dans la série, les héros cherchent leurs valeurs tant dans le « ciel des idées » que dans le ciel tout court – les divinités sont plurielles à Westeros et Essos, il y en a autant qu'il existe de croyances.

5. *Par-delà le bien et le mal.*

ET APRÈS ?

À la fin de la saison 7, le monde est divisé, fragmenté, et l'individualisme fait office de norme. On ne donne pas cher de la peau des libéraux. Les rapports de pouvoir sont scellés, comme les rapports que certains théoriciens établissent entre fiction et réalité : « La série, par son esthétique et sa violence désinhibée, par ses actrices à la plastique parfaite et ses fanatiques religieux, est bien destinée à un public actuel. Elle révèle les ressorts des liens de pouvoir qui, sous des parures commémorant un vague Moyen Âge plein de zombies et de dragons, sont certes immanents à l'histoire mais qui, surtout, décrivent notre présent d'où le formalisme de nos États de droit se retire de plus en plus et, pire encore, notre futur, lorsque la loi s'effondre à force de vouloir régler les cas individuels. La série raconte notre monde actuel : les États s'effilochent, le Moyen Âge revient avec les clans, le corporatisme, l'arbitraire... », écrit Olivier Meuwly dans *Le Temps*[6].

6. 16 juin 2015.

ENTRETIEN AVEC MARIANNE CHAILLAN

PROFESSEURE DE PHILOSOPHIE, AUTEURE DE L'ESSAI GAME OF THRONES, UNE MÉTAPHYSIQUE DES MEURTRES[7]

Pour commencer, qu'est-ce que la pop philosophie ?

La pop philosophie vise tout d'abord à montrer que la philosophie n'est pas seulement réservée à quelques intellectuels enfermés dans leur tour d'ivoire, s'exprimant dans un langage inaudible pour le commun des mortels sur des sujets coupés du réel. Au sens où elle est importante et essentielle, oui, la philosophie est sérieuse. Mais cela n'implique pas pour autant qu'elle doive exclure le jeu ou la joie. La dimension essentielle de la philosophie ne doit pas la conduire à vouloir le paraître, notamment à travers un lexique obscur réservé aux seuls initiés ou une gravité de composition qui serait un gage de respectabilité. Selon moi, le plaisir n'est pas l'ennemi de la philosophie ! On peut même opposer à l'esprit de sérieux un gai savoir ! Pourquoi la philosophie devrait-elle être austère ? On peut philosopher dans la joie. La pop philosophie vise, d'autre part, à promouvoir la culture populaire et à montrer que cette dernière pense, dans son langage, avec ses propres codes, certaines questions qui traversent les grands textes classiques. Or, cette culture populaire est souvent considérée comme une sous-culture.

En somme, la pop philosophie essaie de développer une pensée positive du divertissement. Chez les Grecs, le loisir (*scholè*, qui a donné tout de même le mot « école » !) désigne l'activité consacrée à la culture de l'âme, l'étude. Notre monde contemporain a totalement renversé le sens de ce mot puisque le loisir désigne désormais le temps des vacances,

7. Paru en 2016 (Le Passeur éditeur).

dédié aux jeux et aux divertissements ! Quel lycéen validerait l'idée que le temps passé sur les bancs de l'école peut être qualifié de loisir ? Justement la pop philosophie, telle que je la conçois et la pratique du moins, essaie de réconcilier ces deux sens du mot « loisir » en montrant qu'au cœur même de nos pratiques de divertissement, on trouve des occasions inattendues de cultiver son âme.

Y a-t-il une explication philosophique, ou du moins rationnelle, selon vous, au succès phénoménal de Game of Thrones ?

Le suspens absolu quant au devenir des personnages – susceptibles de mourir à chaque instant – et quant au fait de savoir qui va monter sur le Trône de Fer, est sans doute la raison première qui tient en haleine des millions de spectateurs à travers le temps, depuis maintenant sept saisons.
Mais ce suspens ne produirait sans doute pas cet effet quasi hypnotique s'il n'était nourri d'une réelle qualité réflexive qui est annoncée dès le générique. Inspiré de l'horlogerie et des machines de Léonard de Vinci, nous pouvons y observer l'édification de forteresses diverses en plusieurs lieux à la manière d'un jeu de construction. Les châteaux sortent de terre comme des mécanos, des machines, dont nous voyons les rouages apparents. Ce générique est parfaitement programmatique : il dévoile l'essence même de la saga qui va s'employer à voir, par-delà le chaos des affaires humaines, la rationalité à l'œuvre de façon souterraine. Dans cette série, il va s'agir d'exhiber les rouages des sociétés (rouages des affects, rouages des actions morales, rouages des actions politiques, etc.). Benioff, Weiss et Martin vont, comme Spinoza, traiter des affaires humaines comme s'il s'agissait « de courbes de lignes et de plan » et nous en dévoiler l'implacable rigueur. Amour, haine, colère, envie, vanité, nous rencontrerons tour à tour chacun de ces affects dans *Game of Thrones* sans que les personnages qui les éprouvent soient jugés. Régicide et frère incestueux, Jaime Lannister, par exemple, n'est pas condamné ou pointé du doigt comme sujet d'horreur. Nous

observons simplement, durant la saga, le déploiement d'un personnage que nous sommes amenés à comprendre plus qu'à juger.
Et force est de constater, en tout cas, que ce que nous promet Spinoza comme récompense à l'effort d'observer ainsi les affaires humaines est également la récompense du spectateur de *Game of Thrones* : « Et notre âme, en contemplant ces mouvements intérieurs, éprouve autant de joie qu'au spectacle des phénomènes qui charment les sens. »
Ainsi, le fait que le lecteur et/ou le spectateur soient soumis sans cesse à la mise à l'épreuve de leurs principes moraux ou de leurs choix politiques participe pleinement, selon moi, au succès des livres et de la série. Par exemple, nombreux sont ceux qui seront horrifiés d'abord par l'épisode des Noces Pourpres ou la tentative de meurtre sur Bran Stark. Ils se révèlent alors partisans d'une morale déontologique. Puis, ils découvrent qu'ils comprennent et justifient le désir de Robert Baratheon de tuer Daenerys et son enfant à naître pour éviter une future guerre ou encore ils justifient moralement le meurtre du Roi Fou par Jaime Lannister. De telles prises de position sont contradictoires. La série nous questionne : comment agirions-nous à la place de Jaime ou à celle de Jon Snow ? Que serions-nous prêts à faire pour conquérir le pouvoir ? Quelles vertus sont nécessaires à la prise du pouvoir ?

Dans votre livre, vous imaginez certains penseurs débattre de la série pour en déchiffrer son métalangage. Hobbes, Kant, Machiavel, etc. Pouvez-vous nous résumer certaines de leurs positions ?

Commençons par évoquer l'incroyable profondeur morale de la série. Cette dernière interroge, sans dogmatisme en effet, les principes qui doivent guider une action qui se veut vertueuse. Elle expose ainsi plusieurs façons de concevoir la morale.
Par exemple, nous avons l'incarnation d'une morale d'inspiration kantienne à travers le personnage de Ned Stark (qui est revenu, à travers des flash-back, dans les saisons 6 et 7). Dans le cadre de cette morale, c'est la maxime qui guide notre action qui signe ou non sa valeur morale.

Pour un kantien, le meurtre est moralement injustifiable et ceci, quelles que soient les circonstances. Tuer le Roi Fou est un meurtre dont on ne peut en aucune manière se glorifier.
Mais dans la série, nous trouvons aussi l'expression d'une morale conséquentialiste à travers certaines actions de Tywin Lannister. Il se justifie ainsi devant son fils Tyrion d'avoir tué les Stark lors des Noces Pourpres, au mépris des lois de l'hospitalité, en invoquant le fait que la mort de ces quelques personnes sauve la vie de dizaines de milliers de soldats sur les champs de bataille. Il évalue la valeur morale de l'action à ses conséquences. Puisque son action promeut le bonheur d'un plus grand nombre de personnes, elle n'est pas simplement utile, elle est morale.
Enfin, nous voyons des personnages inspirés par l'éthique minimale de Ruwen Ogien comme le personnage d'Oberyn Martell. Pour lui, le champ de la morale se limite à celui de notre rapport à autrui. Tout ce qui n'engage que nous (ou un autre adulte consentant) est exclu du domaine de la morale et ne saurait faire l'objet d'un jugement moral. Par exemple, les relations homosexuelles (entre Loras et Renly par exemple), l'amour entre Jaime et Cersei (à l'inverse des filles de Craster), la prostitution librement consentie de Ros (à l'inverse des jeunes filles de Braavos), le choix de mourir dans la dignité (comme Maester Luwin) ne doivent pas être blâmées. Il n'y a pas de crime sans victimes et le consentement annule le tort, si tort il y a.

La notion de souveraineté selon Hobbes est-elle une des dominantes de la série ?

La saga questionne en effet tout autant les vertus politiques que les vertus morales. Il semblerait même que la question autour de laquelle est construite la narration de *Game of Thrones* est la suivante : « Quelles sont les vertus du souverain ? » Et chaque impétrant incarne la mise à l'épreuve d'une vision de la souveraineté. On peut d'ailleurs remarquer que cette question est explicitement posée dans la série, lors d'un cours de philosophie politique administré par Tywin Lannister à son petit-fils Tommen devant la tombe de Joffrey. Ainsi, « qu'est-ce qu'un bon roi ? » est sans doute la question centrale de *Game of Thrones*. Les succès des

uns et les défaites des autres constitueront autant de réponses à cette question. Et la série *Game of Thrones* se dévoile ainsi comme un laboratoire de philosophie politique expérimentale.
Certains déplorent la violence présente dans la saga. Mais cette dernière n'est pas gratuite, elle est le corollaire d'une certaine vision de la nature humaine : celle de Thomas Hobbes. Si nous prenions un homme tout juste sorti de terre, « comme un potiron », cet homme serait-il, demande Hobbes, animé par une bonté innée ou par une sauvagerie intuitive ? S'il n'y avait aucune loi pour régir nos actions, manifesteraient-elles notre bonté ou notre méchanceté ? La réponse de Hobbes est sans appel : la nature humaine est fondamentalement marquée par la violence. L'homme est un loup pour l'homme. *Game of Thrones* a pour présupposé philosophique ce point de départ hobbesien : il y a une inimitié naturelle entre les hommes, chacun poursuivant sans cesse la réalisation de son plus grand profit et entretenant de ce fait avec tous les autres de purs rapports de force ou de puissance. En raison de cet état de guerre permanente de tous contre tous, chacun se trouve, à chaque instant, menacé de périr.
Mais au-delà de la morale et de la politique, *Game of Thrones* aborde également des questions de métaphysique. On se demande parfois si quelque chose survit à la mort du corps : c'est-à-dire que l'on s'interroge sur l'existence de l'âme. On se demande aussi si les hommes sont libres ou s'ils ne sont que les jouets d'une fortune qui les dépasse et si l'on peut, dès lors, leur imputer leurs actes. On se demande encore si Dieu (ou les dieux) existe(nt) et quel rôle il(s) joue(nt) dans la vie des hommes. On se questionne avec Arya et Brienne, par exemple, quant au fait de savoir si nous avons une essence fixe ou s'il nous appartient de construire notre identité – y compris dans notre genre sexuel. On se demande, enfin, aux côtés de Daenerys, par exemple, quelle valeur il convient d'accorder au réel et s'il ne faut pas préférer une illusion qui réconforte à une vérité qui dérange. Tout cela : l'âme, la liberté, Dieu, l'identité, le réel, ce sont des questions de métaphysique. Qui aurait cru que, en regardant une série télévisée, on soit amené à réfléchir à de telles choses ?

Qui sont les plus habiles tacticiens ? Qui va, selon vous, accéder au Trône (si on s'en tient aux stratégies des héros encore dans le jeu) ?

Lorsque j'ai écrit mon livre au terme de la saison 5, j'ai pronostiqué la résurrection de Jon Snow et l'accession au Trône de Cersei. Pour l'instant donc, tout va bien… Quant à savoir qui finira sur le Trône, on ne peut que spéculer à partir de cette interview donnée par Martin à *The Observer* en août 2015. Interrogé sur la fin de sa saga, il donne quelques clés : « Je n'ai pas encore écrit la fin de l'histoire donc je ne sais pas… Mais non, ce n'est certainement pas mon intention. J'ai déjà dit que je m'orientais vers une fin douce-amère. Tout le monde sait que Tolkien m'a énormément inspiré. J'adore la façon dont il a conclu *Le Seigneur des anneaux* : avec une victoire, mais une victoire au goût amer. Frodo ne sera plus jamais lui-même et il s'enfuit vers les Terres Éternelles. Quant aux autres, ils vivent leur vie. *The Scouring of the Shire* est une œuvre d'art que je n'ai pas comprise la première fois que je l'ai lue à 13 ans. J'étais là : "Mais qu'est-ce que ça fait là ? L'histoire est finie, là ?" Mais à chaque fois que je relis ce passage, j'en mesure sa splendeur. La seule chose que je peux dire c'est que c'est l'atmosphère vers laquelle je me dirige. Que j'y parvienne ou non, ce sera à mes lecteurs d'en juger. »
Compte tenu de ces indications, je pense qu'il faut exclure la victoire éclatante de Daenerys, de Tyrion ou de Jon Snow qui sont trois personnages très aimés du public. La fin serait alors trop heureuse ! Cersei étant détestée, cela ne devrait pas être elle non plus. Je parierai plutôt sur des personnages à l'évolution particulièrement intéressante comme Jaime Lannister ou Sansa Stark. Ou bien encore sur l'accession au Trône certes de Jon ou Daenerys mais sur une accession endeuillée par la perte de l'autre membre de ce nouveau couple de glace et de feu – cela serait bien une fin douce-amère. Je vois bien Jon ou Daenerys monter sur le Trône ayant payé le prix du sang de l'être aimé pour y parvenir.

Les Marcheurs Blancs incarnent la mort, le mal, la terreur, l'étranger. Quelle est leur fonction, philosophiquement parlant ?

Les Marcheurs Blancs, comme l'Hiver ou la mort ne cessent d'être annoncés depuis la saison 1. « *Winter is coming* », « *Valar Morghulis* », etc. Ces phrases scandent la série. Dans « *Winter is coming* », il y a une dimension tragique. L'hiver vient, et il viendra quoi que nous fassions. C'est que l'Hiver, on le sent bien, n'est pas seulement réductible à une saison climatique. L'Hiver qui vient, c'est une métaphore. Dire que « L'hiver arrive », c'est une promesse de désunion, c'est l'annonce de la perte, c'est la certitude du deuil. Cette phrase a le pouvoir mystérieux de faire apparaître les hommes comme des pantins qui s'agitent vainement tandis que les dés sont déjà jetés et que l'Histoire va manifester le déploiement d'une réalité déjà jouée – quoiqu'elle soit pour l'instant enveloppée et inconnue.

Au fond, « *Winter is coming* » est une variante de « Tous les hommes doivent mourir ». Mais cette phrase clé appelle à son tour à être interprétée. Et c'est, je crois, Petyr Baelish qui nous en donne le sens lorsqu'il dit : « Tout le monde finit par mourir un jour ou l'autre. Ne te préoccupe pas de ta mort, inquiète-toi de ta vie. Prends-en soin le temps que ça dure. » Certes, il y a bien des morts dans *Game of Thrones*, et chaque épisode semble vouloir nous rappeler l'absolue précarité de nos existences qui peuvent s'achever avant même que nous ayons pu accomplir ce que nous aurions souhaité réaliser. S'agit-il pour autant, face à cette pensée, de la prendre pour objet et de vivre sous son ombre inquiétante ou s'agit-il d'y voir une raison fondamentale et pressante de vivre ? *Game of Thrones* semble au contraire nous inviter à rejoindre celui que Spinoza appelle l'homme libre, c'est-à-dire celui qui ne vit pas dans la pensée inquiète de la mort, celui qui refuse cette passion aliénante qu'est la crainte et qui convertit son énergie et sa pensée vers ce qui est, vers la vie.

Les Marcheurs Blancs incarnent eux aussi également cette idée de la mort qui vient et de ce fait, leur venue invite les personnages à cesser leurs vaines luttes pour comprendre leur fraternité de futurs mourants et leur nécessité de combattre pour la vie.

2

GENRE(S), SEXUALITÉ(S) ET DIVERSITÉ
GUERRE DES REPRÉSENTATIONS

« Femme ? Est-ce censé m'insulter ? Je vous retournerais la gifle, si je vous prenais pour un homme. »

Daenerys Targaryen

Si la série déchaîne les passions, elle suscite également le débat. Les médias se font le relais des voix contestataires et des polémiques soulevées par cette œuvre de fiction qui aime les provoquer. La représentation du féminin, de la sexualité, de la violence et du viol est notamment au cœur des discussions les plus sensibles, celle de la diversité à l'écran aussi. Synthèse des points de tension.

PANORAMA DES PROFILS ET DES LUTTES

Suzeraines, esclaves, putains, mères, filles, épouses, guerrières, infirmières, nourrices, les femmes ont des profils et emplois multiples dans *Game of Thrones*. La série les présente sous toutes leurs facettes, des plus nobles aux plus obscures, des plus désespérées aux plus féroces, des plus influentes aux plus discrètes. Les intrigues qui concernent les principaux personnages féminins ne sont pas secondaires.

CERSEI ET DAENERYS, FEMMES D'ÉTAT

« Les femmes ont d'autres armes que les larmes. »

Cersei Lannister

La preuve par Cersei, assise sur le Trône de Fer, et par Daenerys, reine qui lui fait front. Deux femmes au pouvoir, quand les hommes, eux, ont glissé du siège qu'ils occupaient. Dans les dents, le patriarcat ! Mais, ces deux femmes au pouvoir sont aussi en guerre et leur comportement n'est pas si différent de celui des hommes autrefois à leur place. Deux genres – le féminin et le masculin – que le pouvoir uniformise, standardise. En effet, ce n'est pas tant la lutte des sexes qui intéresse HBO que les luttes de pouvoir, et ceux qui l'approchent de trop près dans la série perdent leur âme et leur nature. Face au pouvoir, le sexe plie si l'on suit le raisonnement des saisons. En revanche, pas les noms, pas les réputations. Cersei ne jouit pas du pouvoir parce qu'elle est une femme qui règne, elle en jouit parce qu'elle est une Lannister, exactement à la place où doit se trouver un ou une Lannister. En revanche, elle aime à rappeler qu'elle est une mère, composante capitale de son identité. Daenerys, elle, revendique davantage sa condition féminine, ayant une revanche manifeste à prendre sur les hommes qu'elle cherche d'une manière ou d'une autre à soumettre à son autorité. Les deux femmes se détestent et veulent se voir tomber, pourtant, il y a bien un instinct qui les lie : l'instinct maternel. Pour ses dragons, Daenerys est prête à tout. Pour l'enfant qu'elle porte à la fin de la saison 7, Cersei aussi.

LES FEMMES STARK, PUGNACES

Arya Stark n'est pas taillée pour l'image de princesse sophistiquée et apprêtée que son rang lui impose. Ce déguisement, elle n'en veut pas. Si elle adopte le look du garçon écuyer pour mieux passer incognito lors de ses états de fuite, la princesse a naturellement le goût du pantalon, plus pratique pour y glisser son épée Aiguille à la taille. La jeune fille projette, en apparence, une représentation du féminin moins stéréotypée. À travers elle, la féminité ne s'établit pas dans un simple rapport de sexes (son expérience chez les Sans-Visage lui a appris à voir les choses de manière moins binaire) : elle devient un ensemble de caractères plus complexes. Ce n'est plus le pouvoir qui est en jeu, mais le combat : celui d'une adolescente en colère contre un système qui lui a coûté la vie de son père, de sa mère et de deux de ses frères. Quant à Sansa, elle a souffert de sa grande beauté, qualité sur laquelle elle a exclusivement compté un temps. Dans la série, les belles ingénues, les hommes n'en font qu'une bouchée. Elles sont des proies faciles. Humiliations, mutilations, agressions, Sansa a tout connu. Le poids d'être une Stark. La peine d'être une femme dans un monde dominé par des hommes, ou des femmes qui jouent à en être. Quatre héroïnes donc pour lesquelles le mot féminin n'a pas la même valeur politique, mais quatre héroïnes qui ont toutes subi les monstres.

Ferme, volontaire, Catelyn Stark, épouse de Ned Stark, a marqué les esprits des spectateurs, jouant un rôle indispensable aux côtés de Robb, son fils aîné, dans la guerre qui l'opposait aux Lannister, assassins de son époux et geôliers de sa fille aînée. Face à l'affreux Frey, elle a résisté jusqu'à la dernière seconde. Son courage, ses filles l'ont toutes les deux en héritage. Sansa a mis du temps à comprendre les règles infâmes du jeu dans lequel elle a plongé. Son sursaut aura eu un impact fort : le retour en grâce des Stark après des années de débâcle (S. 7). Arya, la plus jeune, a, elle, toujours eu un caractère bien trempé et un aplomb qui déstabilise. Elle sait se battre, elle sait survivre en milieu hostile. Ses retrouvailles avec sa sœur intensifient la confiance qu'elle a en elle et en son nom (S. 7).

BRIENNE DE TORTH ET YARA GREYJOY, EN ARMURE

Brienne de Torth est la seule femme chevalier du royaume. Cheveux courts d'un blond blanc étonnant, armure mordorée portée avec dignité, elle mesure 1,91 mètre (taille de Gwendoline Christie, actrice qui l'incarne) et est justement à hauteur d'hommes. Dans la bataille, elle se démarque par sa rage, sa force, sa grâce, et lorsqu'elle combat, ses ennemis ne voient pas en elle une femme sur le terrain, mais bien un semblable – l'uniforme faisant le travail. Les attributs féminins que la série exhibe, Brienne les a remplacés par des attributs plus virils. Yara Greyjoy elle aussi porte l'armure, celle des Fer-nés. Contrairement à Sansa Stark ou Margaery Tyrell toujours bien coiffées, Yara est une princesse nature et avoir le cheveu gras est le cadet de ses soucis. Yara a choisi d'être l'égale des hommes plutôt que de leur être soumise. Elle se conduit comme ceux qu'elle connaît, même au bordel. C'est le seul personnage explicitement lesbien de la série. Il y a bien une forme de détermination féconde chez Yara, mais, comme pour Daenerys, c'est son rang et son nom qu'elle met en jeu lors de chaque représentation : Fer-nés et héritière du Trône de Sel. Greyjoy avant tout.

VICTIMES, OBJETS OU GUERRIÈRES ?

Si la place des femmes dans la série – à l'écran, dans la narration – est incontestable, il est intéressant de constater l'évolution de la représentation des principaux personnages féminins au fil des saisons. Avant d'être la Mère des Dragons et la femme la plus puissante d'Essos, Daenerys était le jouet de son frère puis l'épouse docile d'un sauvage. Son émancipation s'est faite dans le sang et la douleur – émancipation qui a aussi eu pour effet de rompre avec l'habitude prise par les scénaristes de dénuder constamment le personnage de Daenerys. Pour Sansa, la démarche est autre, même si les violences ont les mêmes conséquences. Son personnage est abusé à plusieurs reprises ce qui crée chez Sansa une forme de tétanie. En effet, la princesse met du temps à réagir à son enfer, investissant le rôle de victime que les hommes lui demandent de tenir, comme si le fait qu'elle soit une femme, belle de surcroît, méritait qu'elle subisse éternellement les flammes – impression laissée par le scénario de la série. Entre victimes et guerrières, la frontière est mince à Essos et Westeros.

Reflet déformant de la vie, le *show* met en scène les tabous et les plaies de notre époque (#MeToo), comme les comportements et imageries sexistes ou masochistes. Si la série se passe dans un temps imaginaire et révolu, elle n'a pas à chercher très loin les sujets qu'elle choisit de projeter dans sa dimension : des femmes objets, des femmes violées, des femmes soumises, mais aussi des femmes qui se rebellent et qui cessent de se comporter comme les hommes veulent qu'elles se comportent. Cependant, comment donner du crédit à l'émancipation des femmes dans cette série qui fait état d'un monde sévèrement masculin lorsqu'on sait qu'elle est écrite par des hommes (en majorité) ? Les fantasmes qu'ils ont de ce combat au féminin pour la libération ne dévoient-ils pas le sens de la représentation ? Si les auteurs ont revendiqué leur prise de liberté vis-à-vis de l'œuvre de Martin, pourquoi la rendent-ils parfois plus heurtante ou phallocrate qu'elle ne l'est déjà ? Les femmes ont du souci à se faire au royaume des Sept Couronnes. La violence – physique, sexuelle, psychologique – est un quotidien. Quid des conséquences de ces traumatismes sur les personnages, le récit, la dramaturgie ? Éléments de réponse.

« Les livres reflètent une société patriarcale basée sur le Moyen Âge. Le Moyen Âge n'était pas une époque connue pour l'égalité des sexes. [...] Et les gens avaient des idées bien établies sur le rôle des femmes. Une des charges retenues à l'encontre de Jeanne d'Arc était qu'elle portait des vêtements d'homme, ce qui n'était pas une mince affaire à l'époque[1]. »

G.R.R. Martin

UNE VÉRITÉ QUI DÉRANGE

Pavé dans la mare en 2014. Dans la saison 4, Jaime Lannister, repoussé par sa sœur dont il est éperdument amoureux, la soumet de force et la viole dans le sanctuaire où repose leur fils Joffrey. La scène choque. Elle irrite. Elle provoque. Dans le livre, G.R.R. Martin décrivait les ébats des jumeaux comme une scène d'amour. L'écran la montre autrement, comme une agression sans conséquence. C'est bien le « sans conséquence » qui pose ici problème. La polémique est alors lancée. G.R.R. Martin réplique aussi vite que son ombre : « Le viol et la violence sexuelle ont fait partie de chaque guerre combattue, depuis les Sumériens jusqu'à nos jours. Les omettre d'un récit centré sur la guerre et la puissance aurait été fondamentalement faux et malhonnête[2]. »

1. *Entertainment Weekly*, 3 juin 2015.
2. *Entertainment Weekly*, op. cit.

Daniel Mendelsohn, auteur de l'article intitulé « Les Femmes et le Trône[3] », a confié lors d'une interview donnée à lepoint.fr que la série était, selon lui, clairement féministe : « Les arcs narratifs les plus intéressants de *Game of Thrones* portent tous sur des femmes – Cersei Lannister, les filles Stark et surtout Daenerys Targaryen – qui, pour maintes raisons, doivent apprendre à survivre et à s'imposer dans un environnement macho et sexiste. Bien sûr que c'est du féminisme ! À quelques exceptions près, je trouve les personnages masculins ennuyeux et interchangeables ; les vraies vedettes sont les femmes. » L'éloge du féminin se ferait donc par le narratif dans la série.

Réplique de Danielle Henderson dans un article publié dans *The Guardian* le 29 avril 2014. Autre regard, autre perspective. Elle écrit que « pour chaque femme qui a de l'autorité, il y en a cinq autres qui sont dénigrées, et la plupart des femmes arrivent au pouvoir par l'humiliation physique et émotionnelle (Daenerys) ou par un détachement de la réalité (Cersei) ». Malaise dans la représentation.

Revenons alors sur l'épisode 6 de la saison 5. Ramsay Bolton, alors marié à Sansa, viole son épouse. Le sadisme est à son comble lorsque Ramsay ordonne à Theon Greyjoy, cousin de Sansa, d'assister à la nuit de noces. G.R.R. Martin n'échappe pas à la controverse suscitée par cette séquence-là encore – le public inter-agissant avec la série à tous les niveaux. Dans les livres, cette scène de viol n'existe pas là non plus. Une invention de la série à laquelle il est de plus en plus reproché de faire du viol un gimmick narratif. Le systématisme est en effet inquiétant. Martin répond : « L'écrit et la télévision ont des forces différentes, des faiblesses différentes, des besoins différents. [...] Ils (les créateurs) essayent de faire la meilleure série possible. De mon côté, je fais de mon mieux pour écrire les meilleurs romans. Et oui, de plus en plus, nos routes se séparent [...] mais nous faisons tous en sorte qu'elles se retrouvent

3. Paru le 7 novembre 2013 et publié en anglais sur le site de *The New York Review of Books*.

à la fin[4]. » Le romancier échappe à la profondeur de la question, préférant rester sur le terrain du politiquement correct.

Extraits du texte de Danielle Henderson

« Quelle débauche de misogynie et de racisme sommes-nous censés encaisser au nom du divertissement ? Et que devons-nous penser du fait que ces systèmes d'oppression ne sont plus seulement inventés par l'auteur, mais aussi encouragés par les cadres d'une chaîne télévisée qui cherchent à renforcer la portée dramatique de l'histoire ?

[...] Je suis excédée par cette technique narrative qui fait systématiquement triompher les hommes au détriment des femmes. C'est non seulement ennuyeux, mais aussi un peu trop proche de la réalité à laquelle je suis confrontée en tant que femme et personne de couleur. Je ne peux pas cautionner ces séries et faire abstraction de ce qu'elles véhiculent alors que le monde de la télévision demeure inaccessible aux personnes issues de minorités, et qu'il refuse de traiter les thèmes qui les touchent. Il ne s'agit pas de priver tous les bons scénarios d'aspects polémiques ou de les rendre parfaitement équitables et justes. Juste de s'assurer qu'une série ne repose pas entièrement sur une trame profondément violente et misogyne.

[...] Les fans s'empressent de défendre le sexisme dans les livres, mais depuis quelque temps, les choix artistiques de la série télévisée s'éloignent des œuvres de George R.R. Martin, au point que tout le monde commence à se poser des questions.

[...] Dans le quatrième épisode, *"Oathkeeper"* [Féale], les responsables de la série se sont une nouvelle fois affranchis du texte d'origine – et ce de façon de plus en plus dérangeante – avec le viol des filles de Craster par les insurgés de la Garde de Nuit. »

The Guardian

4. Propos recueillis dans un article de lexpress.fr publié en mai 2015.

PAROLE D'EMILIA CLARKE

L'actrice anglaise qui campe Daenerys Targaryen a tenu elle aussi à faire entendre sa voix. Elle dit à *Entertainment Weekly*: « Il y a tellement de controverses. C'est ça qui est beau avec *Game of Thrones*: cette façon de montrer des femmes dans tellement de phases d'évolution différentes. Il y a des femmes qui sont présentées comme des objets sexuels, des femmes qui n'ont aucun droit, des femmes qui sont des reines mais seulement aux yeux d'un seul homme et des femmes qui sont littéralement impossibles à arrêter et aussi puissantes que vous pouvez l'imaginer. »

CINQ QUESTIONS À **IRIS BREY**

AUTEURE DE SEX AND THE SERIES, SEXUALITÉS FÉMININES, UNE RÉVOLUTION TÉLÉVISUELLE[5]

Pour certaines et certains, *GOT* est sexiste (objectivation des femmes), pour d'autres, c'est une série féministe (élévation des femmes). Quel est votre point de vue sur la question ?

Pour ma part, je trouve la série plus sexiste que féministe. Je ne pense pas que le fait de représenter des femmes fortes soit une forme de féminisme. Une série est féministe dès lors qu'on s'interroge sur les stéréotypes de genre qu'on véhicule. Ce qui me pose problème avec *Game of Thrones*, c'est d'abord la manière dont on a éliminé les femmes de la création. Il n'y a que quatre épisodes écrits par des femmes et quatre autres réalisés par une femme, une seule. Ça représente seulement 5,4 % en termes de création féminine, ce qui est assez choquant pour l'une des séries les plus regardées dans le monde. Ça m'interroge vraiment sur les personnes qui chapeautent cette série. Pourquoi ne veulent-ils pas travailler avec des femmes ? Et pourquoi est-ce que la création de ces femmes – que ce soit à l'écriture ou la réalisation – ne les intéresse pas ? 5,4 % de femmes encore une fois. C'est quand même qu'il y a un problème ! Quand on est une des séries qui marchent le mieux au monde, il faut absolument chercher à savoir et comprendre qui fait partie de l'équipe de création. Sinon, ça devient incestueux, d'ailleurs, ça l'est. Quant aux personnages féminins, ils sont certes complexes, mais le traitement de ces personnages, sur la durée sérielle, pèche selon moi. Le fait qu'un personnage féminin soit

5. Éd. Libellus, 2016.

violé et que cela n'ait aucune incidence sur son identité, son rapport au monde, son rapport à sa famille, aux hommes, je ne le comprends pas…

C'est le cas de Sansa par exemple ?

Oui. On a vraiment l'impression que le viol de Sansa est là gratuitement, et je trouve ça extrêmement problématique. Suite à ce viol et aux réactions sur les réseaux sociaux, l'un des réalisateurs a pris la parole pour dire que les scénarios des prochaines saisons allaient être remaniés et on constate en effet que, depuis deux saisons, il n'y a pas d'héroïne qui se fait violer. Miracle ! Ça veut peut-être aussi dire que le public a un poids. C'est quelque chose de nouveau et de très intéressant je trouve. Mais le fait que trois des personnages féminins principaux soient violées, alors que ce n'est pas dans les livres, c'est assez révélateur…

L'écran se permet ce que l'écrit s'interdit, et finit selon vous par créer une forme d'« érotisation » du viol ?

Oui, et ça veut dire beaucoup de choses. Déjà, ça signifie que les cerveaux du *show* n'ont pas réfléchi aux conséquences de ces viols sur ces personnages féminins, qu'ils les utilisent pour faire de l'audimat, et surtout qu'ils utilisent ces violences pour en faire des scènes de sexe. En ce qui concerne la scène de viol entre Jaime et Cersei devant la sépulture de leur fils, lorsqu'on lit les interviews de l'acteur qui joue Jaime, à la question « S'agit-il d'un viol ? », il répond oui et non. Quant au réalisateur, il explique qu'au début de la scène, il y a un consentement de la part de Cersei, consentement sur lequel elle revient ensuite. Quand une femme dit « non » de manière répétée et qu'elle est tout de même agressée, ça s'appelle un viol. Donc je trouve ça navrant que les personnes qui jouent et tournent ces scènes n'aient pas conscience qu'il s'agit clairement ici d'un viol. Ce simple fait-là fait de *Game of Thrones* une série extrêmement problématique et qui, pour moi, ne peut pas être une série féministe. Il y a une forme de non-conscience de perpétuer cette culture du viol à travers la fiction. Ce qui me dérange, c'est l'érotisation de ces scènes. Si c'était un geste conscient, si on avait décidé de représenter le viol à travers le regard du personnage masculin qui prend du plaisir à violer une femme, mais d'écrire et de filmer en ayant conscience qu'il s'agit là d'une violence, alors oui, d'accord. Mais le fait qu'on filme le viol en ne comprenant pas ce qu'on est en train de filmer, qu'il n'y ait aucun discours intellectuel autour de ça, je trouve ça choquant.

G.R.R. Martin rappelle toujours le contexte dans lequel se déroule la série. A-t-il une incidence sur ces questions de la représentation ?

Le viol existe depuis toujours ! Et ce n'est pas parce qu'on fait une fiction qui se passe dans un autre monde qu'on doit faire abstraction des questions essentielles. Ce ne sont pas des robots qui sont à l'écran, mais des humains. Des femmes qui ont des vies, dont on suit la trajectoire. Donc le contexte pseudo-médiéval-fantastique n'excuse rien. Encore une fois, ce n'est pas le problème de représenter les viols. Représentons-les. Mais faisons-le de manière consciente. Dans toutes les scènes de viols de la série, la caméra est du côté de l'homme. On n'est jamais dans l'expérience féminine. On est dans la banalisation d'un crime, la banalisation de l'idée que les femmes sont des objets. Le viol de Daenerys dans la saison 1 prouve l'état d'inconscience de ceux qui font le *show* puisque, à la fin de la séquence, Daenerys sourit ! Pour le viol de Cersei, l'image est maligne puisqu'on doute de ce qu'on voit. Quant au viol de Sansa, il est vu à travers les yeux d'un tiers. On est à chaque fois dans des situations de mise en scène qui érotisent le viol, comme si c'était un acte sexuel banal. Non, c'est une agression sexuelle, et le viol devrait être représenté comme cela. On devrait nous expliquer les conséquences sur la psyché du personnage. En voir les conséquences dans la narration. Ce n'est pas le cas. On ne peut pas faire ça pour faire de l'audimat, c'est dégueulasse.

Le personnage d'Arya n'a pas le même destin que sa sœur. Sa « virilité » y joue-t-elle un rôle ?

On met le doigt sur quelque chose d'important ici. En réalité, les femmes qui ne se font pas violer dans *Game of Thrones* sont celles qui ont adopté des traits masculins, comme Arya, comme Brienne. Donc ça veut dire quoi ? Que si on est trop féminine on risque de se faire violer ? C'est dingue qu'on en vienne à se poser ces questions-là dans cette série. Si le contexte est si important pour justifier les viols, alors pourquoi les femmes plus masculines réchappent-elles aux violences et agressions ? Ça n'a aucun sens ! Je pense aussi qu'Arya est perçue comme une enfant – c'est comme ça que le spectateur l'a connue d'abord. Il s'est attaché à un personnage de petite fille dont l'entrée dans l'adolescence se fait à travers le prisme masculin. Elle décide de prendre les armes comme ses frères et de ne pas utiliser la politique mais la violence, la force. C'est l'inconscient des créateurs qui parle certainement : les femmes dites féminines, ou désirables, sont punies dans cette série, et celles qui sont considérées comme n'étant pas désirables sont les plus masculines. Ça renforce les stéréotypes de genre, ça n'évolue pas en dehors des cases binaires ni des représentations des sexualités. C'est fou qu'une série de fiction en 2017 soit aussi sectaire, alors qu'elle est, qu'elle le veuille ou non, un outil politique à sa manière. Le minimum que les *showrunners* puissent faire, c'est d'arrêter les viols des personnages féminins principaux s'ils ne réfléchissent pas à la manière dont ils les filment et aux conséquences narratives qu'ils déclenchent, mais c'est aussi s'entourer de femmes au niveau de la création au lieu de favoriser les inégalités.

DU CUIR, OUI, MAIS DU QUEER ALORS ?

Quelques éclairages apportés par les spécialistes et les sites LGBT+ sur la question des représentations des personnages bi et gay dans la série, mais aussi sur la domination des schémas patriarcaux et des normes hétéros.

FRANCK FINANCE-MADUREIRA, PRÉSIDENT DE LA QUEER PALM

Queer (nom masc. et adj.)

« "Tordu", "déviant" ou encore "bizarre" sont les traductions communément admises du terme anglais *queer* dans sa signification historique. Au fil des années le mot est devenu une insulte à destination des personnes lesbiennes, gays, bisexuelles ou transgenres. Mais c'était sans compter sur l'émergence des luttes de la communauté LGBT et l'auto appropriation de ce terme dans la période post-Stonewall. Les émeutes opposant les clients du bar Stonewall Inn aux policiers harceleurs à New York en juin 1969, et célébrées chaque année dans de nombreuses villes lors de la Gay Pride sont le déclencheur du militantisme LGBT. Dès les années 1970, les gays, les lesbiennes, les bi, les personnes trans et tous ceux et celles qui souhaitaient lutter contre les normes hétéros se revendiquent *queer*. C'est à la fin des années 1980 que la théorie *queer* va émerger grâce aux travaux de le philosophe américain Judith Butler qui s'appuie sur la *French Theory* et plus particulièrement sur les écrits de Michel Foucault. Analyser une œuvre sous le prisme du *queer*, c'est poser un regard sur tout ce qui déconstruit les genres, les sexualités, les normes et, dans une acception plus politique, les rapports dominés-dominants, majorité-minorités, le patriarcat et, même le capitalisme. »

TYLER COATES

Selon le site Flavorwire, GOT *serait le* show *« le plus* queer *de la télévision », osant le décloisonnement des genres.*

« Les femmes dans *Game of Thrones* sont les personnages les plus intéressants : elles sont les plus exposées, pas seulement entre les mains de leurs ennemis mais également entre celles des personnes aimées. Elles doivent trouver des moyens novateurs pour survivre. Dans le cas d'Arya Stark, de Brienne de Torth et de Yara Greyjoy, cela implique d'assumer des attributs masculins. [...] Pendant que ces femmes font exploser les stéréotypes de genre auxquels elles sont censées se conformer, la série regorge de personnages masculins qui représentent la sexualité *queer*, que ce soit ouvertement ou en secret. L'exemple le plus récent et le plus radical est celui d'Oberyn Martell, prince bisexuel, un profil rarissime dans l'univers grand public de la télévision américaine. Son identité culturelle lui permet de vivre sa sexualité sans honte ni peur d'être jugé. La sexualité débordante de ce personnage, affichée avec ferveur par le comédien Pedro Pascal, est à la fois excessive et complètement crédible – grâce à l'interprétation de Pascal mais également à l'importance de l'écriture dans la série. (Ce personnage a même donné lieu à d'hilarants échanges entre hommes hétérosexuels sur le site Reddit – et je pèse mes mots – qui questionnaient leur sexualité après avoir développé des sentiments pour Oberyn.) [...] Il s'agit là d'une représentation honnête de la vie des personnes *queer*, de sa complexité et de la variété des identités. Le fait de voir évoluer des personnages *queer* si différents chaque samedi soir, dans ce que HBO vient de proclamer sa série la plus populaire de tous les temps, n'est pas seulement un plaisir pour spectateur *queer* – c'est aussi une étape majeure. »

SKYLAR BAKER-JORDAN

Voix contestataire du côté du magazine Independent UK…

« Aucun des personnages lesbiens, gays ou bisexuels que nous avons recensés n'est un personnage principal. Ils ne sont que des seconds couteaux qui servent majoritairement à alimenter les histoires les plus importantes, celles des personnages principaux et hétéros. Quand les amours entre personnes de même sexe sont montrées, le tout est souvent présenté comme quelque chose de décadent ou comme l'acte de personnes faibles – la bisexualité d'Oberyn, par exemple, est considérée comme une excentricité de Dornien plus que comme une sexualité à part entière. Il est présenté comme un dandy immoral mais jamais nous ne l'avons vu développer de relations significatives avec des hommes. Alors que sa relation avec Ellaria, elle, existe vraiment. »

BRIAN MOYLAN

Sur vulture.com, on s'interroge sur la manière de plus en plus violente dont sont tués les personnages ouvertement gays du show *(une réalité aux États-Unis depuis l'élection de Donald Trump – les crimes contre les homosexuels et les personnes transgenres ne cessent de croître. Une réalité que la France en 2018 connaît aussi).*

« La mort de Loras Tyrell – 15 minutes seulement après le début de l'épisode – a été une immense déception pour les fans gays. Non seulement il a été tué quand le feu grégeois de Cersei a explosé sous le Septuaire de Baelor mais, avant de mourir, il a été forcé plus tôt à renier son orientation sexuelle ainsi que l'homme qu'il aimait vraiment. “J'ai couché avec d'autres hommes dont le traître Renly Baratheon. Je suis coupable de dépravation, de malhonnêteté, de débauche et d'arrogance”, dit-il. L'étoile à sept branches (marque des moineaux) lui est alors gravée sur le front en signe de son renoncement à ses “perversions”. » Glauque.

UNE SÉRIE TROP BLANCHE ?

L'époque dans laquelle nous sommes, les créateurs de la série ne peuvent pas la nier. Si les récits qu'ils projettent sont imaginaires et moyenâgeux, ceux qui regardent le *show* vivent une réalité concrète. À l'écran, un nouveau problème se pose, celui de la diversité. Il suffit d'avoir des yeux pour le vérifier, la série est composée en majorité de personnages blancs. John Boyega, Finn dans la saga *Star Wars*, a confié au magazine GQ, lors de la promotion de l'*Épisode VIII* (2017), qu'il déplorait l'absence d'acteurs de couleur dans la série la plus regardée de tous les temps. En effet, les personnages racisés se comptent sur les doigts d'une main dans *Game of Thrones* et sont cantonnés la plupart du temps au second plan. Le sursaut opère véritablement dans la saison 7 où Missandei et Ver Gris qui ne sont ni souverains ni Blancs mais démocrates et métis ont une séquence de premier plan qui les met en scène. Critiqué dès la saison 2 pour le manque de diversité à l'écran, le *show* répare une première fois sa bévue en faisant entrer dans la danse dès la saison 4 Oberyn Martell, interprété par Pedro Pascal, acteur chilien. Mais, si l'on note quelques efforts accomplis, les disparités sont encore sonnantes. Sur son blog, lors de la diffusion de la saison 3, G.R.R. Martin, à qui l'on faisait remarquer les différences entre ses romans et leur adaptation télévisuelle répondait :

« C'est vrai que nous avons perdu des personnages noirs du roman comme Chataya et Alayaya, Jalabhar Xho, Strong Belwas, ect. Mais, en contrepartie, des personnages comme Salladhor Saan et Xaro Xhoan Daxos, tous les deux blancs dans les livres, sont joués par des acteurs noirs. »

À ce propos, en 2016, c'est le chanteur du groupe Black Eyed Peas, Will.i.am, fan de *Game of Thrones*, qui à son tour se chagrine de voir si peu d'acteurs noirs dans la série. Là encore, Martin réplique sur son blog : « Je pense que HBO, David et Dan font de leur mieux pour promouvoir la diversité… » Une réponse qui ne convainc guère l'acteur David Oyelowo, nommé aux Golden Globes en 2015 pour sa prestation dans *Selma*. « Il n'y a aucune excuse pour qu'un monde imaginaire tel que celui de Westeros n'utilise des personnages de couleur que pour des seconds rôles sans importance », s'est expliqué l'acteur britannique dans un entretien accordé au site RadioTimes.

TROIS QUESTIONS À CLAIRE DIAO,

MEMBRE DE LA FÉDÉRATION AFRICAINE DES CRITIQUES DE CINÉMA (FACC) ET COFONDATRICE DE LA REVUE AWOTÉLÉ

Plusieurs acteurs noirs américains comme John Boyega ont exprimé leur regret de ne voir quasiment que des Blancs à l'écran dans *GOT*. Est-ce qu'il n'était pas du devoir de cette série phénomène de montrer l'exemple ? Essos et Westeros sont des continents fictifs, il ne serait pas fou d'imaginer des personnages aux origines diverses et aux couleurs de peau différentes ? Où vous situez-vous dans ce débat ?

Je suis d'accord avec ce point de vue. Les royaumes et continents étant fictifs, il est possible d'imaginer des personnages non blancs. Pour moi, c'était déjà le cas avec Khal Drogo et l'assimilation de Daenerys au clan des Dothraki. Ou comment la peur et la méfiance, voire le rejet, se transformaient progressivement en amour et en respect et donnaient davantage de puissance à Daenerys. Les scénaristes se cachent souvent derrière le rempart de l'adaptation du livre *Le Trône de Fer* de George R.R. Martin. Si l'on fait attention à la date de publication des différents volets de cette saga, elle date de 1996. N'y avait-il pas de Noirs, aux États-Unis, en 1996 ? Qui a dit qu'une adaptation littéraire devait être en tout point de vue fidèle au roman dont elle s'inspire ? C'est aux qualités et traits d'un personnage qu'on s'intéresse, pas à sa couleur de peau. L'imaginaire du passé occidental s'affranchit-il à ce point des Noirs ? Le problème de tout cela est que ce monde est autocentré et ne raconte le monde et son Histoire qu'à travers ses propres yeux, oubliant des pans historiques et occultant des actions menées par les Noirs. On ne parle jamais du fait que l'armée américaine a demandé aux Afro-Américains de ne pas défiler sur les Champs-Élysées au sortir de la Seconde Guerre mondiale. On oublie souvent que les tirailleurs sénégalais, envoyés au front par l'armée française, étaient considérés comme « honte noire » par les Allemands. Et lorsque l'on parle de la Charte des droits de l'homme française de 1789, il n'y a jamais personne pour rappeler qu'en 1222, la Charte du mandé au Mali proposait l'égalité entre les citoyens du royaume dirigé par Soundjata Keïta. Soit cinq siècles avant que l'Europe ne se penche sur la question ! Il est bon de raconter l'histoire des Noirs à travers le monde, mais je pense que le monde serait plus incluant et ouvert s'il intégrait, dans ses histoires, des personnages noirs sans que la couleur soit un véritable sujet.

Ce qu'il est intéressant de constater, c'est que les scénaristes de la série réagissent aux polémiques nées sur la toile et il arrive qu'ils réadaptent le tir à la saison suivante. Depuis la saison 7, Ver Gris et Missandei ont par exemple une place plus importante dans le champ et les intrigues. Est-ce que ce type de sursaut est positif selon vous ? Suffisant ?

Ce qui est dommage dans *Game of Thrones*, c'est que les Noirs sont essentiellement représentés en esclaves ou servants et qu'on ne sort donc pas de l'imaginaire dans lequel les corps Noirs ont été emprisonnés depuis des siècles. Rien n'empêcherait l'un des royaumes d'être noir et d'avoir des esclaves blancs - sauf, peut-être, l'imaginaire des scénaristes... Cette problématique n'est pas propre à cette série, elle se retrouve au cinéma, à une échelle mondiale. Proposer un rôle à un acteur noir revient à écrire dans le scénario que le personnage est noir, donc à justifier sa couleur. Or, avant d'être Noir, un acteur est un acteur. Apte à jouer une multitude de rôles. Cela frustre beaucoup de comédiens (cf. le brillant documentaire *La Mort de Danton* d'Alice Diop et les témoignages d'actrices françaises dans l'ouvrage *Noire n'est pas mon métier*), mais j'ai bon espoir qu'avec la nouvelle génération de cinéastes grandis dans des milieux interculturels, cette problématique s'atténuera avec le temps.

Plus globalement, quelles sont les raisons pour lesquelles vous aimez cette série ?

Je suis bon public et je peux passer des nuits blanches sous ma couette en regardant *Game of Thrones* ! C'est une série que j'aime regarder l'hiver, parce que John Snow circule avec son grand manteau noir dans la neige (*rires*). C'est une histoire à tiroirs foisonnante, on ne sait plus qui s'appelle comment, où sont réellement les différents royaumes sur la carte mais comme tout le monde tue tout le monde, espionne, humilie, aime, etc. Nous sommes au cœur de la quintessence humaine ! Gentils, méchants, poltrons, courageux, etc. La série offre également de très beaux rôles féminins et peut tenir beaucoup de gens en haleine. À défaut de proposer davantage de rôles aux personnages non Blancs, *Game of Thrones* a quelque chose d'universel. C'est en cela qu'elle rencontre un grand succès. Et c'est en cela que les scénaristes pourraient réajuster le tir pour justement permettre à des acteurs non blancs de s'inscrire dans cette universalité.

POUR CONCLURE

Ces différentes mises en perspective illustrent bien toute la complexité de ce *show* télévisuel et des interprétations qui en découlent. *Game of Thrones* fait presque couler autant d'encre que l'actualité qui, d'une manière ou d'une autre, se retrouve cernée à Essos et Westeros où les motifs de l'histoire se répètent, où les Weinstein, les Trump et d'autres loups encore courent le pavé. La série, contrairement à la magie, n'est ni toute noire ni toute blanche. Elle est ambiguë, polysémique, plurivoque et ce qui la rend passionnante, ce sont bien les réflexions et examens de conscience qu'elle inspire, tant sur le plan sociologique que philosophique ou cinématographique, par-delà ses enjeux guerriers.

3

ANECDOTES ET SECRETS DE COULISSES

12 INFOS UTILES (OU PAS)

« Au revoir, Belfast. Au revoir Arya.
Au revoir Game of Thrones. *Quelle joie ça a été.*
À de futures nouvelles aventures. »

Maisie Williams[1]

1. Sur son compte Twitter à la fin du tournage de la saison 8.

S'il n'est pas tout à fait permis de rire dans *Game of Thrones,* certaines anecdotes liées au tournage de la série, certaines expertises et réactions qui s'en dégagent ont tout de même un caractère amusant. En voici quelques-unes qui valent leur pesant de cacahuètes. À picorer, comme à l'apéro.

1

INTELLIGENCE ARTIFICIELLE

C'est le site *kobini.com* qui relaie l'information : une intelligence artificielle aurait tenté d'écrire le prochain livre de la saga *GOT.* Alors que ce sixième tome tarde à arriver, Zack Thoutt a pris les devants et a donc décidé de créer un programme d'intelligence artificielle capable d'imaginer le sixième livre du *Trône de Fer, The Winds of Winter.* De quoi mettre la pression à G.R.R. Martin.

2

VOIR OU NE PAS VOIR GOT, TELLE EST LA QUESTION

Pour la plupart des gens qui ne regardent pas la série, c'est un choix. Un refus net et franc à l'injonction sociale. Sur certains forums, la question revient souvent : « Je n'aime pas *Game of Thrones*, suis-je normal ? » Paroles de non-fans recueillies dans la presse :

« 80 % de mes amis regardent *Game of Thrones.* Et ceux qui résistent encore sont presque obligés de s'y mettre, car ils se sentent complètement exclus de nos conversations[2] » : Léa, 18 ans.

Témoignage de Michelle Ruiz dans *Vogue* : « Je n'ai jamais vu un épisode de *Game of Thrones*, et je ne le ferai probablement jamais[3]. »

« Je ne regarde pas *GOT.* Au grand désespoir de mes proches, je n'ai jamais vu une seule minute du *show.* Pour moi, c'est un peu *Star Trek* qui atterrirait à Poudlard où s'ensuivraient des

2. *La Croix*, 2014.
3. Publié le 21 août 2017.

morts horribles et des actes sexuels pervers. Pendant longtemps, cela a fait de moi un paria de la culture pop. [...] La montée en puissance, lente mais déterminée, d'une courageuse résistance à *Game of Thrones* a réduit ma honte de ne pas regarder le *show*. [...] Je dois bien avouer qu'en ce moment, j'ai plutôt envie de regarder des choses drôles et lumineuses à la TV, et je ne suis pas sûr que *GOT* soit le genre d'échappatoire dont j'ai besoin. Des torches, de la violence, des foules en colère et un leader complètement fou ? C'est déjà sur CNN. »

Dans *20 Minutes* paraissait en mai 2015 l'article intitulé « Fichez-nous la paix avec *Game of Thrones* ». La journaliste Anaëlle Grondin donnait la parole à ceux qui en avaient marre d'entendre parler du *show*, tout le temps, partout. « Il ne se passe pas un seul jour sans que je tombe sur Facebook sur un article à propos de *GOT*. Relou ! Le matraquage médiatique ne me donne pas envie de regarder », explique Thomas, 31 ans, chauffeur-livreur dans le Maine-et-Loire. En revanche, Julie, 24 ans, internaute, a changé d'avis : « Je ne voulais pas la regarder et au bout d'un moment je me suis dit "il y a tellement de personnes qui en parlent, il faut voir ce que ça donne !" J'ai regardé le premier épisode depuis je suis accro. J'en suis à la saison 4 en même pas 15 jours ! »

3

L'INFOGRAPHIE QUI TUE

Il s'appelle Luuk Van Hoomissen et ne jure que par *GOT*. Ce fan de tous les instants a décidé de répertorier les différents meurtres des personnages de la série (noms, comment ils sont morts, à quelle maison ils appartenaient, etc.) et de les compiler dans une infographie. Indicateurs, camemberts, graphiques en tout genre, voilà comment se présente l'étude. À noter que ces calculs et statistiques ne concernent que les personnages qui portent un nom dans la série.

Cette infographie démontre que Jon Snow est l'individu le plus meurtrier, mais les Lannister sont collectivement responsables du plus grand nombre de morts.

Des 215 personnages qui sont apparus dans la série, 137 sont désormais décédés. La mort par poignard est la plus commune, suivie de près par la décapitation. On comptabilise en moyenne 1 350 morts par saison, 150 966 au total (approximativement). Au Comic Con 2014, une vidéo montée par HBO rendant hommage à tous les morts de la série a été diffusée.

À noter qu'un algorithme mis au point par Milan Janosov, docteur en philosophie, annonçait début juillet 2017 la mort imminente de Daenerys Targaryen dans la saison 7. Prévisions loupées.

4

HARRY LLOYD, TWIST AGAIN

Il joue Viserys Targaryen dans la série, appartenant à une lignée royale. Dans la vraie vie, l'arbre généalogique de Harry Lloyd est presque aussi glorieux : il est l'arrière-arrière-petit-fils du grand Charles Dickens, auteur d'*Oliver Twist*.

5

PRÉNOM POPULAIRE

En 2012, dans le monde, plus de 150 bébés ont été appelés Khaleesi, ce qui signifie reine en dothraki. En France, on en compte 45 depuis 2015, et aux États-Unis, Khaleesi fait partie des 100 prénoms les plus populaires. De quoi faire réagir l'interprète de la Mère des Dragons : « C'est n'importe quoi ! Vous allez lui donner quoi comme surnom ? Vraiment, pensez-y. C'est un prénom qui n'est pas facile à prononcer », a confié Emilia Clarke à la BBC.

6

NOS AMIES LES BÊTES

Sophie Turner, qui interprète Sansa Stark, a adopté le chien qui jouait son loup. Elle l'a surnommé Zunni et est très complice avec sa (grande) boule de poils.

7

IMAX

Le 23 janvier 2015, *Game of Thrones* est devenue la première série à être diffusée en IMAX : pendant une semaine, deux épisodes de la saison 4, remastérisés pour l'occasion et agrémentés d'un aperçu de la saison 5, ont en effet été projetés dans 150 salles des États-Unis.

8

EFFET D'OPTIQUE

Le puits sans fond des Eyriés – fief des Arryn – n'est pas si profond. Maisie Williams, *alias* Arya Stark, a expliqué qu'il ne faisait en réalité qu'un mètre de profondeur et que le trou était recouvert d'un fond vert et d'un épais matelas de protection. Magie du cinéma.

9

ICI LA VOIX

Emilia Clarke – la Khaleesi – a doublé la petite amie du Dr Zoidberg dans la série animée de Matt Groening, *Futurama*.

10

GAME OF PODEMOS

« Rêver, mais en prenant nos rêves très au sérieux », écrit Pablo Iglesias, leader de Podemos, et auteur de *Les Leçons politiques de* Game of Thrones.

11

À BAS LES TARTES AU CITRON !

Dans les bonus DVD de la saison 4, Sophie Turner *aka* Sansa Stark confie son aversion pour les tartes au citron, à l'inverse de son personnage qui en raffole. Elle supplie donc les fans d'arrêter de lui envoyer des gâteaux au citron et serait même prête à lancer une pétition.

12

MARATHON LONDONIEN

Game of Thrones a eu droit à son premier marathon sur grand écran – une première pour une série tandis que les franchises Star Wars et Marvel en sont coutumières. La série HBO a été projetée du 27 au 30 novembre 2017 à Londres dans une salle de cinéma (le Prince Charles Theater précisément) : 67 épisodes, quatre jours de visionnage. Du *binge-watching* dans les règles de l'art. Quelques heures après l'annonce de l'événement, la billetterie affichait complet, victime de son succès.

4

LE *GAME OF THRONES* EXPRESS
DE A À Z

A

AUDIENCES MOYENNES PAR SAISON

En 2014, HBO annonce que *Game of Thrones* est le programme le plus populaire de l'histoire de la chaîne, avec 18,4 millions de téléspectateurs de moyenne (une audience obtenue en agrégeant les visionnages directs, décalés, à l'antenne et en ligne), dépassant ainsi la série *Les Soprano*, autre succès maison, qui détenait ce record depuis 2002.

En 2017, le final de la saison 7 marque un nouveau record d'audience câble : 12,1 millions de téléspectateurs d'après le site TVbythenumbers. Une hausse de 13 % par rapport au précédent record de HBO, soit les 10,72 millions de téléspectateurs rassemblés devant l'épisode 5 de cette même saison.

La saison 7 a cumulé 30,6 millions de spectateurs au total, une progression de 30 % par rapport à la saison précédente.

Diffusion originale HBO, en moyenne par épisode

Saison 1 : 2,5 M
Saison 2 : 3,8 M
Saison 3 : 5 M
Saison 4 : 6,8 M
Saison 5 : 6,9 M
Saison 6 : 7,6 M
Saison 7 : 10,7 M

B

BPM

Palpitations, fièvre, haut-le-cœur, bouche sèche, frissons, cerveau en compote? Ce n'est pas la grippe printanière mais le virus *Game of Thrones* qui est à l'origine de ces symptômes épisodiques corrélés au visionnage de la série. Bénin, mais éprouvant.

Un article paru le 5 septembre 2017 dans *Science et vie* revient sur ce qui nous fait vibrer devant *Game of Thrones*. L'application américaine Cardiogram a en effet analysé près de 2 millions de battements de cœur de 300 personnes différentes, pendant la diffusion de la saison 7, sur les quatre premiers épisodes. Cinq scènes auraient affolé le rythme cardiaque des spectateurs/cobayes:

- Épisode 2, confrontation entre Daenerys et Varys: 76 battements par minute;
- Épisode 1, proposition de mariage d'Euron Greyjoy à Cersei Lannister, ex aequo avec, dans l'épisode 3, la première rencontre entre Jon Snow et Daenerys Targaryen: 83 battements par minute;
- Épisode 1, empoisonnement des Frey par Arya Stark: 83,2 battements par minute;
- Épisode 4, charge de Jaime Lannister contre le dragon de Daenerys: 91 battements par minute.

BUDGET

C'est la série la plus chère du moment!

- Près de 10 millions de dollars déboursés pour le pilote de la saison 1;
- Près de 60 millions de dollars déboursés pour la saison 1.

Les autres saisons s'alignent sur les mêmes budgets.

La saison 7 ne compte que 7 épisodes au lieu de 10. Le budget par épisode, pour cette avant-dernière saison, est colossal: environ 14 millions de dollars. Facture salée pour HBO: 100 millions de dollars au total. Cela dit, si la production est mirobolante, les profits le sont aussi. Entre la rentabilité du programme lui-même et la vente massive de produits dérivés, c'est le jackpot.

C

CALENDRIER DE DIFFUSION

- 17 avril 2011 : première diffusion de la série sur HBO aux États-Unis.
- 1er avril 2012 : diffusion de la saison 2.
- 31 mars 2013 : diffusion de la saison 3.
- 6 avril 2014 : diffusion de la saison 4.
- 12 avril 2015 : diffusion de la saison 5.
- 24 avril 2016 : diffusion de la saison 6.
- 16 juillet 2017 : diffusion de la saison 7.
- Avril 2019 : diffusion de la saison 8 (final).

CITATIONS

Quelques citations de *GOT* dans les autres séries.

Grace et Frankie (Netflix)

« *Mother of Dragon* ! » – Frankie, S. 1.

Dix pour cent (France 2)

« *Winter is coming* ! » – Isabelle Adjani, S. 2, Ép. 5.

Les Simpson (Fox)

En 2012, le générique de l'épisode 15 de la 23e saison rend hommage à *GOT*. En 2014, le producteur exécutif Al Jean a annoncé la mort d'un des personnages de la série, promettant un épisode plus terrible encore que celui des Noces Pourpres.

South Park (Comedy Central)

L'épisode 7 de la saison 17 s'appelle « *Black Friday* » et son intrigue lorgne du côté de chez *GOT*, les effets parodiques en plus. Le personnage de Butters découvre en effet la série et s'inquiète de voir plus d'hommes nus que de dragons à l'écran. L'épisode « *Cartman Finds Love* » (S. 16, Ép. 7) était également un clin d'œil au *show* HBO : M. Garrison y donnait un cours d'histoire sur la série de livres *Game of Thrones*.

Santa Clarita Diet (Netflix)

« Je te présente King Robot Baratheon » – Éric, apprenti ingénieur, S. 1, Ép. 2.

D

DISTRIBUTION

Les acteurs principaux du show

Contrairement aux séries à succès du moment qui se concentrent sur un personnage autour duquel gravite une galaxie, *Game of Thrones* met en scène plusieurs personnages, plusieurs points de vue, plusieurs univers. Le choix des acteurs a donc été une affaire colossale pour Nina Gold et Robert Sterne, les directeurs de casting. Sont alors réunis à l'écran de quasi inconnus devenus superstars, d'anciennes gloires remises sous le feu des projecteurs et des seconds couteaux appréciés du petit et du grand écran. Trombinoscope.

Alfie ALLEN *aka* Theon Greyjoy, saisons 1 à 7

Fils de la productrice Alison Owen et de l'acteur Keith Allen, et frère de la chanteuse Lily Allen, l'acteur britannique succède à Daniel Radcliffe dans *Equus*, pièce jouée à Londres, et apparaît dans *Deux sœurs pour un roi* de Justin Chadwick. Mais c'est pour son interprétation de Theon Greyjoy qu'il se fait remarquer après du grand public. En 2018, il est à l'affiche *de The Predator* de Shane Black, énième film de la franchise des années 1980 *Predator.*

Sean BEAN *aka* Ned Stark, saison 1

C'est au théâtre, dans *Roméo et Juliette*, qu'il débute en 1983. Depuis, il a essayé de supprimer Bond *alias* Pierce Brosnan dans *Golden Eye*, de voler l'anneau de Frodon *alias* Elijah Wood dans *Le Seigneur des anneaux – La communauté de l'anneau*, et la vedette à Benjamin Gates *alias* Nicolas Cage dans *Benjamin Gates et le Trésor des Templiers*. En 2015, il joue Mitch Henderson dans *Seul sur Mars* de Ridley Scott. Sean Bean est mort pas moins de 25 fois à l'écran depuis le début de sa carrière.

John BRADLEY-WEST *aka* Samwell Tarly, saisons 1 à 7

Acteur anglais d'à peine 30 ans, John Bradley-West a grandi dans un quartier du sud de Manchester et est diplômé de la Manchester Metropolitan School of Theatre. La première fois qu'il apparaît sur le petit écran, c'est dans la série *Borgia* (diffusée en France sur Canal +). En 2012, son nom est au générique de la série *Merlin* (S. 5, Ép. 1 et 7) et on voit même le comédien passer une tête dans *Anna Karénine* de Joe Wright sorti au cinéma la même année.

Oona CHAPLIN *aka* Talisa Stark, saisons 2 et 3

Petite-fille d'Oona O'Neill et Charlie Chaplin, elle fait ses premiers pas au cinéma en 2008 dans *Quantum of Solace* de Marc Frost. À la télévision, elle se fait remarquer dans *The Hour* (BBC), *Sherlock* (BBC) et, plus récemment, est apparue dans l'épisode *White Christmas* de la série cauchemardesque *Black Mirror* (Channel 4 et Netflix).

Gwendoline CHRISTIE *aka* Brienne de Torth, saisons 2 à 7

En 2009, elle est Classy Shopper pour Terry Gilliam dans *L'Imaginarium du Dr Parnasius.* En 2012, elle enfile l'armure d'une femme chevalier pour *Game of Thrones*, et fait tourner la tête de Jaime Lannister qui ne résiste pas au 1,91 m de la demoiselle jamais en détresse. Elle est Captain Phasma dans *Star Wars VIII – Le Dernier Jedi* et joue dans la série de Jane Campion *Top of The Lake : China Girl.* Pro du grand écart.

Emilia CLARKE *aka* Daenerys Targaryen, saisons 1 à 7

Petite, elle brossait ses sourcils à la vaseline sur les conseils de maman (histoire vraie), aujourd'hui, elle est la mère (pour de faux) de trois dragons. Emilia Clarke est choisie par HBO pour incarner Daenerys Targaryen, un tempérament de feu. Un rôle pour lequel elle doit enfiler une lourde perruque blonde qui nécessite des heures de pose. En 2015, elle troque les robes de princesse pour le blouson de cuir de Sarah Conor dans *Terminator : Genesys* d'Alan Taylor, l'un des réalisateurs de *Game of Thrones.* On ne change pas une équipe qui gagne. Sauf que, globalement, le film fait un flop… Emilia Clarke est également à l'affiche de *Solo: A Star Wars Story* de Ron Howard, sorti en mai 2018. Un autre four.

Nikolaj COSTER-WALDAU *aka* Jaime Lannister, saisons 1 à 7

Le Veilleur de nuit, *La Chute du Faucon Noir* et *Kingdom of Heaven* (deux films de Ridley Scott) faisaient déjà partie de son impressionnante filmographie avant que HBO n'accapare une bonne partie de l'emploi du temps de l'acteur danois. La suite de sa carrière cinéma est moins glorieuse : une mauvaise comédie romantique avec Cameron Diaz (*Triple Alliance*, 2014) et un mauvais drame qui porte bien son nom, *L'Épreuve*, aux côtés de Juliette Binoche (2015).

Liam Cunningham *aka* Davos Seaworth, saisons 1 à 7

C'est sur les planches que tout commence, mais le cinéma lui fait les yeux doux dès 1982. Il tourne avec Gabriel Byrne dans *Le Cheval venu de la mer*, Richard Gere dans *Lancelot* et plus récemment Robert Pattinson dans *L'Enfance d'un chef*.

Charles Dance *aka* Tywin Lannister, saisons 1 à 4

Encore un acteur anglais au casting de cette série américaine ! Charles Dance apparaît pour la première fois au cinéma dans *Rien que pour vos yeux* de John Glen. Il est l'incroyable Benedict, homme de main à l'œil de verre, dans *Last Action Hero*, et récemment, a partagé l'affiche avec Benedict Cumberbatch, célèbre pour son rôle dans la série *Sherlock*, dans *Imitation Game* (2014).

Stephen Dillane *aka* Stannis Baratheon, saisons 2 à 5

Il interrompt sa carrière de journaliste pour se lancer dans le cinéma. Michael Winterbottom, Tony Scott, Raoul Ruiz, David Mackenzie et Kathryn Bigelow sont autant de réalisateurs avec lesquels il a tourné. Beaucoup de seconds rôles. C'est en 2012 que les spectateurs le découvrent sous les traits de Stannis Baratheon, le seigneur de Peyredragon, froid, sans humour, aigri et inflexible.

Peter Dinklage *aka* Tyrion Lannister, saisons 1 à 7

C'est en 2003 que le public découvre l'acteur américain dans *The Station Agent*, mais c'est son rôle dans *Le Prince Caspian* en 2008 qui donne à sa carrière un virage international. Récompensé du Golden Globe et Emmy Award du meilleur acteur dans un second rôle dans une série télévisée[1] pour son interprétation de Tyrion Lannister, Peter Dinklage est le premier de la bande à *Game of Thrones* à être courtisé par l'écurie Marvel – il est Bolivar Trask

1. Cf. entrée « Récompenses ».

dans *X-Men – Days of Future Past, mais aussi Eitri dans Avengers: Infinity War en 2018.*

Natalie Dormer *aka* Margaery Tyrell, saisons 2 à 7

D'une série machiavélique en costumes à une autre. Deuxième femme du roi Henri VIII d'Angleterre dans *Les Tudors*, elle est la première épouse de l'affreux Joffrey Baratheon dans *Game of Thrones*. Au cinéma, elle joue Cressida dans la saga à succès *Hunger Games* aux côtés de Jennifer Lawrence. Mais son actrice préférée, c'est Cate Blanchett (Galadriel, entre autres, dans *Le Seigneur des anneaux*).

Michelle Fairley *aka* Catelyn Stark, saisons 1 à 3

Théâtre, télévision et cinéma, Michelle Fairley est partout mais discrète. En 2010, elle remplace Heather Bleasdale – Mme Granger, maman d'Hermione – dans *Harry Potter et les Reliques de la Mort*. Mais c'est le petit écran qui l'emploie le plus souvent, des séries britanniques majoritairement, d'*Inspecteur Morse* ou *Barnaby* à *The Street* et *Affaires non classées*.

Aidan Gillen *aka* Petyr Baelish, saisons 1 à 7

Irlandais, comme Jack Gleeson, Aidan Gillen a, comme Jack Gleeson, joué chez Christopher Nolan, précisément dans *The Dark Night Rises* où il incarne un agent de la CIA. Les plus habiles auront reconnu Stuart Jones, héros de 10 épisodes de la série britannique *Queer as Folk* (1999) ou encore Tommy Carcetti de la série américaine *Sur écoute* (2008 à 2008).

Jack Gleeson *aka* Joffrey Baratheon, saisons 1 à 4

Si ce sont des seconds rôles que le cinéma lui a offerts (*Batman Begins* de Christopher Nolan, *All Good Children* d'Alicia Duffy), la série HBO le propulse sur le devant de la scène. Pourtant, Jack Gleeson ne devait être que doublure. C'est en réalité l'autre acteur pressenti pour le rôle qu'il double lors d'un casting aux essais concluants. En 2012, dépassé par le succès, le jeune irlandais annonce qu'il met fin à sa carrière pour reprendre ses études et faire du théâtre en amateur. Dur, dur d'être Joffrey Baratheon. Ça laisse des traces…

Iain Glen *aka* Jorah Mormont, saisons 1 à 7

Né à Edimbourg, Iain Glen est un fan de Shakespeare et a interprété quelques-uns de ses classiques au théâtre. Depuis les années 1990, il apparaît souvent dans des séries télévisées, mais aussi quelques films tels que *Silent Scream* de David Hayman pour lequel il reçoit l'Ours d'argent du meilleur acteur au Festival de Berlin. Iain Glen est aussi dans la saga *Résident Evil* aux côtés de Milla Jovovich.

Kit Harington *aka* Jon Snow, saisons 1 à 7

Il est anglais, son vrai prénom est Christopher et il a débuté sur les planches du Royal Court Theatre à Londres avant de devenir le « bâtard » le plus connu du petit écran. En 2014 et 2015, Kit Harington est l'égérie de la marque Jimmy Choo, et en 2017, il tombe l'armure pour Xavier Dolan dans *The Death and Life of John F. Donovan*. C'est actuellement l'un des acteurs les mieux payés de la télévision (1 million de dollars par épisode, chouette salaire).

Lena Headey *aka* Cersei Lannister, saisons 1 à 7

C'est Peter Dinklage, bon copain, qui a soufflé son nom aux producteurs de la série. Cersei ne pouvait pas avoir d'autre visage que celui de Lena Headey, elle qui était déjà reine (Gorgô) dans *300* et *300: Naissance d'un Empire*. En 2012, on l'aperçoit aussi dans l'inénarrable *Parks and Recreation*, série de 22 minutes créée par Greg Daniels et Michael Schur pour NBC.

Isaac Hempstead-Wright *aka* Brandon Stark, saisons 1 à 4 et saisons 6 et 7

Né en 1999, Isaac Hempstead-Wright est encore un petit garçon lorsqu'il intègre le casting de la série. Sous les yeux du public, comme tant d'enfants acteurs, il grandit au fil des saisons. En 2018, il est âgé de 19 ans, et le monde lui fait la cour.

Conleth Hill *aka* Varys, saisons 1 à 7

Pour Woody Allen, il portait les cheveux mi-longs et une petite moustache (Brokman dans *Whatever Works*, 2009), pour HBO, il rase tout et devient « Maître des chuchoteurs » du royaume des Sept Couronnes, l'espion des espions.

Carice van Houten *aka* Mélisandre, saisons 2 à 7

Actrice et chanteuse néerlandaise, elle est l'héroïne de *Black Book* de Paul Verhoeven en 2006 et trois ans plus tard, incarne Nina von Stauffenberg dans *Walkyrie* de Bryan Singer. Pour *Game of Thrones*, elle se transforme en prêtresse dangereuse et vénéneuse qui lit le futur – mais ses connaissances des événements s'avèrent partielles –, accouche d'une ombre noire (flippant) et sait réveiller les morts (S. 6, Ép. 2).

Rose Leslie *aka* Ygrid, saisons 2 à 4

Gwen Dawson dans la série *Downton Abbey*! C'est en 2010 que les spectateurs découvrent l'actrice écossaise qui tape dans l'œil des producteurs de *Game of Thrones* et, plus tard sur le tournage, de Kit Harrington *alias* Jon Snow, personnage avec lequel elle partage une scène torride dans une grotte sur peau de bête, grrr. En 2014, son personnage disparaît du *show*, mais on l'aperçoit l'année suivante dans la série *Luther* (Emma Lane – deux épisodes).

Richard Madden *aka* Robb Stark, saisons 1 à 3

Jeune garçon timide, il fait du théâtre pour vaincre sa pudeur et décroche le premier rôle d'une série britannique en 1999 (*Barmy Aunt Boomerang*). En 2009, la BBC signe avec lui pour *Hope Springs* où il incarne de nouveau le protagoniste.

Jason Momoa *aka* Khal Drogo, saisons 1 et 2

Élu mannequin hawaiien de l'année 1999, Jason Momoa fait naturellement ses débuts dans la série *Alerte à Malibu*, dans laquelle il joue le personnage de Jason Ioane. En 2011, il était Conan le Barbare dans *Conan* de Marcus Nispel et se glisse sans accroc la même année dans la peau d'un autre barbare : Khal Drogo, seigneur de guerre des Dothraki. Tout en cheveux et muscles, mi-Hercule mi-Samson.

Kristian Nairn *aka* Hodor, saisons 1 à 5

Dj résident du club de Belfast Le Kremlin pendant 10 ans, il fait son entrée dans le monde de la télévision en incarnant l'un des personnages les plus attachants de *Game of Thrones*, un garçon d'écurie au service de la famille Stark dont les seules paroles sont « Hodor ». Oui, les gentils existent dans ce monde de brutes !

Jonathan Pryce *aka* le Grand Moineau, saisons 5 à 7

Célèbre pour son rôle dans le généralissime *Brazil* de Terry Gilliam ou encore celui du grand méchant de *Demain ne meurt jamais*, Jonathan Pryce est aussi bien employé par le grand que le petit écran (téléfilms et séries). Prix d'interprétation masculine du Festival de Cannes en 1995 pour sa prestation dans *Carrington*, il rejoint les bancs de la série HBO en 2015, et retrouve Lena Heady (Cersei) avec laquelle il avait joué dans *Les Frères Grimm* de Terry Gilliam. La boucle est bouclée.

Iwan Rheon *aka* Ramsay Bolton, saisons 3 à 6

On a du mal à imaginer Ramsay Bolton dans une comédie musicale, pourtant, Iwan Rheon, son interprète, a commencé sa carrière sur les planches et s'est fait remarquer pour ses talents en musique, danse et jeu. En 2009, il devient Simon Bellamy dans la série britannique *Misfits* diffusée sur E4. Les sérivores reconnaissent alors le paria doté du pouvoir d'invisibilité de *Misfits* lorsqu'Iwan Rheon apparaît pour la première fois à l'écran dans *Game of Thrones*, saison 3. À côté de Ramsay Bolton, Simon Bellamy est un enfant de chœur.

Max von Sydow *aka* La Corneille à trois yeux, saisons 1, 3, 4 et 6

Né en Suède, c'est chez Ingmar Bergman qu'il débute, inoubliable dans *Le Septième Sceau* (1957) et *Le Silence* (1963). Max von Sydow a travaillé avec les réalisateurs du monde entier : John Huston, Sydney Pollack, John Boorman, Bertrand

Tavernier, Woody Allen, Andreï Kontchalovski, Lars von Trier ou encore Wim Wenders. À la télévision, il a incarné plusieurs rôles marquants, comme celui du cardinal Otto Von Warburg pour *Les Tudors*. Il est citoyen français depuis 2002 et chevalier de la Légion d'honneur depuis 2011.

Sophie Turner *aka* Sansa Stark, saisons 1 à 7

Sa carrière cinéma démarre en 2013, et c'est son rôle dans la série qui lui donne l'impulsion. Elle apparaît dans *Secret Agency*, *X-Men : Apocalypse* et sera en 2018 à l'affiche de *X-Men: Dark Phoenix*. Des grosses machines à gros budgets. Sophie Turner reste en terrain connu.

Maisie Williams *aka* Arya Stark, saisons 1 à 7

Plus de 300 jeunes filles ont été castées pour le personnage d'Arya, et c'est Maisie Williams qui a remporté la partie. Comme Sophie Turner, le rôle décroché par la jeune fille dans la série HBO lui a ouvert les portes du cinéma… indépendant. Mais Hollywood l'a repérée, et, comme son aînée, elle s'apprête à rejoindre la bande des mutants de *X-Men* dans le film *New Mutants* de Josh Boone. Nouveau visage d'une nouvelle franchise.

Mais aussi

- Mark Addy *aka* Robert Baratheon, saison 1.
- Dean-Charles Chapman *aka* Tommen Baratheon, saisons 1 à 6.
- Harry Llyod *aka* Viserys Targaryen, saison 1.
- Michael McElhatton *aka* Roose Bolton, saisons 2 à 7.
- Jerome Flynn *aka* Bronn, saisons 1 à 7.
- Sibel Kekilli *aka* Shae, saisons 1 à 4.
- Hannah Murray *aka* Vère, saisons 2 à 7.

En résumé

- Sean Bean, Oona Chaplin, Jonathan Pryce et Charles Dance ont tous les quatre joué dans un *James Bond*.
- Peter Dinklage, Sophie Turner et Maisie Williams ont tous les trois tourné dans un Marvel.
- Gwendoline Christie et Natalie Dormer ont joué dans *Hunger Games*.
- Peter Dinklage et Lena Headey sont copains comme cochon dans la vie.
- Kit Harington et Rose Leslie sont amoureux. Ils se sont mariés à l'été 2018.
- Jack Gleeson a profité de la disparition de son personnage pour mettre fin à sa jeune carrière d'acteur. Trop de notoriété tue la notoriété.
- Kristian Nairn était DJ.
- Conleth Hill et Max von Sydow ont joué chez Woody Allen.

E

ED SHEERAN

L'apparition du chanteur pop britannique dans l'épisode 1 de la saison 7 de *GOT* a été vivement commentée sur les réseaux sociaux. Si les fans d'Ed Sheeran lui témoignent leur soutien, les fans du *show*, eux, se montrent plus féroces. La séquence dure quelques minutes seulement. Arya Stark croise la route en forêt d'une bande de soldats vagabonds en train de partager un lapin pour se restaurer. Ed Sheeran fait partie du groupe, et sous les yeux rêveurs d'Arya, fredonne un petit air dans les bois. Cette séquence, concrètement, n'amène rien à l'intrigue. C'est Benioff qui a lâché le morceau dans *Entertainment Weekly*: « Nous savions que Maisie (Williams) était une grande fan d'Ed Sheeran et depuis des années nous essayons de l'avoir sur le plateau pour lui faire une surprise.

Cette année, on a enfin réussi. » Formidable, l'actrice est ravie, mais les twittos, eux, le sont moins : « participation inutile », « la pire chose que la série ait jamais faite en termes de pop culture », « Laisser Ed Sheeran chanter une chanson dans une scène inutile [...] rappelle immédiatement au téléspectateur qu'il est en train de regarder une série stupide et ruine toute l'illusion qui existait », peut-on lire à droite ou à gauche. Le chanteur, lui, a préféré prendre ses distances, affecté par la masse de commentaires cinglants.

F

FINE LAME

Dans son livre *Science et Magie dans Game of Thrones*[2], Helen Keen livre les trois étapes de la fabrication d'une lame parfaite :

- le chauffage : amener progressivement le métal à très haute température ;
- la trempe : abaissement de la température du métal afin qu'il devienne dur ;
- le revenu : traitement thermique du métal pour le rendre plus souple, moins cassant.

À ne pas reproduire chez soi bien évidemment.

2. Paru le 2 novembre 2017, Albin Michel.

G

GALETTES

Les DVD et les Blu-ray sont les produits dérivés de *Game of Thrones* les plus demandés sur Internet.

L'éditeur du DVD/BR de la série est Warner Home Vidéo.

En mars 2012, la première saison de *Game of Thrones* sort en DVD/Blu-ray. Vente record pour une série HBO : 17,6 millions de dollars de recettes pour les ventes des coffrets écoulés (517 860 au total).

En 2015, la saison 4 en DVD/BR a explosé les records de ventes de petites galettes. Elle s'est emparée de la première place au classement des ventes DVD/BR aux États-Unis mais aussi en France et un peu partout dans le reste du monde.

N° 1 des ventes sur Amazon et Cultura.com depuis juin 2017 : *Game of Thrones* – l'intégrale des saisons 1 à 6 (60 épisodes) – DVD (44,90 euros) et Blu-ray (49,90 euros) – 30 disques au total.

H

HBO

Début du mois de novembre 2018 : Donald Trump, président des États-Unis, annonce des sanctions contre l'Iran en s'inspirant de la formule magique de *Game of Thrones* : « *Winter is coming* ». Il tweete : « *Sanctions are coming* », mettant ainsi le feu aux poudres. En effet, la maison HBO a immédiatement réagi et demandé à Donald Trump de ne pas citer *Game of Thrones* sans lui demander la permission. Cassé. Se sont joints à HBO les voix de Maisie Williams (Arya Stark) et Kit Harington (Jon Snow), loin d'être des fans du président américain.

HOMMES DE PIERRE

On fait leur rencontre dans la saison 5, sur la route de Valyria, cité où les Hommes de pierre sont isolés et meurent en silence. Ils sont appelés ainsi à cause des maladies infectieuses de la peau qui les condamnent, comme la greyscale qui durcit l'épiderme et lui donne une teinte cendrée. Cette maladie, aussi appelée léprose, attaque les organes et rend fou. Elle peut être transmise par un simple contact. Jorah Mormont en a fait l'expérience, frôlant la mort. C'est Sam Tarly qui lui a sauvé la vie, ôtant de son corps chaque parcelle de peau gâtée malgré les avertissements de son précepteur sur la dangerosité de ces méthodes. Une action répugnante, dangereuse, mais efficace. La bonté et l'altruisme de Sam Tarly sont ainsi soulignés, Sam étant peut-être avec Podrick un des cœurs les plus purs de cette série faite de brutes.

I

INTERDICTION AUX MOINS DE 12 ANS

Sang, sexe et barbarie justifient aisément l'interdiction aux enfants et préadolescents ou l'accord parental souhaitable dans le cas du visionnage en DVD. Cela dit, même passé 12 ans, il est parfois difficile de garder les yeux ouverts face à tant d'horreur sur petit écran : décapitations et égorgements, séances de torture, explosion d'un crâne à main nue, énucléation, éviscération, empoisonnement, immolation par le feu… Gore.

À noter : en six saisons, la série a tué pas moins de 150 966 personnages. Évidemment, les nombreux massacres et assassinats de la saison 7 font grimper l'addition, sans compter sur la saison finale qui risque d'être fatale à plus d'une famille et d'un héros.

IKEA

Les associations de défense des animaux peuvent dormir sur leurs deux oreilles. Les peaux de bêtes sur le dos des personnages de la série sont synthétiques. C'est la chef costumière Michele Clapton qui a révélé le secret de fabrication de la cape de Jon Snow : des tapis IKEA, modèle SKOLD, vendus 79 dollars pièce. Naturellement, les ventes ont explosé : + 750 % à la diffusion de la saison 7 en France. Et la marque suédoise a surfé sur cet incroyable coup de promo offrant même à ses fidèles un mode d'emploi pour réaliser chez soi sa propre cape Jon Snow en trois étapes simples. La classe américaine *made in Sweden.*

J

JOAILLERIE

La série inspire les créateurs de bijoux. Plastron en maille chez Stefano Tartini, bagues médiévales chez Sylvie Corbelin ou broches et pendentifs en laiton surmontés de pierres chez Rana Levy (DaedraJewelry). Quant à Pyrrha, entreprise de Vancouver, elle est directement sollicitée par HBO pour imaginer une collection de bijoux inspirée de l'univers de la série. Du sur-mesure encore.

K

KILL LIST

Depuis la mort de son père, de sa mère et de son frère aîné, Arya Stark tient la liste de ceux qui vont le payer :

- Walder Frey (exécuté) ;
- Lord Baelish (exécuté) ;
- la Montagne, chien de garde des Lannister ;
- Mélisandre (parce qu'elle a enlevé son ami Gendry) ;
- Thoros de Myr (brigand et délateur) ;
- Ser Illyn Payne, l'homme qui a coupé la tête de Ned Stark ;
- et, *last but not least*, Cersei Lannister.

Une liste aussi fournie que celle de Beatrix Kiddo dans *Kill Bill* de Tarantino. Ça s'annonce coton pour Arya Stark. Heureusement Aiguille, son épée fétiche, est toujours à sa ceinture.

L

LONG-MÉTRAGE

Le clap de fin de tournage a retenti à Belfast pour *Game of Thrones*. C'était au début de l'été 2018. HBO a prévenu les fans, la saison 8 sera plus courte, mais les épisodes feront la durée standard d'un long-métrage, plus de 60 minutes donc. « Nous nous sommes tous assis pour lire les scripts des six épisodes, ce qui était en fait six longs-métrages ! C'est pour ça qu'on a mis plus de temps à filmer. Ces épisodes ont aussi coûté plus cher et sont plus surprenants. Sur le papier, ce sont les six meilleurs scripts de la série, qui posent des décors monumentaux et d'énormes réunions de personnages », a confié Iain Glen, l'interprète de Jorah Mormont, dans *L'Express*. Martin, au début de la diffusion du *show*, s'était mis à rêver à un final sur grand écran. Raté. La saison finale aura de toute manière l'allure d'un grand film fantastique et épique.

M

MENU (À TABLE)

Sur les tables des riches, on trouve souvent du gibier fraîchement chassé (sangliers, cerfs), des lapins, des volailles, des tourtes à la viande[3], des gigots d'agneau, quelques légumes, parfois du poisson, des fruits comme des grappes de raisin et des pommes qui ornent corbeilles et coupes, du pain, du lait de pavot, du vin, rouge essentiellement, servi par les domestiques, et quelques pâtisseries. Sansa Stark adore notamment les tartes au citron. La noblesse mange bien à Westeros. Mais, finalement, rares sont les scènes où l'on voit les personnages se sustenter. Dans les tavernes, on boit des bières et on se réchauffe avec des soupes ou de mauvais ragoûts. Quant aux fugitifs, ils filent la forêt à la recherche de nourritures élémentaires, végétales comme animales. Miam, l'écureuil au barbecue ! Ramsay Bolton, lui, préfère les saucisses grillées qu'il agite devant celui qu'il a émasculé. Le tropisme de G.R.R. Martin pour la cuisine l'a d'ailleurs conduit à préfacer le livre *Game of Thrones, le livre des festins* paru en octobre 2014. Bon appétit !

N

NÉPOTISME

Le népotisme, c'est une manière pour certains de profiter des avantages d'un nom de famille éminent pour faire valoir leurs droits et leur accession aux plus hautes fonctions. Pour Eric Trump, fils de Donald Trump, « le népotisme, c'est la vie[4] ». Dans

3. Elles étaient au pigeon aux noces de Joffrey Baratheon.
4. Dans un entretien accordé au magazine *Forbes*.

GOT, cette notion se taille aussi une place prépondérante. Bien ou mal naître, la question est essentielle. Si vous n'êtes pas enfants de suzerains, le Trône de Fer est inaccessible. En revanche, les bâtards reconnus par leurs nobles parents peuvent y prétendre, comme les frères et sœurs dans le cas où la descendance coince. Corruption et népotisme sont deux des maîtres mots de la série, la démocratie n'étant qu'une vaste utopie. Dans leur ouvrage *Why Nations Fail*, Daron Acemoglu et James Robinson, deux économistes américains, expliquent que les pays dominés par des élites égoïstes finissent à un moment donné par connaître le déclin. Le capitalisme d'État chinois par exemple, dominé par une petite élite économique, est, selon eux, voué à l'échec. L'entreprise des Lannister court-elle à sa perte ?

OBAMA

« Vous n'arrêtez pas de tuer mes personnages préférés[5]... »

Fan numéro 1 de la série, Barack Obama avait, alors qu'il était président, demandé aux boss de la chaîne HBO de lui montrer la saison 6 en avant-première mondiale. Il était soucieux de savoir quel sort les auteurs avaient réservé à Jon Snow, le dernier épisode de la saison 5 le laissant pour mort, trahi et tué par les siens, tel César... Caprice de fin de mandat ? Pour D.B. Weiss, l'un des créateurs, c'est une fierté : « Quand le président de votre pays vous demande de regarder les épisodes en avant-première, que voulez-vous faire d'autre que d'accepter sa requête ? » Pas faux. David Nutter, l'un des réalisateurs du *show*, a quant à lui cru qu'il allait

5. Extrait d'un échange entre Obama et l'un des réalisateurs du *show*, David Nutter.

finir ses jours à Guantanamo : « Le président s'est tourné vers moi, il a mis sa main sur mon épaule et m'a dit : "Vous n'avez pas tué Jon Snow, n'est-ce pas ?" » Impayable cet Obama.

P

PRODUITS DÉRIVÉS

Autour de la série, tout un *merchandising*. Et internet se fait l'heureux catalogue des produits dérivés de la série, mais surtout leur plateforme d'achat principale via des boutiques en ligne. Des mugs, des T-shirts à l'effigie des personnages, des épées en plastique, des répliques miniatures ou gonflables du Trône de Fer, une planche à découper « *dinner is coming* », des stickers, des cartes de vœux avec citations détournées, des posters, des jeux de société – dont un Monopoly *Game of Thrones* qui coûte presque 30 euros –, des livres à colorier, des répliques de costumes *made in China*, un chargeur universel USB Targaryen et une cuvée de bière lancée par une brasserie new-yorkaise… Vertigineux. L'univers de la série infuse jusque dans la vraie vie, et les fans les plus prompts à sortir leur carte de crédit ne sont pas déçus par l'offre toujours grandissante. Ils en redemandent. Rien n'arrête le rouleau compresseur *Game of Thrones*. En 2016, une gamme de vin baptisée « *Seven Kingdoms* » est née. Essentiellement des vins rouges issus de la Napa Valley. Les attentes des fans sont anticipées, favorisant ainsi l'addiction à toutes les formes de *merchandising*. Toute une stratégie.

Q

QUORUM

Dans une des pièces du château des Lannister se tient le quorum : une assemblée restreinte composée d'une poignée d'hommes chargés de conseiller le roi sur les affaires administratives, politiques et économiques du royaume. Ce conseil compte en général sept membres, même si le nombre peut varier selon le roi en activité.

Composition

- La Main du Roi.
- Le lord Commandant de la Garde Royale, chargé de la protection de la famille royale.
- Le Grand Mestre, conseiller.
- Le Grand Argentier, chargé des finances du royaume.
- Le Maître des chuchoteurs, chargé de récolter les informations.
- Le Maître des lois, chargé de la justice et des lois.
- Le Maître des navires, chargé de la flotte royale et de la sécurité maritime.

Composition du conseil sous Cersei Lannister à la saison 7

- La Main du Roi : Qyburn.
- Le lord Commandant de la Garde Royale : lord Gregor Clegane.
- Le Maître des chuchoteurs : Qyburn.
- Le Maître des lois : lord Jaime Lannister.
- Le Maître des navires : Euron Greyjoy.
- Le Grand général des armées : lord Randyll Tarly.

R

RÉCOMPENSES

Près de 50 nominations et 14 prix pour une seule série !

Les principales distinctions

- Meilleur réalisateur pour une série dramatique : Miguel Sapochnik (Directors Guild of America Awards 2017).
- Meilleur réalisateur pour une série dramatique : David Nutter (Directors Guild of America Awards 2016).
- Meilleur ensemble de cascadeurs pour une série (Screen Actors Guild Awards 2016).
- Meilleure série dramatique (Producers Guild of America Awards 2016).
- Emmy Award de la meilleure série dramatique (Emmy Awards 2015).
- Emmy Award du meilleur acteur de second rôle dans une série dramatique : Peter Dinklage (Emmy Awards 2015).
- Meilleur ensemble de cascadeurs pour une série (Screen Actors Guild Awards 2014).
- Meilleur ensemble de cascadeurs pour une série (Screen Actors Guild Awards 2013).
- Prix de la presse de la meilleure série dramatique internationale (festival de Télévision de Monte-Carlo 2012).
- Meilleur producteur international dans la catégorie des séries dramatiques (festival de Télévision de Monte-Carlo 2012).
- Meilleur ensemble de cascadeurs pour une série (Screen Actors Guild Awards 2012).
- Meilleur acteur dans un second rôle pour une série, une mini-série ou un téléfilm : Peter Dinklage (Golden Globes 2012).
- Emmy Award du meilleur acteur de second rôle dans une série dramatique : Peter Dinklage (Emmy Awards 2011).
- Meilleure nouveauté (Television Critics Awards 2011).

Game of Thrones est la grande absente des Emmy Awards 2017. Un article signé Capucine Trollion pour *RTL.fr* revient sur les raisons de cette absence : un problème de compatibilité de calendrier. Pour être éligible, la série devait être diffusée sur une période donnée, période qu'elle a négligée.

En 2018, la série remporte le Emmy Award de la meilleure série dramatique pour la troisième fois, et Peter Dinklage est de nouveau sacré meilleur acteur de second rôle dans une série dramatique.

SECRETS DE TOURNAGE

Disparition mystérieuse de scripts

En 2011, G.R.R. Martin découvre que deux des scripts de la saison 1 se sont volatilisés. Pas de trace de leur mise en vente sur eBay, site où certains scénarios qui ont fuité ou qui ont été chipés échouent.

De la gélatine pour de l'or en fusion

C'est Harry Lloyd, interprète de Viserys Targaryen, qui a donné l'info. L'or en fusion qui coule sur la tête de son personnage dans l'épisode 6 de la saison 1 était fabriqué à base de gélatine mélangée à de la peinture dorée. Des fumigènes étaient sanglés à la poitrine de l'acteur pour plus de spectaculaire. Quelques images de synthèse ont suffi à peaufiner l'illusion.

De faux morceaux de viande

Si Tyrion Lannister est un carnivore, Peter Dinklage, lui, est végétarien. Pour les scènes de table, la production a dû ruser. La solution trouvée? Des steaks à base de tofu, entre autres, pour remplacer la viande, tout en donnant l'illusion aux spectateurs de son aspect.

Dragons, oies, même combat

Afin d'obtenir des mouvements réalistes pour les dragons, l'équipe derrière les effets spéciaux a confié s'être inspirée du jeu d'ailes des oies et de leur manière de se déployer.

Sam et les pots de chambre

Saison 7, épisode 1. Sam est à la Citadelle. Il aimerait avoir le nez dans les livres, mais les mestres en ont décidé autrement. La mission de Sam est répétitive : récupérer et récurer les pots de chambre des malades et mestres quotidiennement. Une séquence qui a donné la nausée à bien des spectateurs, son découpage soulignant l'écœurement progressif de Sam.

John Bradley, interprète de Sam, est revenu sur cette séquence éprouvante et les techniques employées. « C'était un tournage assez long, sur une période de cinq jours complets. On parle de 50 à 60 heures de tournage pour tout ça. C'était vraiment une sacrée expérience », a-t-il commenté auprès du *Hollywood Reporter*. « On n'a pas utilisé de réels excréments. C'était bien plus tranquille sur l'échelle du désagréable. On a en fait utilisé des gâteaux aux fruits humidifiés, pour toute la… Je ne sais même pas comment dire ça poliment. Mais c'était du gâteau. Ça sentait bon, quoiqu'après un tournage de 13 heures sous les projecteurs, ça peut commencer à puer. On m'a rappelé hier soir qu'au moment où je tournais cette scène, le reste du casting était aux Emmy. »

Scream

Le cri du dragon de glace est composé des cris de fans alcoolisés rassemblés dans un bar de Chicago pour les y enregistrer, hurlant tous comme s'ils étaient torturés. Le son a été mixé et est devenu le cri du dragon.

Cinquante-cinq nuits de tournage

C'est le temps qu'il a fallu pour tourner une des batailles de la saison 8, en Irlande. Cinquante-cinq nuits consécutives où acteurs et techniciens ont enduré le froid, la boue, la pluie. À titre de comparaison, l'emblématique bataille des Bâtards (S. 6, Ép. 9) a compté 25 jours de tournage.

SPIN-OFF

Il faudra être patient avant de découvrir les nouvelles intrigues de Westeros car le président de la chaîne américaine ne veut pas distraire les spectateurs de l'ultime saison de *Game of Thrones*. Cinq *spin-off* sont prévus selon G.R.R. Martin. Ce dernier sera également impliqué dans ces différents projets, tout comme Max Borenstein (*Godzilla*, *Kong: Skull Island*), Jane Goldman (*Kingsman*, *Le Cercle d'or*, *X-Men : Le Commencement*), Brian Helgeland *(L.A. Confidential*, *Mystic River*) et Carly Wray (*Mad Men*, *The Bastard Executioner*). Le tournage du premier de ces *spin-off* à la teneur encore mystérieuse débute en octobre 2019.

SPOILER

Il ne s'agit pas ici du personnage de DC Comics, alliée de Batman, mais du terme anglais qui désigne la révélation d'une information clé par un spectateur à un autre, au détriment du second. Le *spoiler* s'est démocratisé dans un mouvement qui accompagne l'âge d'or des séries, mais aussi l'essor du commentaire web et son relais sans frontière. Selon *slate.fr*[6], 80 % des spectateurs se sont déjà fait « spoiler ». Le *spoiler*, c'est donc le non-respect des règles du jeu, la rupture du pacte moral qui lie commentateurs

6. Enquête réalisée par la société américaine TiVo.

et lecteurs. Et les commentateurs sur Facebook, Twitter et autres forums de discussion n'ont aucun sens de la courtoisie[7]. À moins de se déconnecter des réseaux sociaux pendant la diffusion de *Game of Thrones*, il est impossible de passer à côté d'un *spoil*. Fatalité.

Fun fact
Certains sites spécialisés ont fait du spoiler leur ligne éditoriale. Ils se nomment Odieux-connard.com, Fin-du-film.com ou Onspoil.com.

THÉORIES

Voici les cinq théories qui font buzzer la toile.

Arya serait morte ou bipolaire

Selon catNameStupidity, la Gamine abandonnée, femme assassine que rencontre Arya Stark à Braavos, pourrait avoir pris les traits de la princesse. Ses arguments : seuls Arya et Jaqen H'ghar voient la meurtrière blonde. Elle semble totalement invisible aux yeux des autres. Par ailleurs, elle anticipe toujours les actions d'Arya et sait précisément où elle se trouve. Notre ami catNameStupidity pense donc qu'Arya serait victime d'un trouble dissociatif ou que son identité aurait simplement été volée par la Gamine abandonnée.

7. Sur les forums et les sites spécialisés, la politesse recommande d'utiliser des indicateurs spécifiques pour signaler le *spoiler*. Ils sont de type « [attention spoiler] » et permettent à ceux qui ne veulent pas connaître la fin d'une histoire de stopper leur lecture.

Bran n'est pas le Roi de la Nuit

Un article publié sur le site Brain Damaged en août 2017 enterre définitivement la rumeur qui planait depuis la saison 6 : Bran n'est pas le Roi de la Nuit. Si l'héritier Stark, devenu Corneille à trois yeux, a le pouvoir de voyager dans le temps, il serait encore novice dans l'art de prendre possession des corps et des âmes afin de changer le cours des événements.

Ned Stark, vivant ?

C'est la théorie un peu folle du collectif « Fire and Blood ». Ned aurait été sauvé par Jaqen H'ghar, le serviteur du dieu Multiface, et Varys aurait payé ce dernier pour qu'il prenne l'apparence du gouverneur de Winterfell. Étonnant, mais peu probable.

Gendry, fils de Cersei Lannister ?

Bâtard présumé de Robert Baratheon, Gendry est un personnage mystérieux. À la fin de la saison 3, on le voit prendre la mer. Son personnage ne réapparaissant qu'à la saison 7. Et si son départ avait à voir avec ses origines ? Si quelqu'un essayait de le protéger ? Cersei Lannister et Robert Baratheon ont eu un enfant, mort-né. Cersei aurait pu mentir et échanger l'enfant en bonne santé – Gendry donc – contre un bébé sans vie. Tiré par les cheveux, que la mère de Gendry porte d'ailleurs longs dans son souvenir…

Jon Snow, immortel ?

Toujours de la partie jusqu'à présent, Snow a affronté la mort et les Marcheurs Blancs. Dans l'épisode 6 de la saison 7, il réchappe même à la noyade en eau glacée. De longues, très longues minutes en apnée, et un costume en peau de bête extrêmement lourd qui n'arrange pas la situation. C'est surhumain, mais Snow remonte à la surface. La toile s'est alors affolée : Snow doit forcément être immortel. Sa résurrection par Mélisandre aurait pu lui apporter un pouvoir qu'il sous-estime. Une résistance inégalable qui le rend imperméable à la mort… Peu probable.

TRÔNE DE FER

C'est un personnage à part entière de la série. Son poids : 160 kg. Il faut au moins quatre personnes pour le déplacer. Le Trône de Fer mesure 2,40 m et son créateur est Gavin Jones, un fabricant de produits dérivés. Il lui aura fallu deux mois pour en achever la fabrication, et plus de 200 épées. Notons tout de même que c'est un Français, Marc Simonetti, qui à l'origine a dessiné le Trône de Fer. Une illustration massive et asymétrique validée en premier lieu par George R.R. Martin.

U

UNIVERSEL

Ce qui est universel[8] s'étend à la terre entière, embrasse la totalité des êtres et des choses. Si toute la population mondiale ne regarde pas le *show* HBO, l'adjectif lui colle pourtant bien à la peau – le caractère viral de *GOT* n'a échappé à personne. Le mot « phénomène » a d'ailleurs été écrit des centaines et centaines de fois dans la presse et sur les réseaux sociaux pour en souligner le triomphe. Disons-le, *GOT* est universel en termes de promotion, de consommation et de réception mondiale.

8. *Universel*, c'est aussi le nom du cinquième album du groupe de rap français 113, mais c'est une autre histoire…

V

VALAR MORGHULIS

C'est le titre de l'épisode 10 de la saison 2. « Valar Morghulis » signifie, en valyrien : « Tout homme doit tôt ou tard mourir ». Cette phrase est prononcée pour la première fois par le personnage de Jaqen H'ghar, interprété par Tom Wlaschiha, qui fait partie de l'ordre des Sans-Visage, groupe d'assassins virtuoses.

VF

Il y a ceux qui regardent le programme en version originale, avec ou sans sous-titres, et ceux qui préfèrent la version française. Voici donc quelques-uns des comédiens de doublage qui prêtent leur voix aux principaux personnages encore en vie à la fin de la saison 7 :

- Benjamin Penamaria, l'une des voix françaises de l'acteur américain Oscar Isaac, double Jon Snow.
- Kelly Marot, la voix française de Jennifer Lawrence, double Sansa Stark.
- Alice Orsat double Arya Stark.
- Constantin Pappas, acteur français d'origine grecque, voix française de Steve Carell, double Tyrion Lannister.
- Laurence Bréheret, voix française de Helena Bonham Carter dans *Ocean's 8*, double Cersei Lannister.
- Damien Boisseau est la voix française de Matt Damon ou encore d'Edward Norton ; il double aussi Jaime Lannister.
- Marie Tirmont a doublé à cinq reprises Dakota Johnson, elle double depuis la saison 1 Daenerys Targaryen.
- Vanina Pradier, voix française d'Evangeline Lilly, star de la série *Lost*, double Brienne de Torth.

W

WINTER IS COMING

Personne n'a pu passer à côté de cette réplique en forme de gimmick qui court depuis le début de la série. Lors d'une conférence à la Northwestern University dans la banlieue de Chicago, George R.R. Martin a révélé les origines de la célèbre phrase qui a tourné dans la bouche de tous les fans. La devise de la famille Stark a été inspirée par un épisode de la vie du célèbre auteur. En 1967, alors que le jeune George R.R. Martin était étudiant en journalisme à Chicago, une terrible tempête de neige s'est abattue sur la ville. « Le plus froid des hivers était à Chicago. Il y avait tellement de neige cet hiver-là, que l'on ne pouvait plus rien voir à part la neige, la glace, et il faisait tellement froid », a-t-il expliqué. CQFD.

Fun fact

Martin avait prévenu : quelques heures après la victoire de Donald Trump face à Hillary Clinton à l'élection présidentielle américaine, l'écrivain a donné un nouveau sens à la phrase « *Winter is coming* », en l'arrachant à la fiction pour l'appliquer à la réalité. Sur son blog, le 9 novembre 2018, George R.R. Martin a écrit ces quelques phrases :

« Il n'y a aucun mot pour décrire l'état dans lequel je me trouve ce matin. L'Amérique a parlé. Je pensais vraiment que nous étions meilleurs que ça. J'imagine que non. Trump est le candidat le moins qualifié parmi les présidents américains élus. [...] En janvier, il deviendra le pire président de l'histoire américaine, un joueur dangereusement instable sur la scène mondiale. »

WEINSTEIN (HARVEY)

Lena Headey, interprète de Cersei Lannister, fait partie des victimes de cet immonde producteur hollywoodien : « Il m'a ramenée à l'ascenseur, m'a accompagnée jusqu'à ma voiture en me serrant le bras et m'a chuchoté à l'oreille : "Ne parle de ça à personne, ni à ton manager, ni à ton agent" », rapporte le *Huffington Post* en octobre 2017. La liste des femmes humiliées et harcelées par Weinstein s'allonge, les témoignages se multiplient.

X

XÉRODERMIE

Point dermato : dans la vie réelle, la maladie qui ronge la chair de Jorah Mormont sur plusieurs saisons s'appelle xérodermie. Elle s'accompagne généralement d'un prurit modéré à intense et est exacerbée par des facteurs environnementaux tels que l'exposition au soleil. Jorah Mormont en est à l'abri dans la cellule qu'il occupe à la Citadelle. Aujourd'hui, il existe des traitements, oraux et cutanés, mais du temps de nos héros, les méthodes étaient plus radicales. La peau gâtée était tout bonnement retirée, sans anesthésie locale ni générale.

Y

YOUYOUS

Le cri de guerre des Dothraki ressemble à la fois à celui que poussaient les Peaux-Rouges dans les westerns américains des années 1940 et 1950, mais aussi aux cris de célébration à la mode orientale, les fameux « youyous ».

Z

ZOO

Dans la série s'illustre tout un bestiaire. Des animaux domestiques, des animaux sauvages, des animaux imaginaires, préhistoriques, à plumes, à poils, à écailles. Chiens, chats, loups, chevaux, mammouths, dragons, corbeaux, colombes, rongeurs, sangliers, cerfs. On compte même certains reptiles au poison utile. Un vrai musée d'histoire naturelle et surnaturelle. Cependant, point de monstres marins à l'horizon... Qu'à cela ne tienne, les Marcheurs Blancs sont pires que des requins.

ÉPILOGUE

Dans un article du *Time* publié en 2015, la journaliste Ashley Ross rapporte les propos de G.R.R. Martin concernant la saison finale de *Game of Thrones*. Il tient à prévenir les spectateurs : la fin sera douce-amère. « On ne peut tout simplement pas terminer une quête et ensuite prétendre que la vie est parfaite », poursuit-il. Une déclaration logique pour une série qui malmène notre rationalité de bout en bout. En effet, *Game of Thrones* éprouve nos limites. On se surprend à se réjouir de la mort d'untel ou d'untel, on regarde saison après saison des personnages se faire humilier ou violer, des hommes se faire la guerre de la plus violente des manières, des politiciens et politiciennes veules se trahir sans relâche. Rien de tout cela ne mérite une médaille.

Ce qui est troublant avec cette série, et qui de fait la rend passionnante, c'est bien les interrogations et les émotions contradictoires qu'elle suscite pendant et après visionnage. On peut aimer *Game of Thrones*, mais se questionner sur ce que met en scène la série et la manière dont elle le met en scène. On peut aimer *Game of Thrones* et avoir des réserves, des regrets. Notre rapport à la série est, comme la fin que Martin lui réserve, doux-amer lui aussi. De sa fabrication à la densité de son écriture, de sa direction artistique spectaculaire à la diversité des sujets qu'elle épouse, la série dépasse son simple statut de série. Elle est devenue au fil des années un fait de société, un cas d'étude pour des spécialistes aux profils variés. *Game of Thrones* n'est pas un simple produit de consommation, vite absorbé, vite oublié. C'est une série qui tourmente et qui choque. Elle nous fait éprouver le meilleur et le pire, soulève débats et questions, notamment sur le pouvoir des images, leur réception et leurs répercussions.

Les espoirs sont suspendus, comme le temps depuis la fin de la saison 7 pour les fans les plus impatients. La saison finale s'apprête à être dévoilée et cette simple information fait déjà frissonner de plaisir et d'angoisse. Six épisodes pour aboutir à la conclusion, c'est ce qu'il faudra, pas un de plus. La pression est aussi intense que l'attente est immense. Comme nos héros face aux Marcheurs Blancs, Martin et les *showrunners* n'ont pas d'autre choix que de réussir leur mission. Ils nous ont en tout cas embarqués dans l'une des plus grandes aventures télévisuelles de tous les temps, celle aux dizaines de records et aux dizaines de dizaines de prix. *Game of Thrones* rassemble devant le poste, ou l'écran d'ordinateur, des profils de spectateurs variés eux aussi. Plusieurs générations, plusieurs catégories sociales, plusieurs nationalités, plusieurs sensibilités, plusieurs personnalités. Les spectateurs de la série se comptent en millions, comme le budget des épisodes. Mais ceci n'est pas qu'une affaire de gros chiffres et de gros sous. Réussir à faire battre à l'unisson le cœur de tant de monde, le voilà le tour de force. La série parle de litiges, de divorces, de ruptures, son vocabulaire est principalement obscur, pourtant elle crée le phénomène inverse derrière l'écran. L'union est sacrée, même si elle est parfois chahutée.

Game of Thrones ne supporte aucun mode d'emploi. La mécanique qui la fait tourner change, elle adopte différentes allures, différentes structures, différentes configurations, à l'image du générique d'ouverture et sa carte en relief. Tout dire et tout savoir sur la série serait comme tenter d'escalader à mains nues le Mur. À cette heure, celui-ci est détruit. L'hiver est arrivé. Ce sera pourtant le printemps chez nous lorsque la saison 8 sera diffusée. Premier épisode, première chaleur, et plein de points d'interrogation.

BIBLIOGRAPHIE

Essais consultés

BREY Iris, *Sex and The Series, sexualités féminines, une révolution télévisuelle*, Éd. Libellus, 2016.

CHAILLAN Marianne, *La Métaphysique des meurtres dans* Game of Thrones, Éd. Le Passeur, 2016.

KEEN Helen, *Science et magie dans* Game of Thrones, Éd. Albin Michel, 2017.

GRANAT Alain et DEMAYO Jonathan, *Game of Series*, Éd. Poche, 2017.

MOÏSI Dominique, *La Géopolitique des séries, ou le triomphe de la peur*, Éd. Stock, 2016.

Articles consultés

BORDE Alexandre, « *Game of Thrones*: pourquoi un tel succès? », *Le Point*, 20 août 2013.

DELPORTE Cécilia, « *Game of Thrones*, pourquoi ça fonctionne encore ? », *Les Échos*, 13 juillet 2017.

FEREY Amélie, « Ce que *Game of Thrones* dit de la politique contemporaine », *Slate*, 21 août 2017.

FLAHERTY Keely, « 28 choses fascinantes sur les costumes de *Game of Thrones* », *BuzzFeed*, 16 août 2016.

HAUCK Tony, « Comment *Game of Thrones* dope le tourisme européen », *Le Point pop*, 24 mai 2016.

HENDERSON Danielle, « Pourquoi j'ai laissé tomber *Game of Thrones* », *Courrier International*, 9 mai 2014.

HERMAN Alison, « *Game of Thrones*, la dernière série que tout le monde regarde en même temps? », *Courrier International*, 13 juillet 2017.

LAZIMI Charlotte, « Les femmes reprennent-elles enfin le pouvoir dans *Game of Thrones* ? », *Cheek Magazine*, 22 juin 2016.

MURY Cécile, « *Game of Thrones*: comment la philo peut aider à comprendre les dilemmes des personnages », *Télérama*, 25 avril 2016.

ROBERT Nicolas, « *Game of Thrones*: secrets, budget… En coulisses, les soldats marchent au pas », *L'Express*, 10 juillet 2017.

SURCOUF Ophélie, « *Game of Thrones*, un univers en perpétuelle expansion », *Le Monde*, 16 juillet 2017

TURCAN Marie, « Comment *Game of Thrones* est devenue féministe », *Les Inrocks*, 31 mai 2016.

« *Game of Thrones*, une série féministe, progressiste, marxiste ? », *Libération*, 12 avril 2015.

« Pourquoi la série *Game of Thrones* marquera son époque », *L'Express*, 28 octobre 2013.

INDEX

A

B

C

D

E

G

H

I

J

K

L

M

O

P

Q

R

S

T

V

W

X

Y

TABLE

DEUXIÈME PARTIE

LE RECAP'

Achevé d'imprimer par Pulsio,
Ul Iliya Bechkov 3
Drujba 2, Sofia 1592
en février 2019

Dépôt légal : mars 2019

Imprimé en Bulgarie